VOYAGE
DE
FRANÇOIS VINCHANT
EN FRANCE & EN ITALIE
du 16 septembre 1609 au 18 février 1610

TEXTE ACCOMPAGNÉ D'UNE INTRODUCTION

PAR

FÉLIX HACHEZ

Extrait du « Bulletin de la Société Royale Belge de Géographie », 1896.

BRUXELLES
SOCIÉTÉ GÉNÉRALE D'IMPRIMERIE (société anonyme)
Ancienne maison Vanderauwera
16, RUE DES SABLES, 16

1897

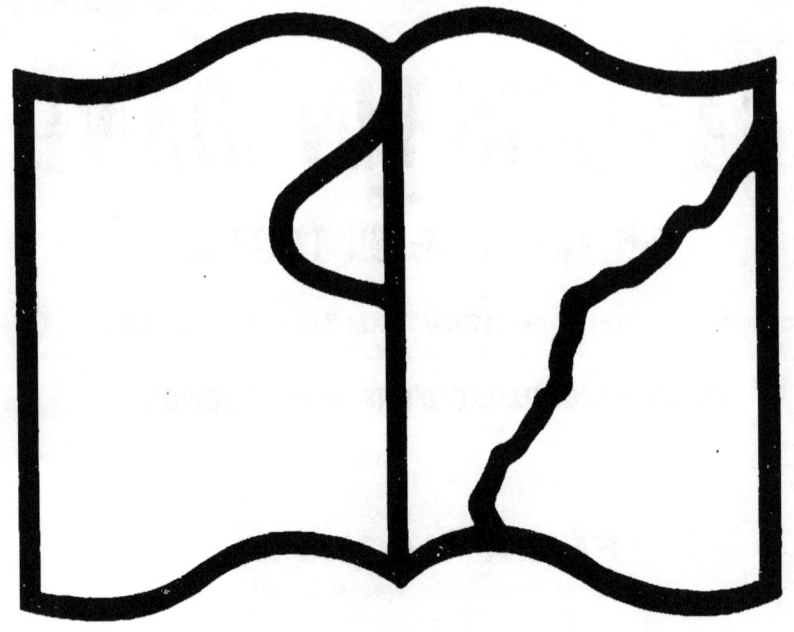

Texte détérioré — reliure défectueuse
NF Z 43-120-11

VOYAGE DE FRANÇOIS VINCHANT EN FRANCE & EN ITALIE

VOYAGE

DE

FRANÇOIS VINCHANT

EN FRANCE & EN ITALIE

du 16 septembre 1609 au 18 février 1610

TEXTE ACCOMPAGNÉ D'UNE INTRODUCTION

PAR

FÉLIX HACHEZ

Extrait du « Bulletin de la Société Royale Belge de Géographie », 1896.

BRUXELLES
SOCIÉTÉ GÉNÉRALE D'IMPRIMERIE (société anonyme)
Ancienne maison Vanderauwera
16, RUE DES SABLES, 16

1897

VOYAGE

DE

FRANÇOIS VINCHANT

EN FRANCE & EN ITALIE

du 10 septembre 1609 au 18 février 1610 (1)

INTRODUCTION

I. — *François Vinchant, historien montois.*

François Vinchant, fils de Gilles Vinchant et de Marguerite Dessus-le-Moustier, naquit à Mons, le 12 février 1582.

Il appartenait à une famille riche et honorable qui avait donné plusieurs de ses membres à la magistrature échevinale, et qui, depuis 1501, porta d'azur à la bande d'or, chargée de trois étoiles de gueules; sa devise fut VINCENTIBUS ASTRA.

Il eut un frère, Jean, qui fut reçu conseiller à la Cour souveraine de Hainaut, le 20 avril 1626 et mourut le 15 mars 1659. C'est de lui que descendaient Charles-Antoine-Joseph Vinchant et Pierre-Félix-Joseph Vinchant, créés comtes en 1756.

Leur père, Gilles Vinchant, écuyer, seigneur de La Haye, Morval, Milfort, La Motte, Offrebaix, etc., fut en 1584 capitaine d'une compagnie bourgeoise de Mons, et à plusieurs

(1) Manuscrit autographe conservé à la Bibliothèque royale de Bruxelles, 2e série, no 1025.

époques, de 1594 à 1617, échevin de la même ville. En 1572, il avait réprimé des troubles suscités à Mons par les partisans du duc d'Alençon. Suivi de quelques habitants réunis par lui, il marcha contre les émeutiers, perça d'un coup d'épieu le tambour à l'aide duquel on les assemblait et les chassa hors de la ville. Le roi d'Espagne récompensa cet acte de bravoure par le don de son portrait suspendu à une chaîne et par d'autres marques d'honneur.

François Vinchant, après avoir terminé ses humanités, suivit son cours de philosophie à Louvain ; puis il étudia en théologie et reçut les ordres sacrés, le 4 octobre 1606. Il resta prêtre séculier à Mons, et fut plus tard honoré du titre de Protonotaire apostolique.

En 1609, il entreprit un voyage à Rome et il en revint au commencement de 1610. En 1631, le jour de saint François d'Assise, son patron, il célébra son jubilé de vingt-cinq années de prêtrise. Il mourut d'une maladie contagieuse, à l'âge de cinquante-trois ans, le 18 août 1635, à Mons, où il habitait rue de Nimy, dans la maison cotée aujourd'hui n° 51, et appartenant à Madame Becasseau-Guillochin. On a rapporté qu'il fut inhumé en l'église de Sainte-Waudru, dans la chapelle de Sainte-Aye, au caveau de sépulture de sa famille ; toutefois on n'en a aucune certitude, car le compte des draps de morts de cette église pour 1635, ne mentionne pas cette inhumation.

« Sa biographie, — dit AUGUSTIN LACROIX (1), — n'offre

(1) 10e notice de l'*Iconographie montoise*, Mons, 1860, in-4°. — Voir aussi ADOLPHE MATHIEU, *Biographie montoise*, Mons, 1848, pp. 268 à 271. — HIPPOLYTE ROUSSELLE, *Bibliographie montoise*, Mons, 1858, p. 278, n° 281. — *Annales de la province et comté de Hainaut*, par FRANÇOIS VINCHANT, Mons, 6 volumes. Avant-propos par A.-P.-V. Descamps. — G.-J. DE BOUSSU, *Histoire de Mons*, pp. 108, 211, 397. — F.-V. GOETHALS, *Miroir des notabilités nobiliaires de Belgique*, etc., t. 1er, p. 864. — LÉOP. DEVILLERS, *Gilles Vinchant*, dans les *Annales* du Cercle archéologique de Mons, t. Ier, p. 65. — Le même, *Monument funèbre de la famille d. Vinchant en l'église de Sainte Waudru à Mons*, mêmes *Annales*, t. XXV, p. 479.

ni faits éclatants, ni épisodes glorieux ou romanesques. C'est celle d'un simple savant, humble, modeste et infatigable explorateur ». Il collectionna, au château de son père à Ghlin, des objets rares que sa position de fortune lui permettait de se procurer.

Il s'appliqua longtemps à des recherches sur l'histoire du Hainaut, et il en forma un recueil considérable de faits arrivés dans ce comté. Les États de Hainaut, ayant eu connaissance de ce travail, lui offrirent une écuelle d'argent. Peut-être lui restait-il des sources à consulter, peut-être aussi comptait-il avoir accès aux archives publiques? quoi qu'il en soit, il ne donna pas à ses matériaux une rédaction définitive.

C'est ce que rappellent les vers que lui a consacrés Philippe Brasseur, dans ses *Sydera illustrium Hannoniæ scriptorum*, p. 67.

Néanmoins, environ une douzaine d'années après la mort de François Vinchant, ses documents furent mis à la disposition d'Antoine Ruteau, religieux minime à Mons, qui en tira un livre intitulé :

« Annales de la province et comté d'Haynau,... recueillies » par feu François Vinchant, prestre, augmentées et achevées » par le R. P. Antoine Ruteau, de l'ordre des PP. Minimes. » (Mons, 1648, petit in-folio.)

Ruteau présenta son volume au grand bailli et aux États de Hainaut : « C'est donc cette province fidèle, Messieurs, — » dit-il dans sa dédicace, — que je vous offre au nom de » l'Auteur défunct, c'est l'Estat d'Haynau que je présente aux Estats ». Il n'ajouta rien relativement au courageux travailleur dont il avait utilisé les recherches. Il a augmenté l'œuvre de Vinchant en y introduisant des généalogies de princes et de nobles du pays; mais loin d'avoir achevé l'histoire de la province, il l'a réduite en l'arrêtant à la mort de Charles-Quint, tandis que Vinchant avait continué ses investigations jusqu'en 1633. Quant aux généalogies précitées, elles faisaient vraisemblablement partie du recueil généalogique, en trois volumes in-fol., que François Vinchant avait formé et dont le manuscrit original appartint à feu M. le comte Obert de Thieusies.

Le manuscrit autographe des *Annales* du Hainaut fut restitué à la famille Vinchant. Il se composait de cahiers détachés qui furent conservés en liasse par les héritiers de l'auteur et qui, de la bibliothèque de M. le comte de Vinchant de Milfort, passèrent à la bibliothèque publique de Mons. Ces cahiers furent mis en ordre et formèrent trois volumes (1). La Société des bibliophiles belges séant à Mons a édité ce manuscrit en six volumes in 8° : n° 16 de ses publications, de 1848 à 1853. Cette publication laisse beaucoup à désirer sous le rapport de la correction du texte. Il ne serait pas juste d'attribuer à l'annaliste toutes les fautes que l'on y a relevées.

II. — *Le manuscrit du voyage de Vinchant.*

Si Vinchant n'avait pu épuiser les œuvres historiques imprimées, qu'il comptait explorer, ni par suite commencer la rédaction définitive de ses *Annales du Hainaut*, il termina entièrement la relation du voyage qu'il fit en France, en Suisse et en Italie, vers la fin de 1609 et au commencement de 1610. Cette œuvre avait exigé un long travail et un temps considérable : elle n'était pas terminée en 1619; elle contient même une note de 1623.

(1) Un cahier des *Annales du Hainaut* de François Vinchant appartient au dépôt des Archives de l'État, à Mons. Il contient notamment une description de l'église de Sainte-Waudru et tout ce qui a été imprimé aux pages 41 à 76 de la publication n° 13 de la société des bibliophiles belges, séant à Mons : *Documents officiels inédits sur l'histoire des églises de Sainte-Waudru et de Saint-Germain* (Mons, Emm. Hoyois, 1843, in-8°). Les éditeurs de cet ouvrage n'ont pas remarqué que les pages précitées sont l'œuvre de l'annaliste.

Ce manuscrit ne fut probablement pas remis au Père Ruteau ; et quoique achevé, il fut peut-être jugé trop volumineux pour être imprimé.

On peut croire aussi que la famille de Vinchant l'aura donné comme guide de route à quelqu'un qui se proposait de faire le voyage de Rome et qui l'aurait emporté avec lui, car on lit au dos de la reliure du volume, d'une écriture autre que celle de Vinchant, ces mots : *Franci Vinocanti itinerarium*, qui semblent avoir été écrits par un Italien. L'ouvrage fut donc perdu pour les parents de l'auteur. On ignore où il fut égaré pendant deux siècles. On l'a retrouvé dans la bibliothèque de Sir Thomas Phillipps, à Cheltenham. On ne sait quand, ni comment ce bibliomane devint possesseur de ce livre, car aucune annotation n'indique la provenance du volume, ni la date de son acquisition.

Nous nous permettrons d'intercaler ici quelques renseignements sur ce collectionneur (1).

Selon le *Bibliophile belge*, publié à Bruxelles par l'éditeur Olivier, 7e année, 1872, Chronique, pp. 34 à 36, Thomas Phillipps, né à Manchester en juillet 1792, était fils d'un riche et intelligent manufacturier de cette ville.

D'après d'autres renseignements, le père de Thomas Phillipps, ancien brasseur, aurait été en 1815 intendant attaché à l'armée anglaise qui faisait partie de celles des Alliés coalisés contre l'empereur Napoléon Ier. Thomas Phillipps aurait alors accompagné son père en Belgique. Il était âgé de vingt-deux

---

(1) Nous les avons trouvés dans les articles suivants : *Les manuscrits de Cheltenham*. (Supplément littéraire de *l'Indépendance belge*, du dimanche 9 décembre 1888.) — *Messager des sciences historiques*. Gand, 1888, pp. 486 à 493. Bibliothèque de l'École des Chartes, 6e série, t. 49, 1888, pp. 694 à 703.) — H. OMONT, *Manuscrits relatifs à l'histoire de France, conservés dans la bibliothèque de Sir Thomas Phillipps, à Cheltenham*. (Bibl. de l'École des Chartes, t. 50, 1889, pp. 68 à 96, 180 à 217.) — CH. RUELENS, *le Passe-temps de Jean L'hermite*. Introduction, § VIII, p. XL. Anvers, Publication des bibliophiles. — PAUL VIOLLET, *Une visite à Cheltenham*. (Bibl. de l'École des Chartes, t. 41, 1880, p. 150.)

ans et il avait acquis le goût des livres et des manuscrits. Il fit, à cette époque, des achats considérables; et comme il était lié d'amitié avec le général Wellington, il put faire expédier ses ballots par les fourgons devenus vides de l'armée anglaise.

Ayant perdu son père en 1818, il acheva ses études à Oxford, et y prit en 1820 ses grades académiques.

Dès lors, il vint souvent en France et en Belgique, et il continua à faire de nombreux achats d'ouvrages provenant des monastères supprimés. Les libraires Castiaux, de Lille, Verbeyst, de Bruxelles, et Lammens, de Gand, lui firent des ventes importantes.

Pendant plus de cinquante ans, sir Phillipps amassa au moins trente mille manuscrits de toute espèce.

Il fit imprimer le catalogue de ses livres à mesure de ses acquisitions; et il les mit généreusement chez lui à la disposition des savants. Il avait établi dans sa demeure une imprimerie particulière à l'aide de laquelle il publia quelques manuscrits concernant l'Angleterre; mais il n'en tira qu'un petit nombre d'exemplaires qu'il envoya à des bibliothèques et à des amateurs.

Dès 1821, il avait été créé baronnet; et dans ses dernières années, il fut nommé conservateur au Musée britannique.

Après avoir longtemps habité Middlehill (Worcestershire), il vint demeurer à Cheltenham (Gloucestershire), où il mourut le 6 février 1871, dans sa propriété de Thirlestaine-house.

Comme il ne laissait pas de fils, sa fortune aurait dû échoir à sa fille aînée; mais par un testament, il légua Thirlestaine-house avec sa bibliothèque à sa plus jeune fille, Mme Fenwick, et après elle, par une substitution fidéicommissaire, aux descendants de celle-ci.

Cette bibliothèque devint donc inaliénable entre les mains de cette famille. Toutefois afin de couvrir les frais du personnel préposé à la garde de cet établissement, on chercha à tirer un produit de ces livres, en percevant des visiteurs une rétribution d'une livre sterling (25 francs) par jour de travail.

Cette combinaison ne produisit que de faibles ressources. Aussi à l'effet de constituer une dotation pour les frais généraux de l'institution, les héritiers proposèrent au gouvernement anglais de vendre une partie de ces livres et spécialement ceux qui n'auraient jamais été consultés à Cheltenham. Ils demandèrent de les céder, non pas à des particuliers, mais à des gouvernements étrangers ou à des instituts littéraires. C'est en vertu d'une autorisation de la chancellerie d'Angleterre que la Bibliothèque royale de Berlin acheta de nombreux manuscrits d'auteurs classiques et que des bibliothèques néerlandaises firent des acquisitions importantes.

Enfin, en 1887, un petit-fils de Thomas Phillipps, Th. Fitzroy Fenwick vint offrir en vente à la Bibliothèque royale de Bruxelles divers manuscrits, les uns concernant l'histoire de Belgique, les autres provenant de nos bibliothèques monastiques. Le gouvernement belge fit l'acquisition de ces manuscrits ; et c'est parmi ceux-ci que fut acheté le voyage de François Vinchant.

Ce manuscrit est l'œuvre autographe de notre compatriote. Il forme un volume in-folio, papier Pro Patrià, de 726 pages, chacune en moyenne de 48 lignes. Il est relié en parchemin et porte au dos la suscription : *Franci Vinocanti itinerarium.* Sur la feuille de garde, on voit la marque du propriétaire : un lion rampant, le nom *sir T. P. Middlehill*, et le n° 2886.

On n'y trouve aucune trace de possesseurs antérieurs.

Il est porté à l'inventaire des acquisitions de manuscrits de la Bibliothèque royale de 1888, sous le n° 1025.

III. — *L'œuvre de Vinchant.*

Nous possédons un livre original, écrit depuis environ 275 ans et contenant le récit inédit d'un lointain voyage fait par un compatriote.

A ces divers titres, au premier aspect, on serait tenté d'en désirer la publication textuelle.

Mais comme nous avons simplement en vue d'éditer une œuvre d'intérêt géographique, nous sommes amenés à réduire notre texte à l'itinéraire dont le voyageur nous donne la relation, en y conservant néanmoins des renseignements qu'il fournit sur des productions spéciales à certaines contrées, sur des mœurs locales et sur des usages depuis longtemps oubliés.

Vinchant ne s'était pas borné à ces objets.

Au xviie siècle, un voyage d'Italie était une longue pérégrination, et le voyageur qui avait parcouru ces contrées jugeait faire chose utile en renseignant ses concitoyens sur les pays qu'il avait visités et en relatant ce qu'il avait rencontré de curieux et d'extraordinaire. On était alors peu renseigné sur les pays étrangers. Il n'existait sans doute pas de manuel qui donnât les indications de la route de nos provinces vers Rome. Vinchant crut devoir composer un livre qui non-seulement servirait de guide ou de *vade mecum* à ceux qui feraient ce voyage, mais qui les éclairerait sur l'histoire des États et des localités qu'ils traversaient. Après les troubles religieux et politiques du xvie siècle, un mouvement de piété poussa de nombreux pèlerins à faire le chemin de Rome et de Lorette. La tranquillité publique, sous le règne d'Albert et d'Isabelle, permit à nos compatriotes de longues absences.

Dans ces circonstances, Vinchant forma le recueil des souvenirs de son voyage, en joignant les notes qu'il avait tenues en route à des recherches qu'il fit à son retour.

Il est certain qu'il avait tenu ces notes, car, sans leur secours, il n'aurait pu nous transmettre des détails qui révèlent de l'exactitude et des appréciations personnelles. Il n'aurait pu, du reste, puiser ces détails dans des relations de voyage antérieures. Celles-ci, d'ailleurs, étaient alors rares.

Il voulut être plus complet et raconter son excursion sur un plan plus vaste. Il trouva ce complément chez les historiens. Il produisit ainsi un travail mûrement étudié et longuement élaboré. Amateur d'études historiques, il assembla, pour l'enseignement de ses lecteurs, des fragments extraits des classiques latins et des historiens ecclésiastiques et profanes; il y ajouta des dissertations qui, dans un récit de voyage, sont des hors-d'œuvre, telles que la chronologie des papes, des empereurs romains et des empereurs d'Allemagne, des notices sur les ordres de chevalerie, sur les juifs, les luthériens et les calvinistes.

En outre, comme il n'avait jamais quitté son pays, il signala divers objets qui n'auraient pas attiré l'attention d'autres voyageurs.

Naïf et crédule, plus curieux qu'intelligent, il a parfois ajouté à son œuvre des contes populaires, des légendes douteuses et même des anecdotes triviales. Par respect pour l'auteur, nous supprimons celles-ci. Elles n'ont, du reste, aucun rapport avec le voyage.

Il était de son époque : jusqu'au xviiie siècle, les relations de voyages n'eurent guère de caractère scientifique : outre l'itinéraire, l'évaluation des frais de route et des conseils de prudence, elles n'étaient que des recueils d'aventures et d'anecdotes. Vinchant fut plus sérieux. Cependant il n'était ni versé dans les sciences naturelles, ni archéologue, ni artiste. Il ne portait son attention ni sur les monuments, ni sur les œuvres d'art. Il ignorait sans doute qu'il existât une architecture romane, ogivale ou de la Renaissance. Il ne distinguait pas les diverses écoles de peinture ou de sculpture. Il ne cite le nom d'aucun artiste italien. Il ne fait aucune description d'un monument quelconque. Il reste toujours dans le vague. Il mentionne les reliques des saints sans parler des châsses qui les contiennent ; il copie des épitaphes sans faire connaître si elles sont tracées sur une dalle ou sur un tombeau ; il transcrit des inscriptions lapidaires sans indiquer si elles se trouvent sur un temple ou sur un arc de triomphe.

Vinchant toutefois parle peu de lui-même, de sorte qu'on ne sait s'il voyagea comme touriste ou comme pèlerin. En 1609, il était âgé de vingt-sept ans et prêtre depuis trois ans. Il n'avait probablement pas encore reçu le titre de protonotaire apostolique ; il n'alla donc pas à Rome pour remplir une mission ecclésiastique ou civile.

Il mentionne tantôt minutieusement tous les villages qu'il traverse ; tantôt il omet tout renseignement de localités sur un parcours de longue distance. On peut s'expliquer ces lacunes en supposant qu'il égara certaines feuilles de ses notes de voyage.

Il ne fait guère connaître la durée de son séjour dans les différentes villes. Il n'indique que peu de jours de fêtes qu'il passa dans certaines localités.

Quoique ayant voyagé durant la mauvaise saison, il ne se plaint pas d'avoir été entravé dans sa marche par les rigueurs de l'hiver. Il eut besoin de courage et d'énergie pour braver les dangers de tous genres auxquels il s'exposa, et pour résister aux fatigues de la route, aux changements de climats et aux variations de température dans les neiges des Alpes et dans les chaudes contrées de l'Italie.

On regrette qu'il n'ait pas laissé plus de données sur la manière dont il voyagea, sur les hôtelleries, sur les dépenses qu'il fit en route, sur ses compagnons et sur les mœurs des touristes de cette époque.

Ces lacunes ne sont point compensées par les longues dissertations historiques qui encombrent son œuvre.

Nous regrettons ces lacunes, mais nous retranchons avec plaisir ces notices trop étendues et trop étrangères au sujet principal. Celles-ci, du reste, auraient besoin d'être rectifiées, ou au moins expliquées.

Nous substituons un travail homogène à une compilation incohérente dans laquelle l'itinéraire du voyageur vient se perdre.

Nous terminerons par quelques remarques sur la forme littéraire de cet ouvrage.

Vinchant a un style incorrect : ses phrases sont souvent obscures.

Son orthographe est négligée : sur une même page, le même mot est écrit de plusieurs manières. On ne sait si ces variantes sont des différences d'orthographes, des abréviations ou des négligences. Lorsque l'auteur fit ses études, à la fin du xvie siècle, la grammaire française traçait des règles qui furent bientôt modifiées, surtout relativement aux verbes et aux participes.

L'emploi de l'accent sur l'*é* fermé n'a rien de fixe : cet accent est souvent remplacé par le *s* ou le *z*.

Quant à la ponctuation, elle fait souvent défaut, de sorte que l'on doute si une incidente appartient au membre de phrase précédent ou au membre suivant.

Il est donc impossible de reproduire rigoureusement le texte du manuscrit sans s'exposer à rebuter le lecteur par les nombreuses incorrections. On ne peut non plus corriger tout ce qui est faute pour nous, sans enlever à l'œuvre son caractère, sa saveur et son charme. Nous chercherons un terme moyen qui donnera une lecture accessible à tous. Nous corrigerons les fautes qui sont évidemment le résultat de la négligence de l'écrivain, mais nous respecterons les formes qui étaient correctes à l'époque où elles furent écrites et qui ne devinrent fautives que par suite des modifications subies par le langage.

Vinchant a écrit son œuvre sans aucune subdivision de son texte. Dans le commencement, il ajouta en marge quelques noms de villes en forme de rubriques. Nous avons cru nécessaire de partager l'œuvre en chapitres, et ceux-ci en alinéas, précédés d'une indication sommaire en italiques. Le lecteur a besoin de points de repère aussi bien pour s'arrêter à la fin de chaque matière, que pour retrouver les passages qui l'intéressent.

Félix Hachez.

VOYAGE
DE
FRANÇOIS VINCHANT
EN FRANCE & EN ITALIE

Chapitre premier. — *Le Hainaut.*

En l'an 1609, le 10 du mois de septembre, je partay de la ville de Mons, en Haynault, accompagné de mon frère Jean Vinchant, qui s'acheminat pour Dôle, ville capitale de la Franche Comté de Bourgoigne, et moy pour Rome.

La ville de Mons encore que, en sa qualité de ville, elle ne soit fort ancienne, si est que touteffois le lieu de son assiette à cause du chasteau est très antique et de longue renommée, car du temps des Druides sacrificateurs Belgiens, ce lieu fut nommé Pannonia, à cause d'un temple qui y estoit dédié au dieu Pan. Depuis, César venant à la conqueste de Belges, *aliàs* Bavay, fortifia ce lieu, et il fut apellé Chasteau-César. Depuis, estant occupé des Bretons, il fut appelé Britomont ou *Mons Britonum.*

Depuis, Auberon, fils de Clodion, roy de France, fuyant la raige de son tuteur Mérovée qui envahy son royaulme, se retira en ce lieu en l'an 449 et y bastit une tour et l'apella de son nom La Tour Auberon, laquelle demora en son entier jusques au temps de Philippes le Bon, duc de Bourgoigne, et fut du tout démantelée en l'an 1617 (1). Doncq depuis ce Auberon, ce lieu fut appellé Chasteau-Lieu.

Environ l'an 650, Madame Ste. Waltrude, ducesse de Loraine, Dame de Brabant, Haynault, Cambrésis, etc., abandonnant le monde avec son mary Monsieur St. Vincent, vint faire sa retraicte en ce lieu et y fonda un colliege de nobles filles chanoinesses séculières.

Environ l'an 680, Alberic ou Alberon 2, qui fut le premier qui fut créé comte de Haynault par St. Sigibert, roy d'Austrasie, environa le casteau de fortes murailles et profonds fossés, et commencha à environner le bourg de rampars de terre, car ce lieu estoit jà habité et peuplé à cause des fréquentes pérégrinations et dévotions que l'on y faisoit vers Madame Ste. Waltrude, qui après sa mort reluisoit en miracles.

Depuis, en l'an 1154 ou environ, Bauduin, dit l'Édifieur, comte de Haynault, fit enmurailler le bourg qui avoit jà nom de ville.

Depuis, environ l'an 1292, fut la ville ragrandie selon la forme d'à présent sous le comte Jean d'Avesnes, et fut enmuraillée partie soubs le comte Guilliaume premier de ce nom, partie sous le comte Guilliaume 2.

En l'an 771, lorsque l'empereur Charlemaigne tint ses estaz généraulx de la Gaule en la ville de Valenciennes, la ville de Mons fut érigée en comté spécial, cause pourquoy plusieurs comtes de Haynault se sont intitulez comte de Mons jusqu'à ce que Albon reprind le tiltre de comte de Haynault.

Environ l'an 775, fut ceste ville rendue capitale de tout le Haynault par l'empereur Charlemaigne.

En ceste ville il y a un colliége de nobles damoiselles chanoinesses séculières fondé par Madame Ste. Waltrude, avec aucuns chanoines auxquels ladite Ste. laissa moulte de biens,

(1) Le donjon du château de Mons, situé vers la rue Notre-Dame Débonnaire, était appelé tour Auberon. Voyez *Annales du Cercle archéologique de Mons*, t. XIII, pp. 109 et suiv.

principalement en fonds de terre, comme aussi fit Madame Ste. Aye, comtesse de Haynault et cousine germaine à Ste. Waltrude.

Environ l'an 669, Monsieur St. Sigibert, roy d'Austrasie, divisa ce bien amorty en 30 prébendes de chanoinesses et en 10 d'hommes chanoines qui furent désignez pour estre conseilliers desdites chanoinesses.

Il ordonna encore 14 chapellains pour assister les chanoinesses à officier dedans l'église Madame Ste. Waltrude.

Ce fut ce roy qui premier fit bastir l'église Madame Ste. Waltrude ès la mesme place où elle est à présent située, afin de faire prier illec pour l'âme de Brunulphus, neveu de Ste. Aye, qui avoit esté tué injustement par le commandement de Dagobert, roy de France et père de St. Sigibert. Donc il dédia ceste église à Dieu en l'honneur de la Vierge Marie et Madame Ste. Waltrude, qui est patronesse de la ville.

L'église de Madame Ste. Waltrude est un vaisseau grand et beau entre les excellens que j'ay veu. La première pierre de sa fondation at esté mise en l'an 1459, le 13 mars. Il y a icy à noter : c'est que en toute l'Europe il n'i a devanture de chœur à parangoner à celle de ceste église quant à l'artifice, beauté et matière.

Il i a aussi en ceste ville un chapitre de chanoines à tiltre de St. Germain qui est leur patron. Ilz sont en tant qu'ils officient à Ste. Walrude capellains aux chanoinesses, et furent establis chanoines en l'an 1184 par le pape Lucius 3ᵉ.

En ceste ville y a 5 paroisses (1), si comme de Ste. Wauldru, celle de St. Germain qui est très ancienne avec celle du Béguinage, celle de St. Nicolas qui fut establ* en l'an 1224 soub le pape Honorius 3, celle de Ste. Élisabeth érigée en l'an 1519.

Il y a une Priorie de religieux ditz Escoliers. Leurs maison

---

(1) Mons avait six paroisses. Vinchant a omis celle de Saint-Nicolas-en-Bertaimont, qui fut instituée en 1227. Il est vrai que cette paroisse était située au dehors de la ville.

et église fut fondée et bastie par Marguerite, comtesse de Flandre et de Haynault, en l'an 1252. Ceste Priorie a esté rendue Abbaye de l'authorité du St. Siége, en l'an 1619.

Il y a encore aultres maisons de religions, si comme les Religieuses de l'ordre de St. Augustin, dites Noires Sœurs; elles estoient par cy-devant du nombre des Béguignes demorantes au Béguignaige; mais Henry de Berghe, évesque de Cambray, les tira de là, et elles firent vœux soub l'observance de la reigle St. Augustin, et ledit évesque leur basty couvent et église l'an 1498.

Les Grises Sœurs religieuses de St. Franchois furent admises en l'an 1470, à la sollicitation de Isabelle de Portugal, femme au bon duc Philippes de Bourgoigne.

Les Pères Capucins vinrent demorer en ceste ville en l'an 1596, auxquels Jenne de Blois, doagière et ducesse d'Arscot, at donné sa maison, dit l'hostel de Terlon, pour s'accommoder.

Les Pères Jésuites vindrent demorer en l'an 1586, et ont basty en l'an 1610 leurs maison et église, laquelle est de belle structure.

Les Pères Cordeliers vindrent demorer environ l'an 1218, du temps de la comtesse Jenne, laquelle leur donna la place dite le Joncoit et leur basty maison et église.

Les Pères Minimes sont venus demorer en l'an 1618.

Les Religieuses de Ste. Clare vindrent demorer en l'an 1584, estant refugiées de Hollande; et en l'an 1587, elles obtinrent la maison où elles sont présentement. Ceste maison appartenoit paravant aux Religieux ditz Cervereux.

La maison et chapelle des Filles Repenties et Pénitentes at esté fondée en l'an 1485 par la princesse Madame Marguerite d'Angleterre, ducesse de Bourgoigne.

La maison des pauvres orphelins et orphelines at esté premièrement fondée par madame de Courselle en l'an 1562 (1).

(1) La bonne maison des Orphelins fut fondée par Louise de Bouzanton

La fondation des pauvres hommes et femmes chartriers et impotens est de l'an 1563 par ladite dame de Courselle (2).

L'hospital de St. Nicolas at esté érigé l'an 1246 ; en iceluy l'on reçoit hommes et femmes malades et langoureux.

L'hospital de St. Julien est de la fondation de l'an 1320 ; en iceluy l'on reçoit les pèlerins qui sont pauvres.

L'hospital de St. Jeaques at esté fondé du temps de Aubert, duc de Bavière et comte de Haynault ; en iceluy sont receu les pèlerins allant ou retournant de St. Jeaques.

L'hospital msr Jean Taye, presbtre, fondé par le mesme, en l'an 1300 ; l'on y couche aucuns malades.

L'hospital St. Germain ; l'on y entretient aucunes femmes anciennes, leur vie durante, avec certain habit.

L'hospital de Houdaing fut fondé en l'an 1313 par messire Nicole de Houdaing, seigneur d'Espinoit, pour entretenir certain nombre de femmes anciennes, leur vie durante, avec un habit.

L'hospital du Béguignaige au Cantimpret fut bastit en l'an 1249 par Margueritte, comtesse de Haynault ; ès iceluy sont maintenues aucunes filles et femmes avec un béguin au-dessus la teste.

L'hospital des Ladres gisant aux faubourgs de la ville, at esté institué par la comtesse Jenne environ l'an 1224. Depuis il y eut un seigneur de Frameries, nommé Bauduin de Rochefort, qui donna grand bien à cest hospital ; il y fit bastir la capelle et environna la maison de murailles.

Il y a encore plusieurs chapelles de çà et de là, si comme : celle de St. George, qui fut bastie environ l'an 1408 ; mais la confrérie de St. George est plus ancienne, car elle est de l'an 1380, érigée par Guillaume, comte d'Ostrevant, depuis

---

qui épousa en premières noces Jean de Hornu, écuyer, seigneur de Courcelles, et en secondes, Philippe du Jardin, écuyer, receveur général des États du Hainaut.

(2) La maison des chartriers existait aux xve siècle.

duc de Bavière et comte de Haynault, et fut le premier confrère.

La chapelle Nostre Dame du Hon at esté bastye par messire Bertrand Turq, seigneur d'Arbeville ès Lombardie, natif de Montferat, environ l'an 1350.

La chapelle Nostre Dame en la rue de Nimy at esté bastie environ l'an 1315, ès laquelle année fut establie la confrérie des Arcbalestriers.

En la ville de Mons est une cour souveraine pour décider les causes tant civiles que criminelles sans aucun rappel. Elle est authorisée de plusieurs priviléges.

Il y a encore certaine judicature qui se pratique auprès des eschevins de la ville; icelle s'appelle chef-lieu et n'i a point aussi de rappel.

Il y a encore certain colliége nommé Houdaing, là où on enseigne à la jeunesse le latin; il y a tousjour grand nombre d'estudians; et de ce colliége sont sortis grands personaiges.

Se retrouvent encore 3 principales confréries de compagnons, si comme: celle des arcbalestriers, qui fut instituée ès l'an 1315 par le magistrat de la ville; celle de ceux qui tirent de l'arc à la main, laquelle fut érigée en l'an 1383 par les eschevins; celle encore des canoniers, laquelle fut establie par le magistrat ès l'an 1417.

Maubeuge. Partant doncq de la ville de Mons, le 10 de septembre, comme je l'ai dit cy dessus, je traversay la ville de Maubeuge, assise sur la rivière de la Sambre. En icelle y a chapitre de nobles chanoinesses séculières, comme en la ville de Mons. Elles sont fondées par madame Ste. Aldegonde, sœur à madame Ste. Waltrude. Illecq reposent les corps saints de Ste. Aldegonde, St. Emebert ou Ablebert, évesque d'Arras et Cambray, frère de Ste. Renelle.

En ceste ville y a encore un chapitre de chanoines séculiers, fondé par madame Ste. Aldegonde du temps de ceste sainte;

ils estoient chanoines réguliers ou religieux; mais ils furent changez en séculiers.

Avesnes, ville. Aiant passé ceste villette, j'arrivay à la ville d'Avesnes pour la première journée, laquelle est une ville frontière du pays de Haynault, assise sur la rivière de Haspre. Icelle est ancienne et renommée à cause des fortifications et des habitans qui sont endurcis aux exercices de la guerre emprise contre les François; contre lesquels ils se sont heureusement maintenus, se monstrant estre fidelz à leurs princes.

Il y a en ceste ville église collégiale de chanoines séculiers, en laquelle l'on y voit les vraies effigies de St. Pierre et St. Paul en pourtraiture, semblables à celles que j'ay veu à Rome. Joignant ceste église se voit une tour matérielle et de belle structure.

En ceste ville l'on void encore le palais et maison de ceux qui furent jadis seigneurs d'Avesnes.

Les citoyens ont moyen en temps de guerre de mettre le plat païs à l'environ de leur ville à fleur d'eaue.

Ils ont encore ceste bonne heure que l'un de leurs seigneurs est tenu pour saint, qui est Jacques d'Avesnes, qui fut un très valeureux capitaine contre les Turqs, lequel fut tué en une bataille, encore que ce fut une signalée victoire l'an 1191, au grand regret des chrestiens pour ce qu'il estoit fort vertueux et d'une vie exemplaire, aiant conduit l'armée des chrestiens fort louablement plusieurs années en divers rencontres contre les barbares et infidèles.

La Thierasse. Partant d'Avesnes, je traversay les villaiges de Roully et Flamengruye, entrant la Tirasse.

La Chapelle. Je parvins à La Chapelle, petite ville, mais assez bien muraillée. Je vis lors que l'on bastissoit un boulevers du costé du septentrion pour la fortification d'icelle et de son entrée; et à ceste occasion l'entrée estant défendue aux estrangiers, je ne peuls veoir la ville par dedans, et je la costoyay dehors, la laissant à main gauche.

Vervins. Et puis aiant traversé le villaige dit Estroeng au Pond, je parvins à Vervins, qui est une villette scituée en une profonde valiée, aboutissant plusieurs fontaines, lesquelles sont plaisantes et gratieuses à veoir. A la relation des habitans, ceste ville est appellée Vervins, d'autant que son territoire n'est point propre pour porter fort et chaleureux vin, ains seulement « verd vin ».

Ce fut en ceste ville que fut conclue ès l'an 1598 la paix entre les rois d'Espaigne et de France, à la sollicitation et instance du pape Clément 5, qui y envoya le cardinal de Florence, son légat, qui fut depuis Léon xj. Le roi d'Espaigne y envoya Messire Jean Richardot, premier président.

En entrant ceste ville, je vis à costé gauche l'église principale assez belle, mais bien antique. Le peuple est aimable et traictable. Et en ce temps, la dame du lieu avoit espousé le comte de Solre.

Bois de Vervins. Estant sorty de Vervins, j'entray incontinent dedans un bois remplis de seuls castaniers d'admirable haulteur, mais ce n'estoit sans crainte à cause du périle des brigands que l'on peult rencontrer en toute saison. Touteffois à la faveur du Bon Dieu, je fus garanty de toute mauvaise rencontre. Ce bois apporte grande commodité aux circonvoisins pour le profit qu'ils en peuvent tirer des marons ou castaines qu'ils vendent par deça, car ce bois est de longue estendue.

Neufchastel. Ors ce bois passé, je vins à traverser les villaiges de Taveau, Bruelle, Montigny, Lappion, Malmaison, Provisuel, et j'arrivay à Noeufchastel, qui est un beau bourg tant à cause de belles maisons qui s'y voyent que a cause de la rivière d'Oise qui l'environne de parte et d'aultre, le faisant semblable à une isle. Icy se retrouve bonne commodité de vivre à bon marché, à cause du pays qui est fertile.

Chapitre II. — *La Champagne.*

Partant de Castelnoeuf, je traversay le villaige de Pondgina et j'entray au pays de la Champaigne, qui porte cincq lieues de plaine campaigne depuis ledit villaige jusques à la ville de Rheims, laquelle s'asmonstre le long de ce chemin tellement que la veue du passagier at en quoy se délécter en descouvrant si longue estendue de pays, qui est bigarré de vignoibles, aux montaignes et collines d'une partie, d'aultre de terres labourables, et encore d'aultre de prairies. Je me souviens qu'en ce chemin j'ay enduré grande altération de soif. Il y avoit deux choses qui me manquoient pour me rassasier : la première, nulle rencontre d'hostellerie ou maison ; la 2e, les vignoibles campestres qui avoient auparavant resenti la froidure et gelée trop aspre, ne portoient pas une grappe de raisin ; qui fut cause que l'eaue gisante en earrière du chemin, me donna du contentement plus qu'autrefois le vin.

Pèlerinages à Notre Dame de Liesse. Aiant donc traversé ces cincq lieues de campaigne, j'arrivay à la ville de Rheims, capitale du pays de la Champaigne.

J'avoie oublié que, 7 à 8 lieues avant de venir à Rheims, l'on descouvre tousjours à droit costé la ville de Liance, fameuse place à cause que la Vierge y est honorée par des pèlerinaiges de personnes dévotes. Les Roys de France anciennement se transportoient illec pour les fréquens miracles.

Rheims. La ville de Rheims est une ville fort ancienne, de grande estendue, fort renommée et fréquentée. Elle se dit en langue latine *Remi, Remorum,* et selon aultres *Durocortum.* Quant à son antiquité, aucuns sont d'opinion qu'elle auroit esté bastie par le 23e Roy des Celtes nommé Reme, lorsque Priam regnoit encore à Troye. Aultres disent qu'elle fut fondée des fauteurs de Remus, frère à Romulus, lesquels estant poursuivis de ce Romulus vindrent se réfuger en la Belge et en ce lieu. En mémoire de leur maistre et prince Remus, ils bastirent ceste ville, où aussi ils érigèrent deux temples, dédiant l'un à Mars, et l'autre à Bacchus, et y firent cincq sorties, dont entre icelles il y a encore présentement une porte qui s'appelle la porte de Bacchus, sur laquelle se voit pour mémoire l'effigie de Bacchus.

Le regrandissement de ceste ville fut fait du temps du Roy Clovis, qui fut le premier Roy de France chrestien, lequel donna ceste ville à monsieur St. Remy pour lui et ses successeurs. Il donna encore les montaignes qui environnent la ville de part et d'aultre, distants d'icelle de deux lieues. Ces montaignes sont aujourd'huy appellées la cinture de Rheims.

Cette ville doncq, comme j'ay dit ci-dessus, est grandement renommée à cause de la sainte Ampoule et du couronement des Roys de France, qui se fait illec ordinairement (1).

. . . .
. . . .

Ors maintenant retornant à nostre matière, je dis doncq que, oultre que ceste ville est très ancienne, aussi at elle plusieurs bastimens antiques avec aultres choses remarquables.

Il y at église cathédrale à tiltre d'archevescé, dédiée à la Vierge Marie. En icelle monsieur St. Nicaise, unziesme évesque de Rheims, fut massacré avec sa sœur Ste. Eutropie par les Huns, qui, en 454, pillèrent et ravagèrent la ville.

Église cathédrale. Ceste église est hault élevée, soustenue de plusieurs beaux piliers de matière d'albadre. Les chanoines d'icelle ont bonnes prébendes. En leurs demeures resente encore quelque retrait des religieux de la primitive église, car ils ont tous leurs maisons conjointes l'une à l'aultre en une

---

(1) Nous omettons de reproduire un très long récit du baptême de Clovis et des cérémonies du sacre des rois de France, que Vinchant introduit dans son œuvre. Ces objets sont étrangers au voyage en Champagne.

rue contiguë à l'église, laquelle, la nuict avenant, on la reserre à heure compétente. Aussi lesdits chanoines estant à l'église, ils observent en leurs offices et cérémonies une magnificence non pareille.

En ladite église le maistre autel est couvert d'une lame de fin or, par don de Hermarus, xxxj° évesque de Rheims, à l'entour du quel sont placés à terre xii à xv grands chandeliers d'argent portant flambeaux. Au dessus dudit autel est une croix de pur or. Au derrier sont rensérées les reliques et trésor.

De surplus, l'on void le tombeau du cardinal de Guise qui fut assassiné à Blois par la charge du Roi Henri 3, en l'an 1588. Sur ledit tombeau est un crucifix de pur or d'admirable artifice.

Mais surtout le portail de ceste église attire toute personne en admiration, car oultre qu'il est d'une structure hault et large, l'on y void sur iceluy l'histoire du vieux et nouveau testament, avec les 4 fins de l'homme en imaiges relevées en bosses de matière de pierre, tellement qu'il ne se fault estonner lorsque l'on dit que, pour avoir une église parfaite en tout endroit, qu'il faudroit joindre la neef d'Amiens et le chœur de Beauvais au portail de Rheims.

Église de Saint Remi. Il y a encore en ceste ville l'église de St. Remy, laquelle fut, du temps de Clotilde, bastie en l'honneur de monsieur St. Pierre, pour la resouvenance des faveurs qu'avoit fait nostre Dieu à l'invocation de monsieur St. Pierre envers son mary, en l'appellant par le baptesme au nombre des chrestiens ; mais elle est maintenant appellée Église de St. Remy, à cause du saint corps qui y repose. Il est dedans un sépulcre d'albadre hault élevé.

La Sainte Ampoule. Et au dessus d'iceluy est ensérée la sainte ampulle cachée en une petite boitte de pur or. J'eus cest bonne heure de la veoir par l'intermise de monsieur Vitus, natif de Douay, docteur ès droitz, qui enseignoit lors à Rheims, auquel j'avois fait cognoissance. Ceste ampulle est de matière de verre et n'est pas plus grande que le mitant du petit doict. Ce religieux accompaigné d'aultres de ses confrères, entendant que j'estoy presbtre et encore estrangier, me mit entre mes mains la boitte, qui me donna occasion de regarder ceste Ste. ampulle à mon aise. Et il faut noter que elle serve pour le sacre du Roy et que, pour l'assurance du transport d'icelle, l'on donne tousjour 4 à 5 grands personnaiges en ostaige à l'abbé de St. Remy. Or doncq elle est renserée au dessus du tombeau de St. Remy, et ce tombeau est environné de statures d'albadre, qui représentent les 12 pairs de France, portant chascun quelque signal de leur office, lorsqu'ils sont présens au coronement du Roy. Le duc de Bourgoigne tient en sa main la couronne royale. Le duc de Guienne, la première bannière quarrée. Le duc de Normandie, la 2e. Le comte de Toulouse, les esperons. Le comte de Champaigne, la bannière royale ou l'estandar de guerre. Le comte de Flandre, l'espée royale. L'archevesque de Rheims ne porte rien, comme président de toutes les cérémonies du coronement. L'évesque de Laon porte la sainte ampulle. L'évesque de Beauvais, le manteau royal. L'évesque de Noion, la cincture. L'évesque de Châlon, l'anneau. L'évesque de Lingo [Langres] la coste d'arme.

Allant de part et d'aultre en ceste église, l'on rencontre plusieurs sépulchres et épitaphes tant de Roys que d'évesques. Celuy qui est curieux pouldra demander à veoir un certain livre de parchemin, qui est dedans la sacristie, auquel est contenu grand nombre desdites épitaphes, si comme de Loys 4, de Lothaire.

L'université. En ceste ville il y a université pour les arts, la théologie et jurisprudence, laquelle at esté érigée par le Roy Henry 2, à la requeste de Charles de Loraine, cardinal et archevesque de Rheims, laquelle at esté confirmée par le pape Paul 3.

Le peuple est bon, doux et bening.

Les marchans de vin ont un traficq heureux ; aussi ont-ils pour cest effet une belle place forme de croix, où ils exposent leurs marchandises et se tiennent tous à l'environ d'icelles.

L'air est bon et agréable.

Deux conceils se sont tenus à Rheims : le premier en l'an 815 ; le deuxième au temps du Roy Capet.

Ce fut un cas étrange arrivé à Rheims l'an 1589. C'est qu'une servante fut accusée d'avoir suffoqué un enfant que la fille du logis palliarde avoit supposé chez ladite servante dormante, pour chasser son fait. Elle fut appréhendée de la justice, et fut, par question rigoureuse, confessant ce péché, combien que, hors serment, elle le nioit. Si est si meflis que l'on adjugea d'estre pendue. Donc aiant esté l'espace de 3 jours pendue, pensant qu'elle fût morte, aucuns passans la trouvèrent qu'elle vivoit encore. Le magistrat avec le peuple y accourut et la ramena saine et entière en la ville. Et fut la fille du logis avec père et mère brûlée, aiant esté trouvés préalablement par leurs confessions coupables de ce fait.

Châlon-sur-Marne. Au partir de Rheims, je fis marché avec un voiturin pour me mener jusques à Châlon, qui sont dix lieues. Et pour y arriver, je passa les villaiges de Silleris, Beaumont, Petites Logettes, Grandes Logettes, La Vesve [La Veuve]. Tout ce territoire est bien fertile et d'une belle planure.

La ville de Châlon est dite en latin *Catalonum*. Elle fut autrefois comté ; depuis elle fut unie à celui de Champaigne, et en fin donnée à l'évesque de Châlon, qui est l'un des 12 pairs de France.

Attila, roy des Huns, dit le Fléau de Dieu, fut défait par le Roy Mérovée, qui estoit assisté de Aetius, lieutenant de l'empereur de Rome, auprès de Châlon, où la bataille fut si cruelle qu'il y demoura sur le champ le nombre de cent quatre vingt dix mille hommes.

Ceste ville n'est pas agréable, à cause des rues étroites et maisons mal basties. Touteffois il y a une rivière appellée Marne, qui l'embellit grandement, et fait une petite isle en laquelle les bourgeois en temps d'esté prendent leurs esbats et récréations, car ce lieu est plaisant à cause de l'ombrage des hauts arbres qui y croissent.

Il y a en ceste ville une belle tour joignant l'église St. Estienne. En icelle il y a une coste dudit saint.

Les églises n'ont guère de lustre.

Les bourgeois sont béguins aux estrangiers pour leur argent et cauteleux pour l'attraper.

Ils s'appliquent à cultiver diligement leurs jardins pour avoir des melons, qui y croittent assé en abondance et sont très bons. C'est pourquoy Henry 4, Roy de France, à cause de la bonté des melons de ce lieu, disoit, selon la relation que m'en firent des bourgeois : « *Je maintiendray Chalons, Mon jardin à melons.* »

Cérémonies des mariages. Je vis en ceste ville que les façons de s'allier par contract de mariage sont différentes à ceux de nos pays, car il faut entendre que, en plusieurs lieux de la France, le conceil de Trente n'a pas été promulgué par les évesques, cause pourquoy il n'est pas observé en tous points.

En ce fait, avenant le mariage des conjoints, l'on ne fait aucune publication des bans, mais tout le contract se pratique entre les parens des deux costez. Or, avenant le jour des espousailles, je vis que l'espoux et la fiancée selon la coustume se représentoient de costé et d'aultre parmi la ville avant ledit jour. Le pasteur ou curé avec les plus proches parens mariés, marche devant; s'ensuit l'espoux qui at après soy la jeunesse parentisée ; en après marchent les femmes mariées; et après icelles, l'espouse suivie des jeunes pucelles. Ceste cérémonie vient à tenir le lieu des annoncemens des bans.

Le lendemain, toute ceste compagnie se retrouve à l'église.

Au devant de l'autel, l'on fait une petite case de feuilliage dedans laquelle le marié et la mariée futures se mettent à genoux, et se baisent plusieurs fois avec toute honcsteté. Et à certaines cérémonies pratiquées par le presbtre, l'espoux redouble lesdits baisers. Et en ce fait, il n'y a point de scandale, ni aucune mauvaise édification vers le peuple; ains qui plus est que si l'espoux obmettoit ce debvoir, il donne un mauvais présaige et opinion à ce peuple, et mesme à sa fiancée et parens.

Estant espousement fait, tous les hommes du costé du marié vont donner un baiser à l'espousée, et le marié va baiser toutes les femmes et filles du costé de son espouse. La compaignie estant hors l'église, il est permis à tous honnestes bourgeois d'approcher la mariée et la baiser avec toute honesteté. Voilà une coustume différente aux nostres. Je crois bien que le temps rompra petit à petit ces façons de faire.

Allons plus oultre.

A la sortie de ceste ville, l'on void du costé du mydi que ladite rivière de Marne environne la ville par trois fois en aulcuns endroits; et d'autant que la course de ceste rivière est impétueuse, aussi l'on descouvre sur icelle plusieurs moulins à briser grains.

En après, je vins à traverser les villaiges de Combertrj, La Maison Dieu, Vesigneu, Colle, Omboville [Humbauville], Mie, Tiercelin, Corbeil, Gunemant, Broot [Domprot], et j'arriva à Rosnay, estant accompaigné d'un honeste personnaige, appellé Grégoire Montgerart, natif d'Espernay, homme de lettre et presbtre, qui s'acheminoit par dévotion au monastère de Clervaux.

Rosnay est un beau bourg. Il est environné d'un costé de la rivière de Veoir; et selon l'apparence, il semble qu'il at esté autrefois fortifié par les habitans contre les incursions.

Brienne. De là je vins traverser le villaige de Centeuille et le bourg de Brienne où l'on void un chasteau assez beau et fort à cause qu'il est assis au dessus d'une rochaille. Ce fut en ce lieu, au récit de l'historien Belleforest, que Frédégonde, Royne de France, tint pour quelque temps Clodomer, fils de Cilpéric, qui estoit du premier mariage, prisonnier pour le faire plus tost morir, à cause que alentour de ce lieu la pestilence estoit très cruelle; et ce faisoit-elle affin de faire régner ses enfans qui venoient dudit Cilperic et d'elle en second mariage. Puis je traversai les villaiges dits Roter [La Rothières], Trannes, Wossancourt [Baussoncourt], Archondivau [Arsonval], Mossé [Mothé] [Montier-en-Lisle], qui ont leur territoire fertile en grain et vin.

Bar-sur-Aube. Je parvins à la ville de Bar, située sur la rivière d'Aube, et tenue entre les villes du comté de la Champaigne. A l'environ d'icelle, l'on voit des montaignes et petites collines portants du vin très délicieux et grandement renommé au Pays-Bas. D'où vient que les habitans, qui sont presque tous marchans, en tirent grand profit.

Ce fut icy que, oultre ce que l'air est bon par toute la Champaigne, que j'expérimentay qu'il estoit très agréable, doux et tempéré.

Les rivières sont assez grandes.

Le peuple est soigneux, vigilant et bon menagier, jusque à là que j'ay veu femmes et filles mesner et conduire la cherrue pour cultiver la terre.

La noblesse est gaillarde, courtoise et vaillante et en grand nombre; mais que l'on se garde de leur tenir teste, car ilz sont un peu opiniastres.

Note icy que ceux de Bar sur Aube et Bar sur Seine, mesme Bar en Barrois, se vantent d'avoir encore pour leurs domicilles les pancartes des Bardes gaulois, qui estoient les poëtes et causidiques entre les Druides.

La forêt de Bilie. Partant de Bar-sur-Aube, je passa le villaige dit Bilie [Bayel] et vind entrer en un bois de deux lieues d'estendue, lequel est réputé dangereux à cause des brigants, qui s'y arrestent pour emporter proye sur les passagiers, ou les occir. Et avant y entrer, je trouvay quelque pauvre compaignon qui se doléoit de ce que on luy avoit osté le manteau : ce qui me donnoit quelque crainte et soubçon de péril. Touteffois estant avec compaignie, je le vind sur le soir à traverser.

Le monastère de Saint-Bernard à Clervaux. Et incontinent sortant d'iceluy, j'aborday à ce fameux monastère de Clervaux, là où je fus adverty que, pour éviter le péril de ce bois, je debvoy, partant de Rheims, prendre le chemin par Troyes pour parvenir à Clervaux, et que ladite ville méritoit bien d'estre veue à cause de son estendue, et que l'on void l'église St. Estienne, la plus ancienne de la Gaule encore en son entier, en laquelle Louis le Bègue, Roy de France, fut coronné par le pape Jean 8.

Allons à nostre monastère.

Ce monastère fut basty environ l'an 1113 par St. Bernard, sorty de la maison illustre de Chastillon en Bourgoigne, et après qu'il eut basty 160 monastères en divers lieux de l'Europe, il mourut l'an 1153, et son corps gist en ce monastère. Il avait choisy ce lieu pour bastir à cause qu'il est en une vallée et plaine verdoyante, environnée de tous endroits de bois et cotoyée d'une petite rivière, qui cause que ce lieu est rendu, et maintenant il attire les chrestiens à pérégrination à cause des corps saints, qui illec reposent au nombre de 7 à 8, au dessus du grand autel dans des casques d'argent. Et d'autant que monsieur St Bernard estant vivant a rendu la veue à ung aveugle, aussi les aveugles, borgnes et aultres y faisent leurs pèlerinaiges.

L'église de ce monastère est un bastiment antique et assez obscure, mais ceci est provenu de l'industrie et prudence de ceux qui l'ont fait bastir, jugeants que les lieux ténébreux sont plus commodes et propres à recueillir et arrester les esprits à méditer et louer nostre Créateur. Aussi pour ceste raison, la pluspart des églises bastyes par l'antiquité chrestienne sont de peu lumineuses.

En ceste église doncq il y a deux places, l'une suivant l'aultre du long, où sont en chacune beaux siéges pour accommoder les religieux tenant chœur en leurs offices, en nombre de 300 environ.

A droit costé d'icelle, l'on void encore les murailles anciennes de l'église, que fit autrefois bastir monsieur St. Bernard.

Ce monastère at esté ragrandi pour loger les pélerins.

Hôtellerie. Aujourd'huy, ce lieu sert de retraite pour les charretiers et voiturins amenant vin de Bourgoigne au Pays Bas, car il y a bonne hostèlerie.

Et lorsque j'y estoys, je fu esmerveillé de veoir toute sorte de gens, tant de cheval que de pied, tant nobles que roturiers, d'estre bien accommodés. Il faut touteffois arriver de bonne heure, car difficilement sur le tard on y entre : ce que j'ai expérimenté.

Le gros tonneau de l'abbaye. Avant partir de ce lieu, je fus d'avis de veoir ce tonneau duquel l'on parle tant. Le prieur me fist ceste courtoisie de me le montrer. Il est à costé gauche de l'entrée de l'église, enserré dedans une grande place. Ses cercles sont faits de sommiers de chesne. Il contient plus ou environ, selon la relation dudit prieur, 1500 tonneaux de vin, tels que l'on apporte de par deça venant de France. On emplissoit jadis ce tonneau plein de vin, du temps de monsieur St. Bernard, pour faire la charité aux pauvres ; et depuis la mort de ce saint, aux pélerins. Maintenant comme la charité est refroidie, la cherté augmentée, la dévotion des pèlerins diminuée, les donations retranchées, il ne serve que de parade, ou pour condamner la paresse de ce siècle.

Partant de Clervaux, je vins à costoier la rivière d'Aube entre deux bois montaigneux et passer les soubdits villaiges, à sçavoir : Ville, Ferté, Chevrolle, Dinteville, Ormoys, La

Trecey, Opiare où proche de là il y a un monastère de religieux, Vonne, Bay, Ovrid, Chianisson, Villemary, Gussilée, Mared, Jed situé sur la rivière de Rille.

Chapitre III. — *La Bourgogne et la Franche Comté.*

Entrée en Bourgogne. Callent. J'entra en la duché de la Bourgoigne; et ayant passé les villaiges Espannée, Savignies, Dagnier, je vind à approcher la ville de Dijon. Icy l'on descouvre la merveilleuse forteresse de Callent, située sur une montaigne; et lorsque j'y passay, je vis que l'on la démolissoit par ordonnance de Henry 4, Roy de France, à la requeste du parlement et des citoiens de la ville de Dijon, qui sont descouverts à veue d'œil de ladite forteresse en se promenants en leur ville, tant elle est voisine d'iceux.

L'on descouvre encore le chasteau et villaige de Fontaine, situé sur le sommet d'une colline, d'où estoit natif le grand docteur Monsieur St. Bernard.

Laissant tous ces lieux à main droite, je parvins à la ville de Dijon.

Dijon. Origine de la ville. Ceste ville du temps de St. Bégnin, premier apostre des Dijonois, n'estoit qu'un chasteau, et ce environ l'an 700. Et est de la fondation des anciens Gaulois, qui luy donnèrent ce nom de Dijon du mot *Dii* ou *Divi*, à cause du nombre des dieux illec adorez.

Elle fut augmentée par l'empereur Aurélien, et elle est située presque sur les frontières et dernières limites de France, en une belle campagne qui se continue jusques à Marseille, sur laquelle croîtent les meilleurs vins de la Gaule. Elle est forte d'assiette et d'artifice à cause des bons et grands boullevers.

Le chasteau estoit jadis environné de 33 tours; mais au lieu de cestuy-cy, l'on n'y void à présent que celuy que fit bastir Louys unzièsme, lorsqu'il s'empara du duché.

En la chapelle de ce chasteau, il y a le sépulchre de quelque eschevin de Dijon, nommé Hilaire, qui de son vivant fut si chaste qu'il tint tousjour sa femme pour sa sœur.

Églises. En ceste ville les églises sont en nombre de 16. Est l'église St. Bénigne où est enterré un Roy de Poloigne qui estant religieux fut tyré de son abbaye pour estre Roy ; mais après sa mort, voulut y estre porté et inhumé. Il s'appelloit Bodeslaus. L'on y void son épitaphe et morut en l'an 1381.

La Sainte Chapelle. Oultre ce, il y a l'une des 3 saintes chapelles de France. Celle de Paris se nomme sainte à cause que en icelle se trouve une grande pièce de la Ste. Croix, une pièce de la Couronne d'espine de Notre Seigneur et un Cloux duquel il fut attaché à la Croix. Celle de Bourges s'appelle sainte, à cause du grand nombre de saintes reliques et ossemens de divers saints. Celle de Dijon se dit sainte, à cause que en icelle repose la ste. hostie, laquelle aiant esté frappée d'un cousteau par un malheureux juif, jeta abondance de sang. Ceste ste. hostie fut envoiée l'an 1430 à Philippe le Bon, duc de Bourgoigne, par Eugène, pape de Rome avec la bulle.

Touteffois aultres disent que ceste chapelle auroit esté appellée sainte avant la réception de ceste sainte hostie, à l'occasion que Hugo, duc de Bourgoigne, en l'an 1186, la soubmis, à sa requête, immédiatement à la jurisdiction du St. Siége apostolique ; et pour ceste cause, elle auroit esté appellée sainte. Ceci appert par une bulle du pape Alexandre, là où il exempte ceste chapelle de la jurisdiction de l'évesque de Lingo [Langres], la réservant à soy.

Quoy qu'il en soit, je dis, oultre cela, qu'elle est d'une magnifique structure quant à la longueur, largeur et haulteur, et mérite davantage nom d'église que de chapelle. Aussi pour ce respect, illec sont des chanoines officians au nombre de 25, jadis instituez par ledit Hugo, duc de Bourgoigne. La principale dignité est celle de doyen. Chacun chanoine reçoit annuellement 220 libres. Oultre cela y a bons et excellens musiciens. L'on célèbre tous les jours huit messes solemnelles, entre lesquelles celle du Toison d'or est la plus cérémonielle.

Il s'y trouve un magnifique hospital, dit du St. Esprit, monument d'éternelle piété, basty jadis par Eudes, duc de Bourgoigne, à son retour de la Palestine.

Les hôtels des seigneurs. L'on void encore en ceste ville de beaux édifices, si comme la maison du Roy, où il y avoit jadis une haulte et forte tour : elle est maintenant presque ruinée, la maison de la chambre des Comptes qui est le logis des Estats, les palais des seigneurs qui tenoient illec leur résidence du temps des ducs de Bourgoigne, si comme : des seigneurs d'Orenge, de Vergi, Rutte, Conches, Saux, Luz du Marescal, de Roselin, Clernay, Auberine, Marimond, Ognies.

Les États de Bourgogne et le corps du magistrat de Dijon. Les Estats de Bourgoigne se tiennent de 3 en 3 ans à Dijon, où il y a parlement establi par Philippe le Bon.

La ville est gouvernée par un magistrat politique, auquel préside un maïeur nommé vulgairement vicomte, et à la requeste d'iceluy les Roys de France, faisant leur entrée en ladite ville, font quant et quant serment dedans l'église de St. Bénigne de maintenir les privilèges ; réciproquement ledit maïeur jure fidélité et secours au Roy au nom de tout le pays ; en signe de quoy ce maïeur lie une banderolle ou cincture de tafetas blanc à la bride du cheval du Roy, et le conduit jusque à la Saincte Chapelle, estant accompaigné de 21 eschevins.

La Chartreuse. Laissant à parler de la ville de Dijon, je me alla depuis veoir le monastère des Chartroux, distant de 3 quarts de lieues. Ce monastère fut fondé par Philippe, duc de Bourgoigne, fils de Jean, Roy de France.

Tombeaux de Philippe-le-Hardi, de Jean-sans-Peur et de Philippe-le-Bon. Et il gist illec desoub un épitaphe relevé en marbre avec ceste inscription :

« Cy gist Phls très hault et très puissant prince et fondateur de céans, Phls fils de très ault et très puissant prince Jean par la grâce de Dieu, Roy de France, et de Dame Bonne, fille du bon Roy de Bohême, sa compaigne, duc de Bourgoigne et Luxembourg, comte de Flandre, d'Artois et Bourgoigne, Palatin, s^r des Salins, comte de Nevers, de Retel et Charolois, et s^r de Malines, qui trespassa à Hal en Brabant, le xxvij^e jour d'april 1404. »

Aultre épitaphe :

« Cy gist très haults et très puissants princes et princesses Jean de Bourgoigne, comte de Flandre, d'Artois et de Bourgoigne, palatin et s^r des Salins et Malines, fils de feu tre hault et puissant prince Phls, fils de Roy de France, duc de Bourgoigne, fondateur de ceste église, et Dame Marguerite de Bavière, sa compaigne, lequel duc Jean trespassa le 9e jour de septembre l'an 1419, et ladite dame le xxiij^e jour de janvier 1423. »

Aultre épitaphe :

« Cy gist très hault et très puissant prince et princesse Phls, duc de Bourgoigne, de Loraine, de Brabant, de Luxembourg, comte de Flandre, d'Artois et Bourgoigne, Palatin, de Henault, de Holande, Zélande et Namur, marquis du St. Empire, s^r de Frise, de Salins et Malines, fils de feu très ault prince Jean qui fut filz du fondateur de ceste église, et Dame Isabelle, fille du Roy Jean de Portugalle, sa compaigne, lequel trespassa à Bruges le xve de juin 1467, et ladite Dame Isabelle, sa compaigne, le xvij^e jour de décembre 1472. »

Ces épitaphes sont engravés à costez des tombeaux en lame de cuivre.

En me tornant derrier le mestre autel, un religieux me fit veoir une table d'autel d'admirable artifice : les images sont relevées en bosse et dorées ; et l'on la monstre volontiers aux estrangiers pour chose rare.

Retornant doncq à Dijon, je fus encore en aulcunes églises, admirant les épitaphes des princes et seigneurs de Par deça morts en ce lieu, notamment du seigneur de Wiervalle.

Au partement de Dijon, j'estoy d'avis d'aller veoir ce fameux monastère de Cisteaux (ainsi appellé à cause de l'abondance des Cisternes), fondé par Odo, duc de Bourgoigne, en l'an 1098. Ce monastère est chef de 180 aultres monastères tant de religieux que de religieuses ; mais d'autant que mon chemin estoit vers Dôle, je changea d'avis.

Auxonne. La Saône. Frontière de la Franche Comté. Donc passant les villaiges dits Nailée, Grimelle, Deilis, Longelle, je parvins à la ville d'Auxonne, laquelle est environnée de la rivière de Sone [Saône], qui prend son origine des montaignes des Vosges et sépare la Francq Comté du duché de Bourgoigne en aulcuns endroits comme à Auxonne, et traversant Châlons, Lyon, Vienne et Avignon, se rend en la mer.

Les habitans d'Auxonne prendent grande commodité de ceste rivière pour la navigation.

Prohibition d'exporter l'argent monnayé. Et d'autant que cest ville est le fin de la comté de Bourgoigne, j'admoneste icy que les passagiers se donnent garde de ne porter argent et or, oultre la licence et décret du Roy, craindant les commis qui confisquent le surplus indiscrètement et sans aucun respect, comme j'ai vu à l'œil, tellement que l'on me dit en ce lieu que l'ordonnance du Roy portoit que l'homme de pied sortant du royaulme, ne pouvoit porter sur soy que xx esculs d'or, et l'homme de cheval 40.

Ors icy je ne veult aussi oblier à dire que, devant venir à Auxonne, l'on continue un chemin d'une lieue entière, relevé entre deux murailles à costez : c'est pour éviter le chemin qui est en aultres endroits marquageux, car il faut entendre que la ville d'Auxonne est située en une planure; et marchant sur ceste dicq, vous avez, la pluspart du chemin, le bois joignant vostre costé droit.

La Franche Comté de Bourgogne. Aiant passé Auxonne, l'on vient à traverser petits hameaux et puis la montaigne où est le bois dit Serraige, dit en latin *Serrana.* Et icy l'on entre du tout en la Franche Comté de Bourgoigne, autrement dite Impériale, à cause que l'an 1034 les Bourguignons se départirent de l'obéissance de leur Roy Raoulx et se rendirent à l'empereur Conrad ; et depuis est ceste partie de Bourgoigne appellée Impériale, que nous appellons la Francq Comté de Bourgoigne, qui avoit duré depuis le temps de Arnoud empereur, environ 130 ans.

Dôle. En descendant donc ceste montaigne de Serraige, l'on descouvre la ville de Dôle. A l'entrée d'icelle, l'on void sur la porte les armoyries du Roy d'Espaigne, avec ceste inscription au desoub : *Tanto custode secura.*

Elle est la métropolitaine de la comté.

Le Parlement. L'Université. Il y a parlement sédentaire et université renommée. C'est pourquoy l'on y void grand nombre de jeunes seigneurs de bonnes maisons, notamment d'Allemaigne, pour depuis passer en Italie aux aultres exercices. Le recteur de l'université qui s'eslit par les escoliers, estoit monsieur de Gannelles, mon cousin.

Églises. Sur le marché est la principale église, en laquelle l'on me fit veoir la ste hostie, qui miraculeusement se préserva au milieu des flammes, et fut veue, par tesmoings oculaires encore vivant, sauteler sur l'autel. Ceci arriva environ l'an 1607. A ceste église est joignante une belle et haulte tour pour descouvrir de part et d'aultre tous entrans en ladite ville. C'est pourquoy l'on y fait le guet.

Quant aux aultres saints lieux et chapelles, les Cordeliers en sont fort bien accommodez, où il y a plusieurs sépulchres et épitaphes de grands personnaiges doctes et lettrez, desquels pour éviter prolixité je ne ferai aucune mention.

Les Jésuites ont une belle chapelle. Le grand autel est environné, à deux costez du tableau, de colonnes de porphire.

Confrérie de la Miséricorde. En ceste ville il y a une confrairie admirable, intitulée de la Miséricorde. Les confrères d'icelle sont la plus part gens de remarque. Leur ordonnance porte que quand quelqu'un est sententié à mort, que à tour de rôles chacun doibt conduire le patient au dernier supplice, tellement que souventefois celuy qui prononce la sentence se retrouve à cet acte, consolant le patient, estant masqué et du tout incognu; depuis, le conduit à terre sainte après l'exécution, si l'exécuté le mérite : vraye charité, fuiant la vaine gloire, puisqu'il est impossible de recognoistre le conduisant, encore que l'on sçave bien que c'est un grand personnaige. Ceste confrérie est semblable touttefois, non pas si pénible et estroite, à celle qui se trouve à Bétune, subjecte à ensevelir les pestiférez. Elle s'appelle aussi la confrairie de la Miséricorde, et l'on at remarqué, chose estrange, que depuis l'institution, nul de ladite confrairie est mort de maladie pestilentielle.

En la cimetiere de ceste ville se trouve telle épitaphe :

« Chy gist Jacquot de Bruxelles de bon zèle.
Cely morut de la gravelle
Et ses successeurs de la toux.
Voilà d'où vient la querelle
Que Messire Jean a contre nous. »

Ceste ville de Dôle est environnée de forts bollevères et murailles du costé d'Auxonne; de l'aultre costé, elle a la rivière joignante le Doubs.

Le Doubs. Dubis en latin prend son origine des monts de Jura et d'Allemaigne, desoub Besançon. Caius César, en ses Commentaires, appelle ceste rivière *Ap duabis*; Ptolomeus, *Doubis*.

Dôle endura beaucoup de misères à surprinse par les François, en l'an 1479, soub Louys 11, Roy de France, après la mort de Charles, duc de Bourgoigne, dont sont composés ces vers :

« L'an mil quatre cent neuf et septante
Fut prinse Dôle, qui se deult,
Par l'armée du Roy très puissante.
Contre puissant foible ne peult. »

Voulant partir de Dôle, je fus en paine par où je prendroy mon chemin. J'étoy d'advis de tourner vers Lucerne pour en passant veoir la ville de Besançon, de grand renom pour sa beauté et antiquité. D'aultre part, je fus conseillé de faire le voiage à St. Glaude et ainsi prendre le chemin de Genève et passer la Savoye. Mais laissant cest advis à cause du péril qui se trouvoit lors en ces lieux, je suiva le conseil de Monsieur Rugon, receveur général de la Franche Comté, à sçavoir de prendre le chemin vers le Mont St. Bernard par Lausanne, à cause de la facilité et moindre de paine.

La ville de Salins. Les Sauneries. Partant doncq de Dôle, je vins à traverser les villaiges dits Salon, Bermont, Onay, Camblan, Vibefales, Moncha, Paigno, et vins séjourner à la ville de Salinnes.

C'est une chose admirable de veoir ainsi la Providence de Dieu estre manifestée en ces contrées par la fertilité et bonté des raisins; cause pourquoy j'admoneste icy que l'on ne mange lesdits raisins seulement avec sobriété, craindant la dyssenterie qui est assez commune aux passagers estrangiers.

La ville de Salinnes est située entre deux montaignes contiguës l'une à l'aultre. Elle est de longue estendue abondante en plusieurs fontaines qui la rendent jolie et plaisante; bien peuplée et habitée, à cause du trafic du sel, qui se fait en une saunerie admirable, surtout pour ceux qui ne l'ont pas veu. Icy la nature et les hommes avec l'industrie reluisent grandement en leurs effects. Et de fait, l'on appelle communément ceste salinne : miracle de nature, miracle d'hommes. Car premièrement l'on void deux à trois chevaulx en divers lieux qui, tornoiants continuellement, attirent ou eau douxe ou salée des cisternes profondes, par seaux liez à une corde conduisée sur un moulin. Et ceste eau vient à se rendre, estant les seaux recourbez en hault par le mouvement du moulin, en des canaux voisins.

Visite des usines et des caves. En après l'on void les chaudières et vases de plate forme, soutenus par le dessus de grand nombre de barreaux de fer agrappez à des sommiers traversants. En ces chaudières se fait le sel, espuisant l'eau desdits canaulx pour matière. Au desoub il y a feu terrible et espouvantable.

En aultre place, l'on voit femmes et hommes former les pains de sel. Les femmes sont presque nues et sans vestemens à cause de la chaleur. Elles affermissent les pains sur du feu estouffé de cendre.

En aultres endroits, l'on voit place pour recevoir les cendres ; aultre pour le bois.

Mais ce qui est plus à contempler, c'est que descendant au desoub ces lieux, l'on se trouve en des caves de terrible grandeur et haulteur : les voultes sont soutenues de gros et massifs piliers. Et se recontrent semblables caves en nombre de 3, l'une sur l'aultre. En chasque desquelles se recontrent des resors d'eaux jusques au nombre de 300. Puis au plus bas desdites caves, l'on void les deux sources miraculeuses, l'une d'eau salée, et l'aultre d'eau douxe, distantes non plus l'une de l'autre d'un apas.

Je fus conduit et reconduit dans ces lieux, en donnant la courtoisie, par quelque serviteur de celuy qui avoit les salines en charge, duquel j'ai oublié le nom et sournom. Il estoit natif de Lisle en Flandre. C'est pourquoi j'eus facilement entrer pour veoir tout.

Un ermite sur la montagne. Allant veoir la ville, j'aperceus l'industrie d'un érémite qui a son logis sur le sommet d'une montaigne penchant au-dessus de la ville. Il dévale une corde au bout de laquelle pend sa corbeille avec une clochette, et ainsi il demande sa provision de vivre jour à aultre ; car venant à la ville, il luy fauldroit plus d'une heure de descend.

Vinchant est l'objet d'une méprise à l'hôtellerie de la Croix rouge. Je fus loger à la Croix rouge, là où aulcuns marchans de Genève, sachant que j'étois de Flandre, me déclarèrent comme estant avec monsieur de la Tiraille. Iceluy avoit autrefois servi nos archiducs devant Berg-op-Some en qualité de pétardien, et à la relation calumnieuse du mesme, fut décapité à Bruxelles le capitaine Rasoir, natif de Valencènes. Ledit de la Tiraille, selon leurs dires, avoit voulu avec intelligence livrer la ville de Genève entre les mains du duc de Savoye, et avoit esté, justement avec sa confession, décapité à Genève. Ils m'interrogèrent ce qu'il m'en sembloit. Je ne dis mot, craindant que, comme le lendemain je me debvoy rencontrer sur le chemin avec iceux, je n'encourusse quelque danger. Touteffois le lendemain, pour plus grande asseurance, je me mis en compagnie des voiturins de sel, car aussi bien les chemins estoient dangereux, notamment venant au bois de Dournont.

Pontarlier. Passant donc ledit bois, Villeneufve, Levier, Chaffoy, Ontoy [Hontaud], villaiges, je vins à Pontarly, petite villette située en plaine campaigne, renommée à cause des bons fromaiges et de la foire de bled; le territoire duquel en est fertile.

Je me souviens icy d'avoir eu à Rome un amys presbtre, natif de ceste ville, nommé Signor Petro, demorant à l'église del Anima, lequel cognoissant que nous estions sous un mesme prince, il me furnissoit tousjour, comme dispensier de la cave, le meilleur vin qu'il avoit. S'il est mort, *Requiescat in pace*.

Partant de Pontarli, je traversa les villaiges de La Cluse, L'hospital vieux, L'hospital nœuf, Joignie [Jougne] où il y a une grande forteresse assise sur une montaignette, Ballaigre, Esclay, Bresenier; puis je parvins à la Sarras.

La Sarras. Petite ville érigée en baronnie. Entrant la porte, je retira ces vers escripts au dessus :

> « Combien ceste baronnie est plain de bonne heure
> Pour ce que luy commande un vertueux seigneur,
> Et ses subjetz réglés par ordonnance,
> De bonne volonté luy rendent obéissance. »

Puis je vins à Eclepens qui est un villaige, et de là à Dalce, là où on tient la doctrine de Calvin jusqu'aux Valésiens.

Chapitre IV. — *La Suisse.*

Lausanne, le lac Leman. Passant aussi Mex, Cressy et Prilly, villaiges, je parvins à la ville de Lausanne, située sur une petite montaigne. Les habitans reçoivent les estrangiers avec toute courtoisie et donnent à bon marché les vivres ; mais ils ont esté gastez en la doctrine de Calvin par Guilliaume Jarelle et Pierre Virette, leurs pasteurs, ou plus tost leurs gasteurs.

Depuis je vins à costoier le long du lac de Genève, l'espace de 6 jours jusques à Chilon par un beau chemin et agréable. Ce lac est appellé des anciens *Lemanus* en langue latine. Tesmoing en est le poëte Lucanus lorsqu'il dit : *Resuere cavo tentoria fixa Lemano.* Aussi César en ses Commentaires parle en ces termes : *Galbam in Autuates, Sedinos, Veragiosque misit, qui à finibus Allobrogum et lacu Lemano et Rodano ad summas Alpes pertinent.*

Ce lac est long de dix lieues et large de quattre. En aulcun endroit, il est assé profond jusque à là que à l'opposite de la ville de Lutry, les nautoniers ont confessé qu'ils n'ont peu trouver le fond avec 500 toises de corde.

En ce lac, l'on prend de beaux poissons de fort bon goust, principalement des truites saumonées que l'on porte à Lyon et ailleurs et dont on fait un grand estat, comme de la plus délicate viande qu'on puisse manger. Et de fait, j'ay eu expérience.

Genève et le Calvinisme. Allant donc tout le long de ce lac, l'on descouvre, de divers costés, villes et chasteaux situez sur le bord de ce lac, et entre aultres la ville de Geuève, laquelle se descouvre assé facilement en temps serein, attendu qu'elle est située d'une parte sur une colline.

C'est ceste ville qui at esté l'englume sur laquelle at esté forgée la misère et hérésie de la France par Calvin, ce malheureux chanoine apostat. C'est à bon droit que quelqu'un a mis ces vers en l'honneur de sa sépulture :

> Sic, Calvinus, quiescas atque levis tibi terra
> Sit, tua quo possint emere ossa canes.
> Obijt anno M.D. lxiv, etate liij, maij xxvij.

Ceux de Genève le receurent l'an 1539, et illec enseigna l'espace de 23. *Requiescat in face et igne*; mais je n'eusse eu la hardiesse, en ces contrées, d'user de semblables mots. Il me suffisoit d'admirer la fertilité du pays, notamment en raisins et de veoir faire de part et d'aultre la vendaige.

Le château de Chilon. Passant donc les villes de Lutry, Guilly [Cully] et Vereye, du costé de laquelle l'on descouvre, à main gauche, un beau chasteau avec haulte tour, j'arriva au chasteau dit Chilon, qui at le pied basty dedans le lac. C'est pourquoy il est très fort. Il y at tousjour au devant d'iceluy des Suisses, qui faisent la garde et viennent à visiter et fouiller les passagiers pour veoir ce qu'ils portent.

Le Valais. Incontinent l'on entre aux pays des Valésiens, qui sont catholiques. Aussi fus-je icy arresté; et comme ces Suisses hérétiques virent mon chapellet, ce fut lors qu'ilz me tiennent milles injures contre Sa Sainteté, et me laissèrent passer oultre. Toutefois je leur dis qu'ilz n'avoient pas charge de leur capitaine de me tenir tels propos.

Ivorne. Entrant donc le pays de Valésie, en Suisse, et passant Roche, Reine, je vis à costé la ville de Ivorne, laquelle par un tremblement de terre advenu en l'an 1584, fut couverte par la cheute d'une montaigne, et par ceste tombe les habitans ensépulturés.

Saint-Maurice. Depuis passant le balliage de Daillee, le villaige de Ollon, je parvins à Saint-Maurice, petite villette, mais bonne forteresse, et ce, cheminant tousjour entre deux montaignes. Les lieux sont si estroits notamment à Saint-Maurice que la rivière de Rhosne n'a presque de passaige ; et c'est en ce destroit qu'il la faut passer, et que l'on puisse passer avec un pond seulement fait d'arche.

La ville de Saint-Maurice divise les haults et bas Valésiens. Les haults sont appellés aussi Secuniens et habitent en une vallée qui commence à la montaigne de la Fourche, où est la source de la rivière de Rhosne et viend tout le long dudit Rhosne se terminer à Saint-Maurice, qui leur sert de porte pour sortir leur pays. Ils ont les montaignes d'admirable haulteur à costez, tellement qu'ils réputent leur pays qu'une ville. Les bas Valésiens habitent à Cablais près Saint-Maurice, et sont tous catholiques, comme aussi les haults.

Entrant doncq Saint-Maurice, je vis escrit sur la porte de la ville :

> « *In Dei Optimi Maximi gloriam,*
> *Principis honorem, totiusque patriæ*
> *Ornatum, reipublice et Valesii decus*
> *Petrus Redimate, sacri imperii*
> *Præses, erexit.* »

Estant en la ville, je fus veoir l'église qui est un vaisseau antique, mais mal entretenue. Je m'accosta d'aulcuns qui chantoient la musique, et je fus plus d'une heure entière avec iceux, et me firent grande courtoisie et honneur. Ceste église est un monastère et l'on tient que Sigismond, fils de Gondebault, Roy de Bourgoigne, auroit basty ce monastère ; il est réputé pour saint et illec honoré.

Le Rhône. Les eaux de neige et les Valésiens goîtreux. Ors d'icy je prind mon chemin vers le Mont Saint-Bernard, aiant tousjour à costez les montaignes, haultes de 3 milles d'Italie et deux lieues et demie des nostres, aiant en toutes saisons leurs testes couvertes de chapeau blancq, j'entend de neige.

Ce fut spécialement en ces contrées que je remarque que

tant hommes que femmes et filles ont des gorges enflées, pendants souventeffois la mesure d'un quartier au dessus de leurs poitrines. Ils n'ont aucune douleur desdites enflures. La cause de ceci provient qu'ilz boivent des eaux de neige; aussi d'autant que les hommes ont le vin plus à leur commandement, c'est pourquoy ils ne sont si subjets à tel inconvénient. Icy je remonstre que nuls passagiers eussent à boire semblable eau, ni mesme provenante des fontaines, car l'une et l'aultre causent des enflures de ventre, des escoriations et fièvres.

Les Alpes. Le Mont Saint-Bernard. Aiant doncq passé Enien, Martiginach [Martigny], que César appelle *Occodurum*, Buvernier, Branchii [Sembranchier], Orsieres, Liddes, Le bourg St. Pierre, je parvins au pied de la montaigne du Grand Saint-Bernard.

Monastère de Saint-Bernard. Aiant cheminé 3 lieues de haulteur, je veins au monastère dudit saint avec une grande difficulté, à cause que j'estoys de pied et que je craindoys de tomber en précipices.

Aiant parlé au prieur dudit monastère, je fus receu en qualité de presbtre avec toute courtoisie que les religieux me monstrèrent; auxquels comme je me plaindoys de la grande froidure, ils me dirent que j'arrivoys en la mélieure saison de toute l'année, attendu que depuis le janvier passé jusqu'à mon arrivée, la neige n'avoit cessé de tomber; et à la vérité il me sembloit que leur dire estoit véritable, puisque je voioy le monastère et aultres places voisines estre couverts de neige plus de deux pieds de hault.

Légende du fondateur. Ce monastère est situé sur les Alpes que l'on appelle Pennins, ditz *à pinnâ*, qui signifie haultes et estroitz, ou sommet hault. Aussi sont ces montaignes haultes et aiguës. Elles ont maintenant emprunté le nom de St. Bernard. Ce St. Bernard estoit religieux et natif de *Osta*, dit *Prœtoria Augusta*, lequel convertyt les payens circonvoisins à la foy de Jésus-Christ. Et comme un maling esprit habitoit entre ces m... aignes, qui mettoit souventeffois à mort les passagiers, iceluy saint le conjura dedans une certaine caverne arrière du passaige.

Asile pour les voyageurs. Et depuis il érigea ce monastère, auquel, pour subvenir aux nécessitez des pèlerins allants à Rome et à Lorette, les souverains pontifes ont laissé du bien, tellement que tous tels et semblables pèlerins passant là, y sont logés selon leur qualité sans frais et despense, pourvu que l'on eût préalablement parlé et satisfait de son chemin au prieur.

Refuge contre les ours de la montagne. Ce monastère est encore un bon refuge pour les passagiers à l'encontre des courses des ours, qui y sont en grand nombre en ces destroits. Aussi fait-il bon de monter ceste montaigne de jour et avec compaignie.

C'est pourquoy d'aultre part les habitans chergent diligemment lesdites bestes et se revestent de leurs peaux contre la froidure; laquelle touteffois ils la supportent assé facilement nonobstant lesdites peaux ou aultres gros vestemens. Et de fait, j'ay veu au monastère dudit Saint-Bernard, homme et femme mariés ensemble, eagés plus de 96 ans, aussi dispos que homme de Par deça eagé de 40 ans. La femme avoit la denture bien entière, mais assé hideuse à cause des deux dents que l'on nomme canines, qui poussoient au dehors assez longues, comme à un chien.

En ce monastère est une priorie de l'ordre des Augustins; touteffois les religieux allant et venant parmi les montaignes, vont en pure, portant seulement leur scapulaire, afin d'éviter le dégast et usaige de leurs robes parmi les rochers. Ils peuvent être en nombre de 7 à 8.

L'église est de petite comprise, mal ornée et entretenue.

Il y a un hospital pour les passagiers de xviij à 20 lits, et encore une aultre place pour les presbtres et gentilzhommes.

Le petit Saint-Bernard. Ors partant de Saint-Bernard que

l'on nomme le Grand, à la distinction du Petit, qui est situé aux Alpes dites Graies, je descendis la montaigne d'une lieue et demie.

Saint-Renier, Chastillon. De Saint-Renier et traversant les bourgaiges Estroble [Étroubles], Sinon, La Graince, Nunx, St. Brave, je parvins à Chastillon.

Pénurie de nourriture pour les hommes et les animaux domestiques. Or pour dire ce que c'est de ce pays, les habitans sont mal logez. La couverture de leur maison est bastie de larges platz cailloux posez l'un sur l'aultre sans aucun ciment ou joincture.

Ils sont enclavez entre deux montaignes à costez pierreux et infructueuses; et d'autant qu'ilz n'ont pas d'herbe pour la noriture de leurs chevaulx et mulets, aussi les ont-ils de petite stature et de moindre travail.

D'aultre costé, ils sont constraintz, pour eux norrir, de faire amas de marons et castaignes, car ils n'ont guère aultre matière de pain que les susdits marons.

Pour leurs bestes blanches, le fouraige commun est des feuilles des arbres qu'ils abattent continuellement en tout temps.

Touteffois ceux qui ont un peu plus de moiens que les aultres, tachent de cultiver quelques costeaux de montaigne pour en recevoir blés pour la noriture de leurs personnes et bestiaux, et aussi pour leur faire porter raisins, à quoy Dieu ne manque à les favoriser de ce costez là, le long de ceste contrée, par la rivière dite Tesino, qui s'appelle par après, vers Ivrea, Doria-Baltea.

Chapitre V. — *Le Milanais.*

Ivrée. Puis encore passant St.-Vincent, Arnade, Bard, Donnaz, Pond-St.-Martin et Clarence, villaiges du Piedmont, je parvins à Ivrea, ville anciennement appellée de Strabon et de Cornelius Tacitus, *Eporeida*, d'autant que lors les habitans d'icelle estoient réputez pour les plus habiles hommes à gouverner et dresser un cheval, comme sont maintenant ceux de Naples. Elle est assise au bas de deux collines qui font l'entrée de la vallée d'*Augusta*.

L'église principale est d'ancienne structure, dédiée à la glorieuse Vierge, et en icelle reposent les ossemens de St. Blesse, jadis évesque de ceste cité.

La rivière de Doria. Au milieu d'icelle passe la rivière de Doria, sur laquelle on void un pond bien eslevé de matière de pierre.

Le pays et territoire du costé du midy est assez fertile; du costé du septentrion, aspre et pierreux.

Je fus mari de n'avoir descendu les monts du costé d'Augusta, d'autant que l'on disoit que l'on void les descriptions des trophées des empereurs romains faits sur les Alpes à l'endroit de leurs ennemis. Touteffois m'estant enquis, je trouva que tout estoit effacé.

Ors partant d'Ivrea, je prind la poste jusque à Novarre, et passant Vastigne, Santhia, Sarabel, je viens à Vercelles.

Funérailles. Comme l'on conduisoit quelque mort au sépulchre, je m'arresta, sur ce chemin, pour veoir la cérémonie, et je vis que tous les parens estoient revêtus blanc, où le contraire est auprès de nous. Puis le mort estant enterré, il y a quelque nombre de femmes, de mesme habit, retenant gaige; icelles se délamentent toute la journée, se prosternant sur la sépulture, criant à haulte voix les louanges du trespassé. On les entend d'un cart de lieue long. Elles retornent avec leurs vestemens aussi noirs que blancqs auparavant, la face toute couverte de boue et les cheveux pendants.

Délaissant ceste curiosité, je jeta mes ieux sur la beauté et bonté du territoire du Piémont; d'un costé se présentoient les orangers avec leurs fruicts; d'aultre, les pêchers et figuiers plantés en belles planures de champs et jardins jusque à Vercelles.

Verceille. Ses foires. La ville de Vercelles, selon la commune opinion des habitans, at esté bastie par la déesse Vénus qui s'est tenue en ce lieu. Et ce nom de Vercelle vaudroit autant à oïre que *Veneris cella.* Soit qu'il en soit, il est du tout clair que elle est ancienne, aïant tousjour nourri des hommes de grand esprit et jugement.

Elle est située joignant la rivière de Sepia.

Elle est assé renommée à cause des deux foires, qui se tiennent chaque année en trafique de laine et de bestiaux.

Ce fut en icelle que se tint un conceil par Léon ix, PP., contre Bérangaire, archidiacre de Tours, niant la transubstantiation du pain et du vin en corps et sang de Nostre Seigneur au St. Sacrement de l'Eucaristie.

Monastère de Saint-André. En icelle est le monastère de St.-André, assé beau, en lequel j'ay veu avec grand contentement le maistre autel bien orné; la table d'iceluy estoit environné d'un beau ouvraige de pierre de porphire. Le chœur est aussi magnifique à cause des belles imaiges taillées en bois.

Souveraineté du duc de Savoye. L'on void encore à main gauche un vieux chasteau et forteresse. La ville est assé jolie et de grande estendue. Elle appertient maintenant au duc de Savoye depuis le traicté que fist Philippe, duc de Milan, en l'an 1426, avec Amédée 7, duc de Savoye. Ledit Philippe luy renda ceste ville pour l'apaiser à cause qu'il luy avoit ravy pour femme sa fille Marie; et ledit Amédée donna, en mariage faisant, cent mille escuts.

Depuis, le roy d'Espaigne Philippe 3 la prind d'assaut par l'intermise des valeureux Wallons en l'an 1617, et rendue par accord au duc présent nommé Philibert.

Épouse injustement accusée d'adultère. Avant d'aller plus oultre, je veult déclarer icy ce que rapporte monsieur St. Hiérosme estre advenu en ceste ville lorsqu'il at escrit au pape Innocent.

C'est que une femme fut accusée par son mary d'avoir commis adultère avec quelque jeune homme. Cependant encore que innocent, le jeune homme ne pouvant plus endurer la griefeté de la géhinne, confesse le crime; mais la femme sachant son innocence, se demeure ferme et stable, et se laisse mener au supplice pour avoir la teste tranchée. Le bourreau avec toute force donne jusque à 7 fois l'espée sur le col, mais ce fut sans aulcune apparence de blessure. Ce que voyant, luy pense à enfiler l'espée au travers du col; mais tout aussy que le taillant de l'espée n'avoit rien opéré, ainsi aussi la pointe. Cependant elle fut renvoyée innocente avec la confusion du juge, du bourreau et de son mary.

Le duché de Milan. A partir de Vercelle, l'on viend incontinent à passer la rivière Jesse ou Sarno par barque, en donnant un chanalot, qui est le péage ordinaire aux piétons; ceux de cheval donnent le double. Et puis aiant traversé Bourgvilla [Borgo], je vins à la ville de Novarre, qui est du duché de Milan.

Novarre. A l'arrivée, je tomba malade par l'agitation du cheval. Mais comme je vis des belles et jaunes pêches que l'on présentoit à table, en aiant gousté, je prins courage et guérison.

Ceste ville est située sur une petite colline.

Il y a garnison d'Espaignols, résidents dedans une citadelle assé forte.

J'ay entendu que Petrus Lombardus, maistre des sentences, et Petrus Commestor estoient natifz de ceste ville.

Le fleuve de Tesin. Allant de là après Milan, l'on passe le fleuve de Tesin, qui est en son course impétueux, provenant du lac Major.

Puis traversant le villaige d'Orcha, l'on parvient à Buffarola, qui est une magnifique hostellerie.

Le canal de Nenilla. Et d'icy pour aller à Milan, l'on peult prendre le chemin ou par terre ou par eaue; et jaçoit que celuy par terre soit plus court, si est que touteffois l'aultre est plus beau et plaisant à cause du canal dit Nenilla, qui at esté autrefois fait par les François, lorsqu'ilz tenoient Milan au temps de Louys 12, Roy de France. Il est large de 34 appas; il est aussi profond et porte de grandes navires chargées de bons poidz et fardeaux.

Voyage par eau. Allant donc sur ce canal, l'on passe desoub des beaux et haults ponds, notamment celuy qui se nomme Robegna. Et l'on descouvre à deux costez de ce canal, des belles hostelleries ornées de diverses pinctures; y aiant à lesditz costez, chemin pour les gens de piedz et de cheval, qui sont garantis de l'ardeur du soleil par l'ombraige que donnent les arbres plantés sur le chemin au bord dudit canal. Ce qui rend aussi ceste navigation agréable, c'est que l'on void de tous costez des maisons et palais magnifiques appertenant tant aux bourgeois que aultres seigneurs de Milan.

Palais du comte de Husterin. Entre ceux que je remarqua comme le plus beau, ce fut celuy du comte de Husterin, embely de beau jardin, bien spatieux et bien entretenu, lequel en temps de sécheresse est arrousé par l'artifice de certains moulins qui, tirant de l'eau de ledit canal, la rejettent dedans des conduits de pierre traversants de part et d'aultre ce jardin.

Milan. De là je vins à entrer et descendre aux faubourgs de Milan qui sont de grande estendue et bien peuplez, ressemblants à une ville du tout fermée.

Estant en la ville, je prins logis à l'enseigne des 3 Roys, qui est le principal de la ville.

La ville de Milan est située entre les rivières de Tésin et d'Ade. C'est pourquoy, selon l'opinion d'aulcuns, elle est appelée en latin *Mediolanum;* touteffois aultres disent qu'elle auroit ce nom à cause que, au bastiment d'icelle, l'on auroit trouvé une beste portante à demy de son corps de la laine.

Quoy qu'il en soit, elle est située en bon lieu où se retrouve toute commodité de vivre à cause de la fertilité du territoire, abondant en toute espèce de fruict et de bestiaux.

Édifices élevés par les empereurs romains. Pour ce respect, plusieurs empereurs aiant guerres en Italie contre les Allemans ou Gaulois, ont faitz icy leurs demeures, si comme César, Nerva, Trajanus, qui édifia une maison que l'on dit maintenant le Palais; aussi l'église, que l'on appelle St.-Laurent, at esté autrefois le temple du dieu Hercules, basty par l'empereur Maximianus Herculeus, joignant lequel il édifia son palais, soustenus de xvj colonnes. — Aujourd'hui l'on ne void de cestes que aulcunes encore droites sur la rue, car le palais at esté de fond en comble ruiné par le feu.

L'archevêque saint Ambroise. L'empereur Philippe at icy aussi fait sa résidence, et après lui, Constantius, Constantinus, Jovianus, Valentinianus et Theodosius, qui fit présent à monsieur St. Ambroise, lors archevesque de Milan, d'un des cloux desquels Nostre-Seigneur at esté attaché à la croix, comme aussi du serpent de bronche fait par Moyse au désert, pour guérir les enfants d'Israël qui avoient estez mordus des serpents et à l'entrevue duquel ils estoient reguéris.

Le dôme de Milan. En ceste ville sont plusieurs magnifiques bastimens, entre lesquels est ce grand et somptueux temple, dit le Dôme, soustenu de 200 gros piliers de blanc marbre, et par dehors environné de mesme matière avec imaiges merveilleusement bien faictes. Ce dôme est de si grande estendue que l'on peult prêcher en deux costez sans que la voix d'un prédicateur empêche l'aultre.

Le dessus est couvert de plomb.

Marbres et bronzes. La devanture du chœur élevé, est environnée d'une closture de piliers de porphire. As costez du maistre-autel l'on void deux vaisseaux d'orgues d'une grande magnificence, au dessoubs desquels sont deux sièges de prédicateurs : l'un est soustenu des 4 évangélistes, touts de matière de bronche, et l'aultre des 4 docteurs de l'église de mesme matière.

Au desoubs dudit autel, il y at un pilastre de huit colonnes de porphire, au milieu desquelles est l'autel que l'on appelle *Di screnoli*, où reposent les corps de plusieurs saints, si comme de St. Manas, Denis et Aurelius évesque.

Tombeau de saint Charles Borromée. Au devant du chœur est la sépulture de St. Charles Borromée, archevesque de Milan, que l'on nommoit lors Béat; il at esté canonizé par le pape moderne Paulus V, en l'an 1615. Je vis lors sur sa sépulture telle inscription :

> *Carolus Boromeus card. tit. Ste. Praxedis, Archiep.*
> *Mediolanensis, frequentioribus cleri, populique ac*
> *Devoti feminei sexûs precibus commendatum cupiens,*
> *Hoc loco sibi monumentum vivens elegit. Vixit ann.*
> *xlvj, M. i. D. i. Prefuit ecclesie Mediolanens. an. xxiiij,*
> *M. iix. D. xxiv. Obiit 3 nov. anno M. D. lxxxiv.*

(Il vécut 46 ans 1 mois 1 jour; il gouverna l'église de Milan 24 ans 8 mois 24 jours; il mourut le 3 novembre 1584.)

Ce st. Charles at esté un grand défenseur des immunitez de l'Église (comme St. Ambroise, l'un de ses prédécesseurs, à l'encontre de l'empereur Théodose, l'un des princes antérieurs de l'empereur Valentinien).

Comme Philippe 2, Roy des Espaignes et duc de Milan, eût fait quelque ordonnance à Milan assé dure pour les ecclésiastiques, il luy envoia une excommunication en Espaigne. Lors ledit Philippe, admirant la constance de ce prélat, désiroit d'avoir par tout son domaine tels et semblables évesques que celuy de Milan, qui librement, sans aucune flaterie, luy remonstroit la vérité. Cela causa qu'il révocast ses édits.

La famille du saint archevêgne. Ce prélat descend de la maison de Vitalian, proconsul de Padoue, du temps de Bélisaire, lequel aiant secouru Rome ravagiée par les Goths, obtint le titre de libérateur de Rome et fut nommé Bon Romain, puis Bon Romeo, enfin Borromeo, nom donné et attribué à toute cette race et famille.

Cathédrale de Milan. Statue de Léon Arétin. Mais parlons encore de ce temple et dôme, là où on void encore une statue grande, de matière de bronche qui représente Léon Arétin. Ce fut le pape Pius 4 qui la fit faire en son honneur. Elle est aussi de grand artifice. C'est pourquoy l'on void de jours à aultres des peintres estrangiers, qui retirent ceste pièce tant elle est estimée par toute l'Europe.

Pour finir donc de dire ce que c'est de ce temple, je conclus que hors mis celuy de St.-Pierre à Rome, je n'en ay point veu en Italie de plus beau; et que si le portail, qui est imparfait, estoit achevé, le lustre en seroit plus grand, car les 6 colomnes qui sont audevant de l'église, assises droites, monstrent la perfection de l'œuvre entière.

Reliques des Trois Rois. Davantaige d'autant que les SStes. reliques et ossemens des SS. faisent beaucoup à l'ornement de quelque église, l'on tient que, du temps de l'empereur Frédéric Barberossa, estoient reposant les corps des 3 Roys en ceste église, lesquels avoient estez transportez de la Judée en Constantinople par Ste. Hélaine, mère de l'empereur Constantin, et de là transportez à Milan par Eustorg, évesque dudit lieu; mais comme Frédéric Barberossa eut pris Milan, Raimondin ou Renault, archevesque de Couloigne, qui accompagnoit ledit empereur, obtint de luy lesdits SS. Corps, et les transporta à Couloigne. C'est une grande perte à ceste ville d'avoir perdu ce sacré déposit.

Eglise des Frères Prêcheurs. Allons plus oultre. En ceste ville, l'on void encore, oultre la susdite, aultres belles églises, si comme celle de Sta. Maria del Gratie, appertenante aux Frères Précaires. Icy se void une somptueuse chapelle avec plusieurs lampes d'argent pendantes.

Tombeau de Louys Sforsa. Icy se void le superbe sépulchre de Louys Sforsa, duc de Milan, et de sa femme Béatrice. Il est touteffois imparfait, à cause de la prinse dudit Duc et de son emprisonnement à Bourges en France, où il mourut.

Épitaphe de Saint Pierre, martyr. En un aultre endroit de ceste église gist le corps de St. Pierre, dit Martyr, reposant en un sépulcre de blanc marbre élevé sur petits pilastres embely de belles imaiges de mesme matière. Sur iceluy est engraivé ce que monsieur St. Thomas d'Aquin composa en la louange dudit St., lorsqu'il visita son sépulcre au retour en France, en l'an 1214. Voicy l'escrit :

« *Preco lucerna pugil Christi, populique fideique*
Hic jacet, hic tegitur, jacet hic mactatus iniqué.
Vox omnibus dulcis gratissima lux animorum
Et verbi gladius gladio cecidit Catharorum
Christus mirificat, populus devotus adorat,
Martyrisque fides sanctum servata decorat,
Lux datur atque fides vulgata refulget in urbe. »

Joignant ceste église est le monastère desdits Précaires, où, selon la relation des citoiens, il y a une bibliothèque renommée entre toutes celles d'Italie.

Célébration de la messe ambroisienne. Ce fut en ce monastère que je vis célébrer la messe d'une façon non pas romaine, mais à l'Ambroisienne. Les papes de Rome ont tollérez les cérémonies accidentelles de telles messes, à cause qu'elles ont estez ordonnées par monsieur St. Ambroise. Je ne scay touteffois si on en peult user hors la ville de Milan. En ceste messe, les presbtres à chaque verselet, disent tousjour *Dominus vobiscum* sans se retourner vers le peuple. Ils se retournent seulement une fois sur la fin de la messe, lavent les mains avant la leçon de l'évangile ; ils récitent aussi l'évangile devant le simbole des Apostres, et observent plusieurs aultres cérémonies.

Autres églises. Quant aux Jésuites, ils ont une petite église, touteffois bien bastie sur 4 arcades; et au dessus d'icelles sont des galeries où lesdits Jésuites officient à hault chant, semblable à celuy des Capucins ès matines et vespres.

En l'église de St. Nazarius, j'ai veu cest épitaphe :

> *Joan. Jacobus Crivultini magni filius*
> *Qui nunquam quievit, nec alios quiescere*
> *Passus est, hic tandem quiescit ipse. Tace.*

Et au mesme lieu, en un aultre endroit, l'on void cestuy-cy de Prosper Colomna :

> « *Gessi bella diu sed incruenta*
> *Defendi Hesperiam senex utramque*
> *Prosper ut valida mee colomne*
> *Perfeci mea fata : pernicaces*
> *Vos in sanguine principes : valete.* »

En l'église des Capucins, l'on y void la pierre sur laquelle St. Victor fut décapité, laquelle pour l'heure est encore colorée du sang dudit martyr.

La bourse des marchands. La bourse ou place des marchans, que jadis bastit Mathieu Gibellin, vicomte de Milan, est un beau lieu. Il n'est touteffois à acomparer à celuy d'Anvers, si est qu'il reçoit grand embellissement de la stature de l'empereur Charles V, qui se void, au dessus de laquelle est un orloge de grand artifice et estimation.

Quant au chasteau de Milan, quant à l'église des Annonciates et leurs offices divins, quant aussi du trafique marchandise de ceste ville et aultres particularitez, je n'en toucheray icy, mais bien à mon retour de Rome et Milan en laquelle lors je séjourna environ huit jours. Il me suffira maintenant de parler en brief d'aulcuns personnaiges qui ont estés natifs d'icelle et ce pour sa louange.

Personnages célèbres. Premièrement Valerius Maximus, historiographe, car l'on void encore une pierre à Milan, sur laquelle est engravé cest escriteau :

> « M. *Valerius Maximus sacerdos*
> D. S. I. M. *Stud. Astrologie sibi et*
> *Severe apr. uxori R. M. R. N. S.* »

Cecilius Comicus. — Diocletianus, roy d'Italie. — Le pape Alexandre 2, dit Anselme de Bedagio. — Le pape Urbin 3, dit Lambert Cribiel. — Le pape Célestin 4, dit Godefroy Castellis. — Le pape Pius 4, dit Ange de Medicis. — Le pape Grégoire 14.

Les Milanois ont encore cesté bonne heure d'avoir pour docteur la lumière de jurisprudence Alciatus ; — pour évesque, entre autres, monsieur St. Ambroise, qui a converty monsieur St. Augustin, grand orateur de Rome ; — St. Charles Borromée ; — et maintenant le nepveu de ce St., qui est aussi un prélat plain de zèle et piété. Je l'ay veu à mon retour officiant en l'église, le jour de Noël.

Corps de garde espagnol. Avant de partir de Milan, je fu adverti de prendre quelque buletin pour aller hors la ville, craindant à fault d'iceluy, d'estre arresté à la porte. Touteffois sortant la ville, personne ne s'acosta de moy ; mais estant demie lieue dehors, lors je fu arresté par aulcuns Espaignols qui avoient leur corps de garde sur le chemin. Et non obstant le buletin de chemin libre que je leur monstra, ils visitèrent tout ce que j'avoy en un petit paquet. Le mesme firent-ils à l'endroit d'un pauvre éremite sur lequel ils trouvèrent un bas de soy neuf qu'ilz retinrent et confisquèrent ; et ne le volurent rendre pour les grandes prières que ledit éremite eust peu faire. Il advint icy une chose plaisante : c'est que cest éremite se mis par après en si grande colère que, faisant croix sur croix en terre croyant à excommunier les Espaignols là présent. Et comme il estoit intentif à faire ces cérémonies et que lesdits Espaignols se moquoient de luy, et notamment celuy qui luy avoit osté les bas, cestuy-cy estant droit sur une planche au-dessus d'un fossé plain d'eau, tomba dedans avec les bas. Les aultres Espaignols voiant ceste tragédie, se commencèrent à se moquer de luy, disant à haulte voix : *Miraculo del Sancto.* Touteffois le bon éremite n'eust pour cela ses bas.

Lesdits Espaignols avoient encore peu auparavant visitez deux aultres personnaiges, Liégeois de nation : l'un presbtre, l'autre pintre, à la compaignie desquelles je me mis d'autant qu'ilz alloient le mesme chemin que moy pour Rome.

Marignan. Bataille de 1515. Continuant doncq mon chemin, je vins à passer la ville et marquisat de Marignano, laquelle est cotoiée de la rivière d'Abda.

Elle est renommée à cause de la bataille entre le Roy François et les Suisses, advenue en l'an 1515, en laquelle les Suisses, comme raconte Guiciardin, livre 12, furent vaincus, battus partie par l'artillerie, partie des arbalestres des Gascons, assaillis et chargés par les gens de cheval, de front et par les flancs. Puis advenant au combat et la Guiane leur donna avec grande impétuosité à dos ; ce qui grandement advança la victoire. Les Suisses néantemoins, avec grande hardiesse et valeurs tousjour combattant, voiant qu'on leur résistoit bravement, se retirèrent dedans Milan, de laquelle ils avoient dépassé de les Franchois, et revinrent avec leurs armes et artillerie portées sur leurs dos, avec grand estonnement des François qui ne les ossèrent attaquer pour la belle retraite qu'ils faisoient.

CHAPITRE VI. — *Plaisance, Parme et Reggio.*

Lodi. *Champs et prairies. Irrigations*. Puis les villaiges dits Anorsino et Coresta : je parvins incontinent à la ville de Lode, où l'on void un chasteau de petite importance.

Mais icy il y a aultre chose à admirer, comme aux aultres lieux qui sont circonvoisins. C'est l'estendue des beaux champs et prairies tousjour verdoyants, lesquelles sont continuellement arousées par des canalx de bois artificiellement bien disposez, tellement que, en aulcuns endroits, l'on les void à quatre l'un sur l'aultre pour desgorger leurs eaux en divers lieux.

De là provient que les paysans fauchent 3 à 4 l'an l'herbe desdites prairies et que les bestes rendent grande quantité de laine. C'est aussi une chose esmervelable d'entendre que, à cause de l'abondance du lait, l'on fait aulcune fois des fromaiges pesants cincq cents livres ; et encore que je n'en ay pas veud, touteffois la chose est véritable à la relation des païsans.

Rivière du Pô. Aiant passé Lode, l'on viend à Seguignano, Soresta, villaiges, puis au fleuve du Pô, distant de la ville de Plaisance un mil. Il prend son origine des montaignes de Veso, et traversant le milieu de la Lombardie, il s'augmente et croist par l'arrivement de 30 aultres rivières, qui cause qu'il est impétueux, large, profond, commode à porter basteau. En passant icy ceste rivière, chasque personne pour teste doibt donner quattre mets.

Plaisance. Ses fortifications. Un mil passé, l'on entre en la ville de Plaisance, laquelle, avant y entrer, elle se descouvre de long belle et jolie, à cause du nombre des tourrettes et flèches d'églises. Aussi est-elle située en un plat-païs.

Elle est appertenant au duc de Parme en plaine domaine et jurisdiction depuis que Charles-le-Quint résigna tout son droit en qualité d'empereur à la maison des Farnèses.

Ceste ville estoit jadis appertenant au patrimoine de St. Pierre, mais Paul 3 Farnès la donna à son filz Pierre Louys, lequel l'a tellement fortifié en son chasteau pareillement, qu'elle est bastant de soustenir un camp de 100 mille hommes; mais ledit duc Pierre se comporta tant [*très*] insolemment à l'endroit de la noblesse, fut occis par trahison en son chasteau, et son corps jetté en publique, qui reçut plusieurs coups par le peuple.

Depuis, l'empereur Charles le V l'a longtemps possédé, puis fortifié. Philippe, Roy des Espaignes, la laissa posséder à Octavian Farnèse, celuy qui espousa la fille bastarde de l'empereur Charles V, qui l'a laissé à ses descendans.

Les bastimens sont assez récréatifs à cause qu'ilz sont embelis de diverses histoires peinturées au dehors.

Il y a aussy le monastère des Augustins, que je vis nouvellement achevé : il est soustenu par le dedans de 100 colomnes.

L'on void encor un chasteau de petite importance, sur lequel est escrit :

>   « *Finiunt pariter renovantque labores.*
>   » *Philippus 2 Hispaniarum Rex maximus et*
>   » *Multarum provinciarum Dominus, sancte*
>   » *Catholice fidei acerrimus defensor, f. f.* »

Gentilshommes. Comtes. En ceste ville se retrouve grand nombre de gentishommes qui se disent nobles, et s'appellent communément comtes, encore qu'ilz n'aient grands revenus. La cause est d'autant que la plus part descendent de leurs père ou grand père qui estoit comte. C'est ainsi que les puisnés et routuriers de France et Allemaigne s'appellent, encore que l'aisné seul porte le tiltre particulièrement. Ceste noblesse est fort courtoise, mais fort adonnée à la vanité.

Partant de Plaisance, l'on parvient au bourg dit *Pondnuva*, ou le Pond dit sur Nuva, qui est une rivière.

Bourg de saint Domino. Rivière du Car. Puis l'on passe le villaige de Fiorenzuola, situé sur la rivière de Lardo. De là l'on vient à St.-Domino qui est un beau bourg appertenant aux Srs Pallavicino ; puis à la rivière du Car que l'on passe par bateau en hiver, à pied sèche en esté. L'on void encore pour le présent les ruines du pond de pierre qui traversoit jadis ladite rivière ; au dessus m'a semblé qu'il pouvoit avoir 200 appas.

C'est en cest endroit et du costé droit vers Colorno, que jadis Charles VIII, Roy de France (selon la relation de l'historien Belforest), en retornant de la conqueste du Royaulme de Naples, se campa et emporta victoire contre les Lombards, Milanois, Vénétiens et Estradiots qui les vinrent agresser avec soixante milles hommes ; mais, comme je dis, la bonne heure fut que le Roy n'aiant que dix milles hommes, fut victorieux et retorna sans aultre péril en France.

Parme. Colonie romaine. De ce lieu donc je parvind à la ville de Parme, qui est très antique, selon l'orateur Cicéron, Strabon et Pline ; et au récit de Live, elle fut fait avec la ville de Modène Colonie romaine. « *Eodem anno Mutina et Parma colonie Romanorum deducte sunt...* ». C'est pourquoy le duc de Parme fit graver sur sa monnoye : « *Parma colonia Romanorum* ».

Fromage parmesan. Elle est fort renommée par toute la crestienté, à cause des fromages dits permesans. Sur quoy disoit très bien un poëte Martielonus, italien :

> « *Caseus epoto parmensis lacte coarctat*
> » *Viscera, multorum tapet ut ora virûm.* »

Laines. Et pour autant que les laines sont icy en abondance, aussy dit Martial, poëte :

> « *Tondet et innumeros Gallica Parma greges.* »

Et en aultre lieu :

« *Velleribus primis Apulia, Parma secundis*
» *Nobilis, Alpinûm tertia laudat oves.* »

Palais. La ville est séparée en deux, à cause que la rivière dite Parme y passe au travers, laquelle est assez large ; et sur le rive l'on void de deux costés beaux palais. Il y a icy grande noblesse, à cause que le duc y fait sa résidence.

Nobles joueurs de balle. L'arte militaire avec celle des lettres, y florisse. Alors que je passay, je veu veoir que aucuns gentilshommes s'exerçoient au balon, près du dôme, lequel ilz sçavoient si bien manier que c'estoit chose admirable de les veoir si adextres, aussy les Italiens sont renommez pour bien manier le balon, notamment ceux de Parme.

Salubrité du climat. J'ay remarqué aussi que l'air est icy très agréable. Je croy que c'est pour ceste cause que j'ay remarqué sur tous les lieux d'Italie, qu'ils vivent icy longues années. Et de fait, Plinius dit que autrefois l'on a trouvé icy, du temps de l'empereur Vespasien, des personnaiges chacun aiant environ 123 ans.

Billet d'identité pour le logement dans les hôtelleries. Allant icy pour prendre logis pour illec coucher, il faut préalablement qu'alliés prendre un billiet auprès d'un commis, contenant vostre nom, vostre païs et le logis que vous voulés prendre ; aultrement ne seriés logé, ni nuls hostelains auroient la hardiesse de vous recevoir.

Église des capucins. Tombeau d'Alexandre Farnèse. Le lendemain, je fus veoir aulcunes églises entre lesquelles celle du Dôme enrichie de marbre et d'exquises paintures, et celle des Capucins. Il faut noter qu'en ceste église du Dôme, il y a une cloche de grande importance, laquelle se peult bien aacomparer à celle de Milan et Lorette, qu'on répute pour les plus excellentes d'Italie.

Aux Capucins, l'on void cest escrit :

> « *Alexander Farnesius Belgis devictis*
> » *Francis obsidione levatis*
> » *Ut humili hoc loco ejus cadaver*
> » *Reponeretur mandavit. iiii non. decemb.*
> » *CIƆ. IƆ. XCII et ut secum Marie ejus conjugis*
> » *Ossa jungerentur illius testamentum annuit.* »

Un aultre :

> » *Farnesius Alexander hoc tumulo situs*
> » *Parme duc Placentieque*
> » *Sacrosancteque ecclesie vexillise*
> » *Pietate quo non melior aut quisquam fuit*
> » *Summâ imperator arte bellandi prior*
> » *Post libertatem Celticam post Belgicam*
> » *Bello receptam et redditam antiquis sacris*
> » *Odoardus et Rantius inestissimi posuere*
> » *Summa officia solventes patri*
> » *Heu quale Roma amittis et quantum decus* ».

C'est l'épitaphe du duc de Parme, qui fut establis Gouverneur du Baïs-bas par Philippe 2, Roy d'Espaignes. Son effigie est érigée au Capitole à Rome, audessus d'un pied de stale à la face duquel les louanges dudit Gouverneur sont engravées en lettres d'or. J'en parleray lorsque je viendray à Rome.

Palais du duc de Parme. L'on void encore icy le palais du duc assez beau, remplis de beaux escriteaux, si comme au desoub les armoieries de Paul 3, issu de la maison des Farnèses, est escrit : « *Pro Paulo Deus, pro nobis Paulus.* » Encore : « *Qui pro te bis esse Deum tu lilia serva.* »

A l'huis de la bibliothèque : « *Ingredere musis sacer, nam hic Dii habitant.* » Encore : *Nullus amicorum magis libet quam liber.* »

A la cheminée dudit palais : « *Precipua domus utilitas et penitùs ignis et lingua.* »

Toutes ces choses susdites sont remarquables ; aussi ce qui fait reluire l'excellence de ceste ville, c'est d'entendre que d'icelle sont sortis le poëte Cassius et Macrobius, avec aultres excellents personnaiges.

Reggio. Représentations théâtrales. Partant de Parme, l'on passe la Maggione, hostèlerie, et puis l'on viend à Regio, qui est une villette enclavée au duché de Ferrare. Elle est assise en un lieu marescageux et cotoiée au long d'une partie de ses murailles du fleuve de Crustulo. Aulcuns disent qu'elle at prins son nom de *Marcus Lepidus*, Romain (mais je laisse le débat aux historiens), à cause qu'elle est appellée communément en langue latine *Regium Lepidi*.

Toutefois pour m'aventurer de dire quelque chose selon mon opinion, il me semble qu'elle soit appellée de ce nom *Regium Lepidi*, à cause des plaisanteries et récréations qui se faisent le long de l'esté par des commédiens et joueurs de farses. Et de fait, si j'eusse attendu quelque temps icy, j'eus peu veoir l'effect et estre participant de la joieuseté.

Sépulture de l'historien Prosper d'Aquitaine. S. Prosper, natif d'Aquitaine, at esté évesque de ce lieu ; et auprès des Frères Carmélites, l'on void sa sépulture, faite de matière de marbre, avec telle superscription :

> « *Hic situs est Prosper quo sancto presule gaudet*
> » *Regium et hic cineres ossaque sacra jacent.*
> » *Marmoreo monachi condunt pia busta sepulchro*
> » *Namque vetus turris fregerat alta cadens.* »

Statues de Brennus et de Charlemagne. Sur le marché, l'on void les statures du vaillant capitaine Brennus et celle de l'empereur Charles-le-Grand. Il y a desoub icelles des escrits longs et fâcheux à lire.

Le duc César d'Est. J'ay dit cy-dessus que Regio estoit enclavée au duché ou patrimoine de ceux d'Est. Elle a maintenant son duc particulier qui est César d'Est, filz naturel du défunt duc de Ferrare, et ce par traité fait entre le pape Paul et ledit César d'Est, car Ferrare est retorné au pape.

La citadelle. Partant doncq de Regio et retornant la vue sur la ville, l'on descouvre une citadelle, autrefois bastie par Louys Gonzage, près la porte de St.-Nazare.

Les estrangiers allant et venant parmi le territoire de ceste ville, resentent en leurs corps un allégement provenant de la salubrite de l'air, cause pourquoy l'on y voit régner peu de maladies, notamment de mélancolies. Aussy l'on expérimente que tout, ainsi que l'air, est doux : aussy sont les habitans, notamment les femmes.

Le château de Finalle. Suivant doncq mon chemin, l'on laisse à main droite le chasteau de Finalle, qui at esté fait par ceux de Modène en l'an 1213. Il est environné de fossés à fond de cuve. Aussi est-il fort et y a continuel sentenelle.

CHAPITRE VII. — *Le duché de Modène et la ville de Bologne.*

La ville de Modène. Mutina, colonie romaine. De là l'on parvient à l'antique ville de Modène, dite en latin *Mutina*, par touts les anciens historiens. Elle est située près la rivière dite Pemaro, et embellie d'un beau canal qui va rencontrer ladite rivière.

Elle at esté autrefois faite colonie des Romains ensemble avec la ville de Pesaro et Parme, au récit de Pline, au lib. 39.

Marécages. Elle est située en lieu fort marescageux, cause pourquoy elle est fangeuse, et les habitans fort addonnés à manger raines. A ceste occasion dit très bien un certain poëte nommé *Thomas Eduardus*, Anglois :

« *Mordicus urbs Mutinæ ranas tenet esse salubres.* »

Églises. Il y a en ceste ville siége épiscopal. Et en l'église cathédrale on lit ceste épitaphe : « Si animarum auctio fieret, Franciscum Molzam licitarentur virtutes. » En l'église Saint-Dominique : « Gaspar Petrazanus... M. D. IC, VIII calend. decembris. »

Vignobles. Non obstant que Modène soit assise en un lieu marescageux d'un costé, si est touteffois que de l'aultre costé elle est embelie de montaignes et collines, desquelles provient le vin qui ne doibt rien au meilleur d'Italie, tellement que le territoire à l'environ est très fertile.

Fécondité d'une Italienne. Je crois que les influences du ciel tombent aussi sur les femmes, car Conrad Licostenes, en son Recueil des Prodiges, récite qu'au territoire de Modène, une Italienne, nommée Antonia, eut toujours trois ou quatre enfans à la fois jusqu'à l'eage de 40 ans.

Castel franco. Sommagia. Estant doncq passé Modène, l'on viend à traverser la rivière dite Scientenno, puis le chasteau des Franchois ou Castel franco, où, selon les anciens historiens, là emprès estoit Forum Gallorum ou station des Gaulois, puis passant le villaige de Sammogia en lequel passe aussi la rivière de mesme nom, et au dessus il y a un pond. Le chemin est fangeux et fâcheux, principalement lorsqu'il a pleu, attendu que l'assiette des lieux circonvoisins est en un lieu bas et où se rencontrent plusieurs moulins et ratz d'eau.

Triumvirat de César, d'Antoine et de Lépide. Un peu plus long, l'on me monstra le lieu, c'est à la main senestre, où Octavius César, Marc Anthoine et Lepidus establirent, accompaignés de leurs armées, le Triumvirat tant renommé et qui cousta beaucoup de sang aux Romains. Aulcuns touteffois disent que ce lieu est plus avant oultre la rivière de Reno, en une place qui a forme d'une isle. C'est l'opinion du sieur Villamont, qui dit que ceste isle est appellée la Triumvir. Touteffois les géométriciens compassant les places et lieux du territoire de Bologne, et notamment Jean Antonio Magino, disent que le triumvirat s'est tenu entre la rivière de Lanino et celle de Sammogia; c'est pourquoy je prinds garde à soigneusement regarder ces deux lieux.

Bologne. Couronnement de Charles-Quint. Aiant passé tout ce pays sur la voye dite Émilie, je parvins à la cité de Bouloigne.

La ville de Bouloigne est dite Bouloigne la Grasse, à cause de l'affluence de tout bien. Elle at en son circuit cincq milles. C'est pourquoy, à cause de l'un et de l'aultre, elle a peu commodément loger et entretenir ensemble la cour du pape Clément 7 et celle de l'empereur Charles V, avec la suitte de 15 cardinals et grand nombre de princes estrangiers, qui estoient illec venuz pour le coronement dudit empereur.

Elle est située en une belle campaigne voisine des monts Appeninus. Sa forme est quasi ronde. Par le milieu d'icelle passe le torrent Davesa.

Légat ecclésiastique. Et en tant qu'elle appertient au St.-Siège, aussi est-elle gouvernée par un légat ecclésiastique, lequel, allant par les rues, est conduit par des suisses Albardiers, vestus de la livrée papale.

L'Université. Il y a icy une antique académie ou université pour toute espèce de sciences. Elles ont esté instituées par St. Petronius, natif de Constantinople et évesque de céans en l'an 423, à la faveur de son cousin Théodose, empereur. Et depuis elle at esté si fameuse et renommée que, du temps de cest excellent jurisconsulte Azo, l'on compta deux mille estudians estrangiers qui seulement alloient escouter la leçon de ce docteur, et huit mille pour les aultres sciences. A bon droit les souverains pontifes ont ornez ceste université de beaux priviléges et intitulez Mère de science. Ce que considérant aussi St. Charles Borromée, du temps de sa légation et gouvernement à Bouloigne, at fait bastir les somptueuses escoles que l'on void à présent. J'en parleray incontinent.

Rues cotoyés de galeries. Quant aux bastimens, j'ay eu grand contentement de veoir la pluspart des rues estant 2 costez costolées des maisons soustenues de piliers sur des arcades, tellement que les gens de piedz ont moien d'aller par dessoubz lesdites galeries parmi la ville sans estre endomagiez de la pluive encore qu'il pleuse.

La tour Asinelli. Au milieu de la cité, est une haulte tour nommée Asinelli, faite de matière de bricq. Elle a cincq cens degrez pour y monter. Il y a icy deux choses qui m'ont donné de l'admiration, à sçavoir, le soubas et fondement qui ne peult estre en carré que de 7 pieds, davantaige la haulteur, attendu que depuis le sommet jusques à bas elle se amoindrit en grosseur.

Le siège de justice. Statue du pape Grégoire XIII. L'on void encore en la grande place un magnifique palais où le Légat fait sa demeure avec le Gouverneur et avec ses Auditeurs, où aussi l'on administre justice. Il y a icy continuellement une compagnie de Suisses Albardiers et une de chavalerie légère. Sur la porte de ce palais, l'on void une excellente statue de bronche qui représente le pape Grégoire 13, fondue autrefois par Alexandre Maganti Bolonese. Elle poise unze mil et trente livres. Au-dessus de ceste statue, l'on y fait tous les jours, sur le soir, une belle résonnance de musique avec les trompettes et corneteaux.

Fontaine monumentale. Au devant de ce palais sur la mesme place, se void une belle fontaine que j'ay grandement admiré. Elle est environnée de grilles de fer, affin que l'on n'y approche de si près et la tenir tousjour nette et pure. Ceste fontaine at un grand vase de pierre autour duquel sont huit nimphes de matière de bronche, lesquelles jestent par leurs tetins et aultres lieux de l'eau en grande abondance. Au milieu desdites nimphes est eslevée la statue du dieu Neptune de mesme matière, lequel levant le bras en hault, tient en sa main un trident. Ceste fontaine at esté faite par ce fameux Jean Boloigne, natif de Picardie.

Bâtiments de l'Université. Quant aux escoles basties du temps de St. Charles Borromée, légat de Boloigne, c'est chose admirable de nombrer les places supérieures que inférieures députées pour chasque enseignement d'arte et de science. Ce bastiment est en quarure, et alentour d'iceluy, j'ay compté 19 places d'une mesme grandeur, embelies des effigies relevées en bosse de matière d'albâdre représentant les signalez docteurs de chasqne science.

Auditoires de droit, de théologie et de médecine. En oultre aux escoles des juristes principalement, qui sont en nombre de trois, l'on void une infinité d'armoiries bien rangées de ceux qui, estants sortis de nobles et illustres maisons et familles, sont quant et quant sortis desdites escoles parfaitz en la science du droit.

En l'auditoire des théologiens, l'on y void un grand nombre d'effigies mises en ordre, représentant les SS. Pères anciens de l'Église, tant latins que grécians, tout au vif avec aultre embelissement que je passe.

Dedans l'auditoire des médecins, entre aultres choses, l'on void le beau témoignage que les docteurs médecins ont donné à ce grand médecin Gaspar Talcarotius, desoub son effigie illec représentée.

En un auditoire inférieur sont escrits en un abrégez les priviléges que l'empereur Ces. Fl. Théodose le jeune, tousjour Auguste, donna à l'escole de Boloigne. Et d'autant que ce bastiment d'escole est soustenu par le dedans de pilierss sur des arcades, aussi trouve-t-on de belles galeries plaines de doctes escrits.

Colléges d'étudiants. L'on void encore une aultre escole qui at esté fondée par le cardinal Egidio Albornozzi, Espaignol, légat en Italie, lorsque le siége apostolique estoit à Avignon en France, pour 24 estudians espaignols nobles. Iceux portent robes longues et ont chacun un serviteur.

L'on void encore aultres assez beaux colliéges d'estudians, oultre les deux susdits. Je ne les ay veus; c'est pourquoy je n'en dirai rien; touteffois je peult bien dire avec Thomas Evardus, Anglois : « *Excellit studiis fecunda Bononia cunctis.* »

D'autant que tous estudians, soit pauvres ou riches, soit Italiens ou estrangiers et d'aultre nation, après leurs estudes accomplyes et prenants degrez de Doctorat, ont ceste asseurance d'avoir salaire du publicque pour enseigner les aultres, bien entendu touteffois que en chasque faculté ne se peult prendre qu'un estrangier.

Hôpital. Quant aux maisons pieuses ou hospitals, entre plusieurs aultres, l'on void celuy dit « de la mort et de la vie », contenant environ 100 couches pour les pauvres malades. Il y a encore une arrière piace pour les gentilhommes estrangiers; et chascun y est accommodé selon sa qualité et visité par docteurs médecins et chirurgiens à ce députez et tenus à gages.

Service des malades par des gentilshommes. Mais c'est une chose bien remarquable de veoir la grande charité des gentilhommes et nobles de Boloigne, portant chaîne d'or, qui visitent en personne les malades, apportant médicamens, buvraiges, potions et aultres subsides auxdits malades. Ils ont le plus souvent la nappe en la main pour recevoir et nétoyer les vilainies et ordures. Là où au contraire en ce Païs-bas, les hospitaux sont déserts et en disette. Véritablement je peult dire des malades de nos hospitaux ce que disoit fort bien le prophète David : « *Parvuli petierunt panem, et non erat qui frangeret eis* »; et de la noblesse du Païs-bas, ce que dit le prophète Hiérémie, au cap. 6 : *A minore quippe usque ad majorem, omnes avaritie student* ». — Mais je met en avant à ces messieurs qu'ilz eussent à se garder des ratz et souris de Hato, évesque de Maience; et que, au lieu de norrir des armées de chiens et oyseaux pour leurs plaisirs, qu'ils aient à norrir et entretenir les chiens de Amadée 3, duc de Savoye : ce sont les pauvres, les infirmes et malades qui gisent aux hospitaux, lesquels peuvent aboyer par leurs prières vers le ciel pour leurs bienfaicteurs.

Et s'ils n'ont la mémoire de cecy, je les envoi pour faire le voiage d'Italie et s'adresser aux hospitaux, et lors ils voyeront à leur grande confusion ce que je couche icy par escrit.

Mais allons plus oultre.

[L'auteur mentionne sommairement l'église cathédrale, le palais épiscopal et diverses églises, ainsi que certaines épitaphes qu'il y a copiées.]

On tient qu'en Boloigne, il y auroit bien 168 églises, comprises celles des paroisses et oratoires avec icelles.

L'auberge de la Posta. J'étoy à Bouloigne logé à la Posta, bon logis près de la place. L'on y vive à bon marché.

Le musicien ambulant. Mais je ne fut pas cito à table que voicy un joueur de chistre quy se vind présenter et jouer, mettant son baccinet sur la table pour recevoir la courtoisie. C'est une coustume de veoir de semblables gens parmi l'Italie, qui aux hostelleries schavent dextrement tirer quelque pièce d'argent aux estrangiers hors de leurs bourses. Et il faut garder de les esconduire sans leur rien donner, car oultre ce, l'on tient les Boloneses faroux de nature; ils vous feront quelque trouche s'ils peuvent à l'escart et en derrière.

Chemin carossable de Bologne à Milan. Ors avant que partir de Bouloigne, je veux dire que, depuis Milan jusqu'à Bouloigne, je receu grand contentement de marcher par le chemin ordinaire quy est couvert d'ombraige à cause des arbres plantés en bel ordre à deux costez de ce chemin, qui est la plus part plat et large, tellement que les charosses ne faisent aulcun empeschement à l'une l'aultre, encore que elles se rencontrent aulcuneffois trois de frond. D'autre part, elles ne faisent que rouller sur ce chemin semblable à des allées de jardin, comme j'ay dit.

Culture de la vigne et du blé. J'ay encore aultre contentement, c'est non seulement d'entendre, ains de veoir l'industrie des paysans de ces contrées, car ils faisent porter leurs terres : vin, bled et bois, tout ensemble. Et ilz plantent des arbres en range de six à 7 pieds les uns arrière des aultres, aux pieds desquels ils faisent croistre et monter leurs vignes. Entre ces arbres, ils semment leur bled et tout vient avec une merveilleuse abondance, d'autant qu'ilz sçavent aussi arroser lesdites terres par des canals qu'ilz ont fait, remplis d'eaux au travers de leurs campaignes.

Les Monts Apennins. Partant de Bouloigne, d'où il y a six journées pour les gens de cheval et 8 pour les gens de pied, je suiva tousjour la voye que l'on dit Émilie, à cause que depuis Rome, traversante les Monts Appennins jusqu'à Bouloigne, elle at esté pavée de grands pierres et calioux par Emilius Lepidus et Flaminius, consuls, puis continuée. Touteffois elle est en divers endroits notamment ès Mons Appennins du tout corrompue et gastée ; et en reste touteffois aulcunes vestiges.

Chapitre VIII. — *La Toscane.*

Pianora. De Bouloigne, je veins à S.-Raphael et à Pianora. C'est ce lieu duquel parle Virgile, poëte, en ses égloges, lorsqu'il introduit Licidas parlant en ces termes à Mœris son campaignon, allant de Mantua à Rome :

> « *Hinc adeò media est nobis via ; namque sepulchrum*
> » *Incipit apparere Bianoris ; hæc ubi densas*
> » *Agricolæ stringunt frondes.* »

Ruines de sa forteresse. En ce lieu estoit jadis une forteresse où fut ensépulturé Bianoro, qui estoit, selon aulcuns, gouverneur de ceste contrée, autrefois colonie des Romains, laquelle fut depuis appellée Bianora. Ce lieu est situé au pied des Mons Appennins, et, selon Virgile, environné de bois. La forteresse at esté démolie par les Boloneses en l'an 1377. Il ne reste maintenant que quelques logis pour recevoir les passagers.

Passages périlleux. Il faut noter que, selon Virgile, ce lieu est le milieu entre Rome et Mantua. Et d'autant que l'on entre aux Appennins, où le chemin est périlieux, il est expédient d'avoir compaignie asseurée. C'est pourquoy l'on void les Florentins et Bolonoses traversant estre sur leurs gardes : les uns aiant la pique, les aultres l'archebuse, et aultres armures de défence.

Défiance de Vinchant dans l'hôtellerie. Son départ furtif. J'estoy lors accompaigné de deux Liégeois que je trouva à Milan. Et aiant passé Pianora et venu à Logiano [Lorano], qui est un logis seul à l'escart entre ces bois de Monts Appennins, l'oste de la maison nous fit sçavoir que nous fusmes sur nos gardes.

Et comme nous vismes aborder un peu après nous 5 à 6 païsans, nous appelasmes nostre hoste pour sçavoir quelle sorte de gens s'estoient ces nouveaux venuz. Il nous fit entendre que c'estoient gens de cognoissance. Touteffois ne nous fiant à son dire, nous barricardasmes nostre cambre par le dedans, et nous teismes quoy, pour nous défendre s'il estoit besoing. Mais tout estante ceste nuict, sans aucun bruit. Pour le plus asseuré, nous sortasmes de ceste maison le lendemain avant le jour, traversant vallées et montaignes remplies de bois, et sans danger. Nous veismes à Scarga l'Asino, et avant y parvenir, il faut passer une roide montaigne que aulcuns passent avec des asnes. C'est pourquoy, comme estant besoing que les passagiers usent d'asnes pour la montée, aussi s'appelle ce lieu Scarga l'Asino.

Pietra mala. Exhalaisons malsaines. De Scarga l'Asino, je veind à Pietra mala, quy est un bourg où il y a plusieurs maisons pour y loger. Icy l'air est fort et malsain aux passagiers, estrangiers, à cause que, un bien peu de costé à ce lieu, sort de terre une fumée d'exhalation ardante, laquelle se mesle parmi l'air et pays voisins, et cause souventeffois des enflures et tumeurs aux gorges à ceux qui n'en sont pas usitez.

Les Monts Apennins. Fiorensola. De là l'on vient à Fiorensola, qui est une forteresse édifiée autrefois par la république florentine. Elle est située au pied des Monts Appennins, lesquels, en montant, l'on trouve qu'ilz ont deux milles de hault et trois de descente.

Scaperia. Au bas desquels est une plaisante villette, dite Scaperia, où je logea ceste nuicte. Ce lieu est joly et récréatif, attendu qu'aïant passé tant de vallées et montaignes, l'on rencontre ceste ville en belle plaine. Les Florentins l'ont autrefois basty : ce fu en l'an 1313, et puis en l'an 1542 bastirent une forteresse.

Coutellerie. C'est en ceste villette que l'on fait les plus excellents cousteaux, les plus exquis ciseaux d'Italie. En passant la rue qui mène droit à la Porte de Rome, l'on ne rencontre en icelle que boutiques de semblables faiseurs de cousteaux.

Assassinat d'un gentilhomme napolitain; arrestation de tous les voyageurs logés dans l'hôtellerie. Et comme je fus pour partir le lendemain avec mes compaignons, je fus avec iceux arresté prisonnier, d'autant que au mesme logis que j'estoy, ceste nuicte, on avoit tué en son lit un gentilhomme napolitain : ce qui occasiona que nous fusmes par après examinés. Mais comme les commis virent que estions Flamans passagiers, ils nous rendirent incontinent libres.

Pont à Vaglia. Poste aux chevaux. Vinchant voyage à cheval. De là l'on viend au pont dit Pont à Vaglia, où il y a une belle hostèlerie; et là se tient la poste où se voyent en de grandes estables 30 à 40 chevaux pour accommoder les passagiers, soit pour Florence, Milan, Lorette, Genua et Venise.

J'avoy trouvé à Fiorenzola un cheval sans charge, retournant à ce logis. Estant monté sur iceluy, et comme je voulu outrepasser ce logis, il s'arresta tout quoy et sur pied comme immobile, encore que je fis mes efforts avec des estrieux de le faire marcher. Ainsi me voulant un peu moquer et tromper mon conducteur, je servis de risée à ceux qui là estoient là présents. Ainsi la beste trompa l'homme.

Descente des Apennins. Estant un peu passé Vaglia, l'on descend des Monts Appennins, lesquels tiennent le milieu d'Italie depuis le dessus de Genua jusque en Calabre, tellement que ce quy est l'esreste à un poisson, les Monts Appennins le sont à l'Italie.

Or quittant peu à peu lesdits monts, l'on descouvre un beau pays de grande estendue au milieu duquel, comme à son centre, se fait apparoistre la belle ville de Florence, tellement qu'il me sembloit de veoir un petit paradis terrestre.

Florence. Description de la ville. Ceste ville a de circuit six milles et contient plus de 90 milles habitans.

Elle est en lieu plain et uni sur la rivière d'Arno, qui passe au milieu de la ville, quy est jointe par 4 beaux ponts. Elle est aussy pavée d'une blanche pierre quarrée et a de fort belles places. C'est une des plus belles villes que l'on peut veoir en Italie : c'est pourquoy l'on appelle vulgairement Florence la Belle. Et comme j'ay opinion, l'on l'appelle de ce nom à cause de l'affluence de fertilité du territoire et du traficque.

Palais du duc. Théâtre. Davantaige le palais du Grand Duc est l'un des plus superbes et beaux bastimens de l'Europe. Il tient la place de plus de 50 maisons qui y souloient estre. Il peult loger, au corps de logis, où est la salle pour représenter les comédies, un grand nombre d'estrangiers, comme seigneurs, ambassadeurs et aultres, auquel il est destiné. Tellement que Charles, archiduc d'Austrice, passant par Florence, estant interrogé ce qui luy sembloit de ce palais avec la ville, il respondit que c'estoit une ville et un palais qu'on ne debvoit monstrer qu'aux bonnes festes.

Ce palais commun du duc avoit esté autrefois appartenant à un certain gentilhomme nommé Luc, de la maison des Pitti, lequel, aiant oultre ses forces basty le devant, fut contraind à faulte de moiens de le vendre au duc Cosme, qui paracheva le reste, comme l'on void maintenant.

Palais d'hiver. Fontaine monumentale. Il y a encore un aultre palais où le duc se tient en hyver, au devant duquel est une très magnifique fontaine d'un grand vaseau blanc, duquel sortent 4 chevaux de marbre, et semblant nager, ils portent la statue du dieu Neptune quy a 8 pieds de haulteur. Au pied de ceste statue, l'on void des nimphes jetter eaux de leur bouche, et la reçoipvent dedans des coquilles qu'elles tiennent en leurs mains. Puis ceste eau descoule dedans le grand vase, autour duquel l'on void 4 satires et autant de déesses de bronze jetter eau par divers lieux.

En ceste place se descouvrent encore aultres statues eslevées sur piliers, comme celle d'Hercules, qui massacre un roi à ses pieds; les Trois Charités ou Grâces, avec celles de Mercure et de Vénus. Mais montant en la galerie du palais qui est longue de 230 pas, l'on y void grand nombre de statues bien rangées au-dessus desquelles sont les pourtraitz d'aulcuns papes et cardinaux; d'aultre part sont ceux de divers Roys et princes séculiers. Mais sur toutes lesdites statues, c'est celle de Scipion l'Africain qui subjuga Hannibal : elle est aussi de matière de bronze.

Écuries et ménagerie. Les escuries du Grand Duc sont toutes voultées et bastyes sur belles colonnes, où l'on peult nombrer plus de 100 chevaulx.

Et joignant icelles est le lieu où l'on nourit lions, ours, tigres, léopards, loups et aultres sortes de semblables bestes. Je ne les vis pas d'autant que je ne trouva celuy qui avoit la charge desdites bestes.

Pavage des rues. A la vérité, oultre les choses susdites, c'est une chose agréable à marcher parmy la ville sur cestes plates et larges rues décorées à deux costez de beaux palais et maisons. Et comme j'ay dit qu'icelles sont chaussiées de pierres quarrées, aussy craindant qu'elles ne soient endommagées, l'on n'use pas de charoisse aiant rœulx garnies de férail à l'entour. Et tous chariotz arrivant à la ville, à l'entrée d'icelle, l'on descharge ce qu'ilz portent, pour par après l'emmener sur des clayes par des bœufs où la chose s'adresse.

Quant aux églises elles sont très magnifiques.

[Vinchant mentionne les églises de Sta. Maria del fiore, de St. Jean Baptiste, de St. Laurent, de St. Marc et de Ste. Marie la novelle, ainsi que les statues de Cosme de Médicis et de François grand duc de Toscane.]

Caractère des habitants. Quant aux habitans de Florence, ils sont d'esprit subtile, extrêmement accorts et advisez, diligens et industrieux.

Toilettes des bourgeoises. Leurs habits sont fort somptueux, principalement des femmes et filles d'honneste bourgeoisie.

Il est bien vray, selon mon estat et qualité de presbtre, que ce n'est à moy de cognoistre de ce fait, si est touteffois que je ne vis jamais femmes et filles qui furent mieux habillées à mon contentement et jugement humain. Les voians marcher, vous diriez que ce fussent déesses. A la mesme volonté que nous, presbtres et bons chrestiens, aurions autant de bonne affection à orner nostre âme des beaux vestemens de la vertu, grâce et perfection céleste, à employer autant de temps que ces dames emploient pour s'habiller et se vestir d'habits curieux et mondains. C'est pourquoy, disoit très bien un certain abbé, nommé Pambo, lorsqu'estant en Alexandrie, logé auprès de St. Athanase, et voiant une certaine femme très bien vestue et parée, il commença à plorer et rendre raison de sa douleur, disant que deux causes et raisons luy causoient ceste tristesse : la première : la perdition de ceste femme ; la 2e : d'autant, dit-il, que je n'employ pas tant de temps pour complaire à mon Dieu, comme fait ceste femme pour complaire au monde. Aussi disoit très bien le païen Térence :

> . . . . . *Nostri mores mulierum*
> *Dum moliuntur, dum conantur, annus est.*

Banquets. La superfluité est grande à Florence quant aux habits; aussy est-elle quant aux banquets; et pour leur vin le plus recommandé, ils ont celuy qui se nomme Trébian, croissant alentour de Florence.

Guerre privée de deux familles de Pistoie: neutralité des Florentins. Ceux qui ont le cœur plus au ventre que les roturiers, ont une coustume en leurs affaires les plus importantes, de renvoyer leur fidélité disant par un certain proverbe : « Credite a mei, jo non sono ni negio, ni albo, maj Fiorentino. »

L'occasion de tenir telle maxime provient que, à Pistoia, ville de l'estat florentin, située au pied des Monts Appennins, arriva que deux gentilhommes de la maison des chancelliers, aiant grosses paroles, l'un blessa grefvement l'aultre.

Le père du blesseur pour tenir paix avec le père du blessé, envoya son fils vers luy pour demander pardon; mais arrivé qu'il fust, il fut empoigné par le commandement du père du blessé, et eut, dedans une estable, sur la mangeoire des chevaux, la main couppée, et il fut ainsi renvoyé à son père.

Pour ceste cause une cruelle guerre s'estant esmeu entre les familles, doncq l'une s'appelloit Blanche et l'aultre Noire, la ville fut grandement arrosée du sang de l'une et de l'autre. Les Florentins, au lieu de faire mourir les chefs des deux factions, les tinrent comme en exil dans leur ville, où les Donats ayant pris la protection des Noirs, et les Ceresis des Blancs, Florence fut tout divisée en Blancs et Noirs.

Maintenant les Florentins (toutes cestes factions anéantises) usant de ce précédent proverbe, voulant monstrer qu'ilz ne sont partialistes, ni cauteleux, ains fidèles et vrays Florentins.

Toutefois les Florentins sont estimés de peu de foy et d'effet par les estrangiers. A ceste occasion, le Roy Charles 8 de France, estant en Italie, à la conqueste de Naples, les Florentins envoyèrent ambassade vers sa majesté. Le Roy se défiant d'eux, pour toute response, leur fit lire deux verses italiens qu'il avoit faict escrire en grosse lettre contre un muraille ainsy :

 « Con cortesia e fide poca
 « Va à Fiorence vender l'oca. »

(Avec peu de courtoisie et de foy, va vendre l'oye à Florence.)
Ceste histoire provient d'un Florentin ayant reçu l'argent du prix d'une oye sur la délivrance d'icelle, ne tint pas sa promesse ; ains déceut le vendeur.

Je demeure un peu trop en ceste ville ; il est temps de sortir et monstrer que, à la porte de Rome, par laquelle l'empereur Charles V venant de Rome, est entré à Florence, on lit que Carolus V Cesar Augustus y est entré l'an 1535, le 4 mai

Chapitre IX. — *De Florence à Rome par Sienne.*

Manœuvres des hôteliers pour amener chez eux les étrangers. Précautions à prendre par les voyageurs. — Party de Florence, l'on viend à la Botta ; de là à St. Cassiano, une petite et gentille villette, assise sur un lieu assez hault. De là à la Cavernelle, qui est un bourg.

Il me souvient d'avoir icy expérimenté la façon de faire de l'hoste et tavernier d'Italie, principalement de ceux qui se tiennent aux champs ou en petite villette. C'est qu'ilz ont, de costez et d'aultres, sur les chemins, leurs serviteurs attendant les estrangiers pour les inviter et supplier de prendre pour logis la maison de leurs maistres, et promettent bon vin, bon pain, bon lit, bon soupper et disner, — tellement qu'ilz sont si importuns avec leurs promesses babiliardes que encore que l'on n'eust pas envie de les suivre, touteffois l'on se laisse dire avec bonne espoire d'estre bien traicté. Mais, à la vérité, ce sont piperies d'argent, et leurs logis doivent estre plustost appellez de l'enseigne « Tout y fault » que hostellerie. Et cependant au partir de là, tant peu que l'on at peu despendre, par leurs subtils comptes, il faut paier bien cher vostre faim. Mais cependant, puis que l'on y est, c'est le meilleur, avant que de se mettre à table, de veoir ce qu'il y at à manger, et puis faire marché de ce qui vous agrée à manger, car en aiant touché, ils vous feront paier le double.

Vinchant rencontre trois Montois. Lettres de change fournies à Vinchant par des banquiers d'Anvers sur des correspondants à Milan, à Florence et à Rome. — Il me souvient aussi, avant d'arriver au bourg susdit, d'avoir rencontré Charles Marche, hoste des 4 filz Aymons, demorant à Mons, avec deux aultres Montois : l'un bouchier et l'aultre orphèvre, tous trois jeunes gens chargés de beaucoup de misères mais de peu d'argent.

Je voy ici que c'est une imprudence et follie d'entreprendre de si grands voyages si vous n'avez de quoy avec vous, ou par correspondance avec les banquiers.

Partant de Mons en Haynault, j'eus correspondance avec lettres de change sur Milan, Florence et Rome, et je n'eus aulcune difficulté à recevoir mon argent, car mesme en vertu de telles lettres qui me venoient du costé d'Anvers, je pouvoy, en cas de refus, cister celuy sur lequel mon assignation estoit faicte et l'appeller devant le magistrat. Et la justice est exacte, et se fait pour la faveur des estrangiers, moiennant qu'il y eut société entre l'assignateur et l'assigné.

Mais allons plus oultre, laissant mes bons compatriotes avec une commisération d'iceux. Je viens de Cavernelle à Stragio, qui est une petite villette ; de là à la ville de Sienne.

Sienne. Église. Ceste ville est située sur deux petites collines, où l'air est très doux et agréable. Elle est pavée partout de briquettes, cause pourquoy elle est tousjour sèche au pied des cheminans.

Il y a plusieurs beaux édifices, comme l'église de la Reine du Ciel, qui est la principale. Elle est sousteuue de piliers ès nombre de 12, égallement faitz de marbre blanc et noir entremêlé, œuvre d'artifice et beauté grandement à admirer. Sur iceux sont attachés les 12 Apostres. Le pavé est bigarré de diverses pierres resplendissantes et représentant aux ieux diverses fleurs et plusieurs galliardises. L'on y void aussi les 12 sibylles accompaignées d'inscriptions.

A l'entour du grand autel sont 14 anges de bronze qui tiennent en leurs mains des chandeliers avec chandelles.

Portraits des papes. Au plus hault de l'église, près de la voulte se voient tous les papes en range depuis Saint-Pierre jusqu'à celuy sous lequel, vivant, l'église at esté parachevée.

Et à cause que, entre ces SS. Pères, les hérétiques nous mettent au nez qu'il y avoit une femme du nom de Jenne, Angloise, pour déprimer l'autorité du St.-Siége, je confesse vrayment que ceste femme est en ceste église par portraiture, mise au range des papes.

Mais notez que, comme il n'i a point plus de 200 ans que ceste église est faite, aussi comme l'Estat de Sienne avoit assez affaire d'entendre à conserver sa liberté pour ce temps, le bastiment de ceste église fut mis entre les mains des peintres, des sculpteurs et architectes qui ont suivy plus tost la curiosité et l'opinion vulgaire qu'il y auroit eu une femme président au St.-Siége, que la vérité.

[Vinchant a intercalé ici une longue dissertation sur la papesse Jeanne, qui aurait occupé le siége pontifical vers l'an 855, entre Léon IV et Benoît III. Nous omettons ce travail comme étranger au voyage d'Italie.]

Je dis, pour toute raison, que la tolérance de la statue de ceste femme, mise au range de celles des papes, est pour monstrer que l'église catholique ne se soucie pas beaucoup du mensonge de noz ancestres, qui estoient simples en leurs croiances, pourvu qu'elle sache bien deffendre sa querelle contre les aggresseurs de la vérité.

De surplus, à la voulte du dôme, se void l'imaige de la Vierge environnée d'un throsne d'anges et des 4 évangélistes; le tout fait de marbre précieux.

Asile pour les prêtres voyageurs. Joignant ceste église y a une maison pieuse où sont receus sans couste et frais les presbtres passagers. Et comme je comtemploy ce logis, je fus invité d'un honeste vieillard de entrer; et entendant que j'estoy presbtre qui alloit à Rome, me vouloit par force me retenir, avec force courtoisie et bénévolence, pour me loger. Je le remercia très affectueusement.

Palais du pape Pie II. Estant tousjour curieux de veoir nouvelles choses, je fus veoir le palais superbe basti jadis par Pius 2 P P, en pierres quarrées; puis la maison de la ville où le prévost administre justice, qui est assez belle. Au dedans, l'on y void les effigies et statures de Jules César et de Cn. Pompeius.

Hôpital. L'on void encore un beau hospital, qui se dit: *Dulce refrigerium,* où sont 400 lits pour les malades, auxquels servent les gentilhommes.

Marché. Fontaine. Il y a une place que nous, Wallons, appellons *marché,* de forme ronde, à l'environ duquel se voyent beaux édifices; et quasi au milieu d'iceluy, une fontaine, que l'on répute la meilleure de toute l'Italie. Elle s'appelle la Branda. Elle rend beaucoup d'eau en un vase quarré, laquelle se descoule en un aultre, qui est commun à tous. Il se fault garder de laver les mains, ou jeter quelque chose dedans l'eau du premier vase, car vous auriez de la peine de vous purger, tant les Siennois ont ceste eau en recommandation pour sa bonté, que vous voieriez aucunes personnes en boire sur les lieux jusque à un lot et davantaige, estantes d'opinion qu'elle ne puisse nuire au corps, ains plus tost apporter santé.

Aussi voyez vous que tous ceux de la ville s'en servent et la vont espuiser sur le soir, tenant que elle est mélieure pour le souper que diner.

L'on void encore en l'église de St.-Augustin l'épitaphe d'un yvroigne, qui est telle :

> « *Vina dabunt vitam, mortem mihi vina dedère.*
> » *Sobrius auroram cernere non potui.*
> » *Ossa merum sitiunt, vino consperge sepultum*
> » *Et calice epoto, care viator, abi.* »

A St.-Dominique l'on voit celle qui s'ensuit :

> « *Vina dedère neci Germanum ; vina sepulchro*
> » *Funde ; sitim nundum finiit atra dies.* »

Université. Il y a en ceste ville Université d'estude. Je fus mari de n'avoir prind la peine d'aller voir les escolles publiques, attendu que, à la relation d'aulcuns, elles sont belles et plaines de beaux escriteaux.

Ceste ville a eu la bonne heure de produire Alexandre 3, Jules 2, dit paravant *Eneas Silvius,* Julius 3, trois papes, St. Ambroise, religieux de l'ordre des Précaires, et Ste. Catherine, dite vulgairement Ste. Catherine de Sienne, laquelle, comme dit Pius 2, au rapport de St. Raymond, elle portoit les siguatrisses de Nostre-Seigneur, comme monsieur St. Franchois.

Défiance des habitants contre les étrangers. Le bâton à verdron. Mais allons plus oultre et disons encore que les citoyens sont de bonne humeur, mais soubsonneux sur touts estrangiers, auxquels ils ne permettent d'aller sur le soir, ni aussy entrer leur ville avec armures. Et comme pour ce fait je fut aresté à la porte lorsque je y entroye, à cause que je portoy un baston garni par le dedans d'un verdron. Affin de me laisser aller libre, j'en fis présent à la sentinelle. Il admiroit avec ses compaignons grandement ce baston. Touteffois voyant la courtoisie que je leur fis, accompagnée d'une ignorance de leurs coustumes et statuts, me rendirent mon baston.

La cause de ceste crainte qu'ilz ont, c'est d'autant que l'Estat de Sienne et ceste mesme ville at esté si souventeffois prinse et reprinse.

Il est maintenant appartenant au Grand Duc de la Toscane.

On y void une nouvelle citadelle avec ceste inscription mise audessus la muraille :

» *Cosmus Medices, Dux Florentie et Senarum*
» *Arcem et una Senensiun quietem et securitatem*
» *Fundavit anno M. D. lxj.* »

Sortant la ville de Sienne et estant hors, puis retornant la face, l'on void un vieux chasteau et aultres ruines, qui monstrent l'antiquité de ceste ville, et à l'entour de vous, de tout costé, belles campaignes, notamment lorsque vous venez à Lusignano. C'est pourquoy, comme j'ay entendu, pour prouver l'antiquité de ceste ville, ensemble la beauté de son territoire, le vers suivant est escrit à l'entour du scel de la ville : « *Salve Virgo, Senam veterem quam cernis amenam.* » Aussi Sienne a sa devise : « *Sena vetus civitas Virginis.* »

Lusignan. Route vers Centano. De Sienne l'on viend à Lusignano. Un peu plus oultre, l'on passe la rivière d'Arbia, qui se rend dedans le fleuve d'Ombrone, lequel on le passe incontinent après. C'est ce fleuve qui passe au travers et milieu de l'Estat de Sienne, prenant sa source aux Appennins, et se rend à la mer de Thirène, à costé de la cité de Fresseto.

Aiant passé ce fleuve, l'on viend à Bonconvento, qui est une bourgaige. De là à Cornieri ; puis traversant la rivière d'Asso, l'on viend à St Quiricio ; et passant la rivière d'Orcia, l'on viend à la Scalla ; de là à la Paglia ; de là a Centano.

Sur ce chemin, l'on descouvre de toute part des bastimens sur des petites collines, qui est chose belle à veoir.

Mais pour y loger, l'on y est mal accommodé, et le peuple campestre est estrange aux passagiers. Je ne scay si c'est tousjour ; touteffois quant à moy, je l'ay expérimenté quand en demandant à Centano, quelque peu d'eau à quelque hostesse pour nestoier et rafréchir la bouche, elle me fit refus. Mais je croy qu'elle avoit du nez, car en faisant cela, elle me vouloit faire aller à la bourse pour boire vin ; à quoy je vouloy entendre en moy-mesme, à cause de la chaleur véhémente. Touteffois je présenta argent pour eau ; et je fus, pour la 2ᵉ fois, esconduit : ma bonne hostesse estant engoigneuse de le prendre pour si peu de chose.

États pontificaux. Aiant passé la rivière de Paglia, je monta incontinent à la ville Aquapedente, appartenant à la jurisdiction papale.

Ceste ville est située du costé de mon entrée sur des haultes roches, et imprenable de ce costé. Mais avant encore de venir à Aquapedente, je veux dire que pour traverser la rivière de Paglia, il y a un beau pond fait de pierres avec six arcades. Au milieu de ce pond est escrit :

« *Sic leta auspicia eveniant, transis, quicumque viator,*
» *Gregorio tutum qui tibi pandit iter.* »

L'on dit que le premier carme quy a sept pieds, fut fait tout à propos, d'autant que, incontinent le pond passé, il faudroit bien 7 bons pieds pour parvenir à la ville, qui est sur un hault, principalement à ceulx qui sont fatigués de la chaleur et du chemin.

Entrant ceste ville, l'on rencontre incontinent une jolie

fontaine pour la commodité des hommes et bestials. Ceste ville est de longue estendue depuis la porte de Sienne jusqu'à celle de Rome, et ne semble avoir qu'une rue, mais ceste rue que l'on passe est plaine de traficq et marchandise. Elle se nommoit jadis en latin *Aquula*.

Je sorta de ceste ville en plaine nuicte pour éviter les chaleurs du jour ; et aiant donné quelque courtoisie au portier, il nous mit hors la ville. De là l'on viend à St.-Laurenzo, aiant préalablement traversé belles campaignes.

Bolsena. Fertilité du sol. Fumure. En après, passant quelque bois à la descende, l'on viend à cotoier le lac de Bolsena, dit en latin *Vulsinus lacus*, 4 milles de long jusque au bourg dit du mesme nom Bolsena.

Le territoire d'alentour de ces contrées est abondant en olives. Les arbres portent fruits la mesme année qu'ils ont esté plantez. Les vins de Muscadelle y sont très excellents.

Mais ce qui rend davantaige fertiles et bons les champs et pastures d'alentour, c'est que les païsans jettent le fien de leurs bestes, tout le long du lac, afin que par l'inondation de ce lac, qui se fait touts les ans une fois, ce fien soit réparti et jetté de part et d'aultre parmi les campaignes et pastures voisines. Et ce lac peut avoir environ 15 lieues ou 45 milles d'Italie de tour.

Au bord d'iceluy est situé Bolsena, qui est un beau et excellent bourg, renseré de murailles. Il n'est besoing d'entrer dedans pour suivre le chemin de Rome, ains l'on s'areste ordinairement aux faubourgs, où vous trouvez bon logis et commodité de vivre. Je fus estonné, estant dedans une hostellerie de veoir, de part et d'aultre, pendre une infinité de grappes de raisin, à cause de la grosseur, car je prenoy plaisir à tailler dedans chasque raisin, comme je feroy dedans une poire, tant estoit le raisin gros et ferme.

Culte de Sainte Christine, martyre. Hostie miraculeuse. Le bourg de Bolsena est fort renommé à cause que là est honoré le corps de Ste. Christine, qui fut autrefois, pour la foy de Nostre-Seigneur, jettée dedans ledit lac, aiant une pierre de meule à son col pendant. Je ne veult asseurer que son corps soit en ledit bourg, car les citoiens de la ville de Panorme disent qu'ilz ont ce joiaux sacré.

Ce bourg est encore fameux à cause d'un miracle advenu en ce lieu en l'an 1264. Lors un certain presbtre, célébrant le sacrifice de la messe en l'église de Ste.-Christine, après avoir consacré, se prit à doubter à sçavoir si ceste hostie estoyt le vray corps de Nostre-Seigneur. De laquelle, soudain après, la tenant entre ses mains, le sang vif en descoula de sorte que le linge qu'on appelle corporal, en fut pour la pluspart rougi. Le pape Urbain 4, qui lors estait à Viterbe, fort étonné, fit apporter ledit corporal avec procession, et le garder en la sacristie de Viterbe. A ceste occasion, il institua la feste du Vénérable Saint-Sacrement, à estre tousjour gardée le 5° jour après l'octave de Pentecoste.

Ile de Capo di monte. Ors laissant Bolsena, et regardant à main droite sur le lac, l'on descouvre une petite isle, mais, selon qu'on dit, jolie, plaisante et fertile : elle se nomme Capo di monte.

Ce fut en ce lieu que Amalasinuta, royne des Goths et mère d'Atalaric, fut mise à mort par Tnéodat, roy des Ostrogoths. Elle s'estoit là retirée à la sauvée. Elle fut grandement regrettée d'autant que c'estoit une dame prudente, chrestienne, parlante de diverses langues.

Ceste isle est située du costé où le lac de Bolsena se décharge en la mer par une rivière nommée Marta, dite en latin *Larthes*.

Montefiascone. Allant donc le chemin pour aller à Viterbe, l'on viend à entrer dedans le bois de Montefiascone, qui fut dit en latin *Vulcinensimi* du temps passé, ou *Lucus Histruriæ*. J'ai entendu et aussi leu que c'estoyt en ce lieu où les anciens présentoient sacrifices à la déesse Juno. Passant ce bois, je ne resenti jamais l'air plus puant, aspre et désagréable. Je crois que Dieu veult monstrer combien l'idolâtrie luy est détestable, puis qu'il punit les créatures insensibles pour les péchés des hommes.

J'arriva doncq à Montefiascone. Je ne fus pas au bourg situé au croupe de la montaigne; mais je prind logis en bas, à un mille près, aiant de costé droit le bourg.

Vin de Muscadelles. Mort d'un seigneur allemand. Ce lieu est l'un des plus renommés d'Italie, à cause des vins de Muscadelles rouge et blancq, les plus délicieux que l'on peult rencontrer. Et aussy à cause de leur forteresse, il s'en fault garrer et en boire modestement.

C'est pourquoy l'on compte, selon que j'ay entendu, que un gentilhomme allemand, faisant le voiage de Rome, s'arestoit tousjour aux logis où son serviteur aiant taté le vin, disoit le mot *Est*, ' ' à dire : mon monsieur, il y a icy du bon vin. Mais comme son serviteur, estant arrivé à Montefiascone, eut goutté le vin, il redoubla le mot en disant *Est, Est*, à cause de l'excellence du vin. Cause pourquoy son monsieur en but en si bonne quantité qu'il y laissa la vie. Le serviteur, regrettant la mort de son monsieur, tout espleuré, fit ce distique sur son tombeau : « *Et propter Est Est, Dominus meus mortuus hic est*. »

Postillon au service du roi Philippe II; ses voyages de Rome à Bruxelles. Aussi nostre hoste, considérant la nature des Flamens, persuada à nostre compaignie de boire de son vin avec modestie.

Et d'autant que, à ses propos, je recognus qu'il avoit hanté le Païs bas, je me familiarisa avec luy, et entre aultres devises, il me dit qu'il avoit servi le Roy d'Espaigne Philippe 2, en qualité de poste, l'espace de 17 ans, allant et revenant de Bruxelles à Rome. Mais ce fut chose estrange à croire lorsqu'il me dit d'avoir fait le voiage de Bruxelles à Rome, sur l'espace de 3 jours et 3 nuicts seulement, me l'asseurant fort et ferme son dire, et que je pouvoye le raconter sincèrement à aultres.

Aulcuns poudront penser que cestuy-cy vendoit des fables. Mais quant à moy, encore que de Bruxelles à Rome l'on compte 300 lieues, je croy que cela se peult faire, attendu que Louys de Barthena dit en son itinéraire, que se trouvent des jumens en Arabie, qui peuvent courir sans cesse et bien hastivement jour et nuict.

De surplus l'historien Nauclerus dit que l'empereur Probus, lorsqu'il estoit seulement admiral ou capitaine général du camp des Romains, avoit un cheval de moienne taille, lequel pouvoit faire à chasque jour le chemin de 45 lieues. Or il peult estre que ce poste pouvoit avoir tel et semblable cheval ; si non, il pouvoit renouveler de poste, et ainsi courir par chanse et cognoissance des chemins abrégez, car j'ay entendu aulcuns seigneurs qui contoient choses semblables advenues de leur temps par des gentilzhommes allant de Paris à Rome. Davantaige Lucius Vibullius Rufus faisoit 100 milles de chemin en une journée sur une charoisse. Tiberius Nero, allant voir son frère Drusus en Allemaigne, fit deux cens milles en 24 heures.

Un certain laquay qu'avoit Charles, duc de Croy, partant de Louvain, à 5 heures du soir, à Bruxelles, estant de pied, retournoit pour les 8 heures. De mon temps estoit encore un jeune homme qui alloit de Bruxelles à Paris sur un jour, estant de pied. Je cognoy un certain bourgeois de Louvain, nommé Wamel, qui a fait 16 lieues d'Allemaigne, estant de cheval, depuis Bachara jusqu'à Couloigne.

Soit qu'il en soit, je laisse à croire ce que j'ay entendu.

Ors, comme j'ay dit, le territoire de Montefiascone, encore qu'il porte bon et excellent vin, si est touteffois de aultre part que les eaux et fontaines sont pernicieuses à en boire, d'autant que elles engendrent débilité notable et fait devenir la bonine blanche.

Viterbe. Bains de Bolicano. Laissant Montefiascone, l'on descend en une belle et plaine campaigne qui continue 4 lieues jusque à la ville de Viterbe, laquelle vous descouvrez tousjour au devant de vous, se monstrant belle et plaisante, à cause du nombre des tours, clochiers et maisons eslevées.

De Montefiascone, l'on viend droit à ceste ville sans aucun rencontre de bourg ou villaige; mais aiant cheminé sept milles en la susdite plaine, l'on trouve une maison à main droite, distante du rand chemin environ deux cens pas et de Viterbe un mille, où l'on void en 4 aultres maisons circonvoisines les bains de Bolicano, chascun desquels a sa vertu particulière pour garrir les malades qui fréquentent ce lieu, car l'un d'iceux a la propriété de faire concevoir; l'aultre de garrir les ulcères et herpes; et les aultres une maladie contraire.

Quant à la ville de Viterbe, elle est assise au pied de la montagne, dite en latin *Giminus*. Elle est ample et assé de belle estendue, appartenante à l'Estat ecclésiastique.

A l'abordée, vous voiez escrit sur la porte :

« *Ex authoritate Alexandri Farnesii cardin.*
» *Leg. perpet. populus Viterb. portam*
» *Farnesiam aperuit, Valliam minus commodo*
» *Loco positam clausit Anno M. D. lxix.* »

Entré que l'on est la porte, l'on void une belle fontaine, garnie de noire pierre bien polie, ouvrée, laquelle jette de l'eau en abondance; mais l'eau n'est pas bonne pour en boire.

Ce fut en ceste ville où, en l'an 1261, la cour de Rome se vind tenir avec le pape Urbain 4, qui fut là élu pape, et ce à cause de la crainte que l'on avoit de Manfrédus, Roy de Sicille, qui lors en vouloit à l'Église.

En sortant la ville, l'on void encore une fontaine, mais non pas si belle que la précédente.

Le Mont Gimini. Le château de Soriano. De là l'on viend à monter les Monts de Gemini ; et à la descende, on trouve le lac de Vicco. Jadis avant arriver à ce lac, l'on passoit un bois qui s'appelloit *Gapina Silva*. C'est pourquoy le poëte Virgile parle en ces termes : « *Et Gymini cum monte lacum lucosque Gapinos.* »

Mais aujourd'huy l'on y void quelque peu de trace et apparence ; et ainsi en descendant, l'on void à la senestre sur la montaigne de Gimini un fort chasteau dit Soriano, avec aultres petits bastimens en apparence de chasteaux. Ce chasteau de Soriano, qui est sur un rocher, fut autrefois basti par Nicolas 3, pape.

Allant tousjour, l'on parvient à Rorilione, qui est une petite ville située en de profondes vallées ; et à son entrée, l'on cotoye le lac et le Mon^t de Rose ; puis celui de Baccano et ses bois qui s'appellent en latin *Silva Mesia*, qui ont esté quelque fois périleux à passer. Touteffois depuis que Jules 2 et Léon 10 avec Clément 7 et Paul 3 ont fait mettre en feu et en flammes lesdits bois, le chemin est maintenant libre sans aucun péril.

Passage du Tibre. Voie Flaminia. De Baccano l'on viend à la Bourget, de là l'on viend à traverser le Tibre par un pond, qui se nomme Ponte molle, dit en latin *Pons milnius*, où il y a tousjour garnison ou soldats de la parte de Sa Sainteté pour le contregarder.

Aiant passé ce pond, l'on rencontre la Voie Flaminia, qui mène droit à Rome, à la porte de Ste.-Marie del popolo.

Chapitre X. — *Rome.*

Entrée à Rome. Interdiction de porter l'épée. Précautions pour le choix d'un logement. Séjour de Vinchant chez son cousin Bertrand Amand. Nous voicy doncq à Rome. Et j'adverty mes compaignons liégeois de ne porter leurs espées à la veu du peuple, craindant d'avoir quelque affront, car l'on ne peult porter en Rome espée, si ce n'est par licence.

Ainsi, estant entré en Rome, je prind avec ma compaignie le logis de Lorse; et le lendemain je fus trouver mon cousin Bertrand Amand, auprès duquel je séjourna tout le temps que je fus en Rome.

J'adverti icy le voiageur venant à Rome qu'il s'informe très bien préalablement à quelque homme d'église, d'une demeure honneste et asseurée, craindant les femmes qui sont de touts costés parmi ceste ville.

Et de fait, estant en peine de trouver mon cousin, m'adressant à quelque maison, une certaine courtisane me dit que celuy que je cherçoy demoroit chez elle, et m'importunoit d'y entrer, disant avec un langage riant : « *Signor, mi venete chy; bene streate chy* ». [Venez chez moi; vous serez bien.] Mais Jean de la Vigne, orpheuffe, qui m'accompagnoit, m'adverti qu'elle mentoit; et que c'estoit une piperie. Ainsy doncq que les voiageurs soient en ce fait prudens.

Je demeura chez mon cousin Amand l'espace d'un mois et demy, lequel temps j'employa à remarquer les antiquités de Rome, et je les mettray icy au long en brief.

Pont et château de Saint Ange. Je commenceray par le pond St. Ange, que les anciens nommèrent *Pons Elic*. Ainsi que vous estez sur ce pond, regardez en bas : vous verrez dans le Tibre quelques restes du pond triumphale par lequel tous les triumphes passoient jadis allant au Capitole.

En retornant à main droite, l'on void le chasteau St. Ange, la principale forteresse de Rome. Ce chasteau estoit jadis la sépulture de l'empereur Hadrien ; et au sommet, il y avoit un vase de bronze doré d'admirable grandeur, qu'on void aujourd'huy au milieu de la court descouverte de St. Pierre, lequel est couvert d'un beau tabernacle soustenu sur huit colonnes de porphire. Au lieu de ce vase, au pigne, les papes ont fait mettre un Ange de blanc marbre.

En ce chasteau, le pape y met tousjour garnison. Et lorsqu'il y a quelque péril en Rome, il se peut retirer de son palais du Vatican en ce chasteau par une longue gallerie faite de briques et soustenue de grand nombre d'arcades depuis le Vatican jusque à ce chasteau, sans estre descouvert.

Églises diverses. Basilique de saint Pierre. Palais et bibliothèque du Vatican.

[Vinchant mentionne successivement les églises de Saint-Ange, de Sainte-Marie-Transpontine, de Saint-Jacques, dite Scossa Cavalli et de Sainte-Catherine, la place Saint-Pierre avec sa pyramide, enfin la basilique de Saint-Pierre au Vatican, les reliques qu'on y conserve, les épitaphes qui s'y trouvent, ainsi que les pièces d'argenteries offertes par les empereurs. Nous croyons pouvoir omettre les renseignements vagues et insignifiants de ce texte. Nous nous bornerons à rapporter l'observation suivante présentée au sujet de l'église de Saint-Pierre au Vatican.]

L'on void encore à main gauche, en entrant l'église, un tabernacle en hault d'un pilier du dôme, duquel l'on monstre la sainte Face du Véronique.

Par un certain jour de St. Martin, je la vis en ceste façon : C'est que, aiant allumé six flambeaux alentour de ce tabernacle ou galerie, deux presbtres ou prélats monstroient la Ste Face d'en hault au peuple. Et lors il y avoit 3 cardinaux qui estoient à bas, en genoux sur coussins de velours rouge, faisant leurs prières et oraisons. J'estoy mary de ne la veoir de près pour remarquer entièrement la Face si elle estoit environnée de couronne d'espines, pour faire distinction avec celle quy est en France, que l'on tient n'avoir pas de couronne ; et cependant l'on dit que c'est la vraye Véronique.

[Vinchant, en parlant du mobilier de cette église, dit] :

Au reste il y a grande somptuosité. Quant aux autels, ils

sont avec modestie. Il suffit que la grandeur et présence du pape, lorqu'il entre en ceste église, donnent plus grand lustre, splendeur et magnificence qu'il ne y auroit. Et à ceste occasion, je déclareray ce que je vid par un jour de Tous les Saints, lorsque sa Sainteté vint en ceste église.

[Notre auteur donne ici une description longue et minutieuse du cortège du pape. Ce récit sort du cadre de la relation de son voyage : on peut le supprimer ici.
Il en est de même des détails qu'il donne sur le palais du Vatican, sur ses trois bibliothèques, sur le jardin du Belvédère, le campo santo, le cimetière des étrangers qui meurent à Rome et sur la maison de l'inquisition.]

Hôpital du Saint-Esprit pour les malades et les filles indigentes. Mariage de ces filles. Cest hospital est surnommé en Saxe, à cause que les Saxons, peuple de la Germanie, jadis y habitoient; et Innocent 3 le fit édifier en l'an 1198. Illec se trouve une ordre et confrairie, laquelle a un général. En cest hospital, Bernardin Cirilli, général de ladite congrégation, y mit telle reformation et règle en l'an 1564.

Par après l'on peult veoir l'hospital du St.-Esprit, qui a le revenu, selon le rapport d'aulcuns que j'ay veus, d'environ trois cent mille écuts.

En cest hospital sont receus les estrangiers malades, et traictés soigneusement par hommes ad ce députez, qui ont esgard à la qualité de chaque personne, et au sortir, l'on n'y laisse pas la maille.

En icelle maison sont entretenues grand nombre de filles orphenines, et encore d'aultres qui ont père et mère, lesquels n'aiant le moien d'entretenir leurs filles, par remonstrance de pauvreté, facilement impètrent place pour icelles, attendu la crainde qu'elles s'adonnent à la débaucherie. Il y a un prélat, mesme évesque, qui a la superintendance desdites filles, homme de bon eage et de bonne vie.

Et tous les ans, il y en a, entre cesdites filles, qui se marient honestement; et je vous monstreray comme elles peuvent trouver facilement parti, sans qu'on les hante en la maison.

Ce fut par un jour de Ste. Catherine que je vis que on conduisoit toutes cesdites filles, selon la coustume ordinaire, parmi toute la ville de Rome, aux plus renommées églises, estans toutes ces nimphes en habit de blanc linge, aiant la face un peu descouverte, principalement celles qui sont belles et eagées, car elles ont espoire d'estre convoitées. Or, comme les jeunes gens de mestier sçavent le jour de ceste pourmenade, ils s'en vont rattendre en divers endroits ces filles pour les veoir plusieurs fois et attentivement. Et celles qu'ils auront convoitées, ils les saluent humblement et leur jettent dedans leur main une fleur ou quelque bouquet de fleur, en publique, sans aulcune vergogne. Celles qui auront receu ces présens se couvrent la face et ne se laissent plus veoir à la promenade. Or, le jeune homme qui s'aura préalablement informé du nom et surnom de celle qu'il demande en mariage, s'en va vers le surintendant luy exposer sa volonté et demande. Après l'examen fait de la volonté de la fille, ce jeune homme est interrogé par ledit gouverneur, de sa condition, de son mestier, s'il peult compétement nourrir femme et enfans. La capacité du demandeur estante avérée par tesmoings, l'on contracte le mariage aux despens de l'hospital. Et de surplus l'on donne au mari, au nom de sa femme, douaire compétante, prinse sur les revenus dudit hospital. Et ainsi la femme suit son mari.

En cest hospital, il y a une assé belle église où il y a un bras de St. Andrien, un doigt de Ste. Catherine et aultres reliques.

Les malades ne sont servis pour leur boisson que d'eau cuite avec un peu de froment sur le feu, laquelle est fort salutaire mesme à ceux qui ont santé.

Ors, comme j'ay dit que ceste maison a grand revenu, aussi celuy qui a le gouvernement d'icelle, est tousjour l'un des plus favoris de Sa Sainteté et a grand charge, car quant aux filles, elles sont bien en nombre de 3 à 4 cents ; et les malades en la place commune, environ 60, sans compter ceux qui sont traités à part en qualité de gentilhommes.

Aussi ce gouverneur doibt avoir de la prudence pour les cas survenant, car en l'an 1555, une nuict, 70 desdites filles devinrent démoniacles et demeurèrent en cest estat plus de deux ans, selon que récite Cardan en ses Variétés.

Églises diverses. Portes et ponts. [Après l'église du Saint-Esprit, Vinchant mentionne. dans la rue Longara, divers palais renfermant des statues remarquables ; et au delà de la Porte Septimiana, sur une vaste place, l'église de Sainte-Marie-Transtonere. Il signale en outre l'église de Saint-Pierre en Montorio. « En ce lieu, dit-il, l'on void une chapelle toute ronde, en laquelle j'ay autrefois dit la messe. »

Il cite de plus les églises de Saint-Crisogone et de Sainte-Cécile, le pont Sainte-Marie [jadis pont du Sénat ou palatin], l'église de Saint-Barthélemy et de Saint-Jean, bâtie dans une île au milieu du Tibre, les deux ponts qui donnent accès à cette île [l'un dit *Ponte quatro capi*, pont aux quatre chefs, et l'autre *Pont Fabrice*, construit par L. Fabricius], enfin le pont de Xiste, construit en 1473, par le pape Sixte IV.

Il fait ici l'observation suivante :]

Ors à cause que je veu passer la rivière du Tibre et passer devant la vraye ville de Rome, il faut entendre que je n'entreprend pas de vous monstrer tout ce qui est en Rome et particulièrement selon la situation des lieus ; il me suffira de déclarer ce qui se void tantost deça, tantost de là, car je n'ay que faire de monstrer qu'elle n'a maintenant que xvj portes, où auparavant elle en avoit xxviij.

[Vinchant énumère ces portes, indique les sept montagnes de Rome ; il ne mentionne pas toutes les églises, parce qu'il y en a plus de trois cents, mais il donne de nombreux renseignements sur le Tibre.

Il s'occupe alors des églises de Sainte-Marie en Cosmedine, de

Saint-Étienne-le-Rotond, de Sainte-Sabine, de Saint-Alexis, de la Porte-de-Saint-Paul, du Mont Estace, « tout fait de pots cassés », et de l'église de Saint-Paul, qui fut bâtie par Constantin-le-Grand. Il ajoute :]

Chaîne de saint Paul. Icy reposent le corps de St. Thimotée,... la chaine avec laquelle fut lié monsieur St. Paul, de laquelle monsieur St. Grégoire parle et dit que jadis les presbtres qui l'avoient en charge, la limoient et en donnoient quelque poussière qui en tomboit aux fidèles; mais que si ceux qui en demandoient, estoient chargez de quelque péché mortel, en la limant, il n'en sortoit aucune poussière; que s'ils estoient en grâce, la lime opéroit et en sortoit abondamment de la poussière.

Crucifix de sainte Brigitte, montré à Vinchant par le prêtre Bosquier, Montois. En ceste église, à main droite du grand autel, est l'image du Crucifix qui parla à Ste. Brigitte, royne de Suesse, faisant son oraison, laquelle j'ay veu parmi un linge délicat, par l'intermise d'un presbtre nommé Bosquier, natif de la ville de Mons, qui demeuroit au monastère de ladite église. Il me semble que ceste imaige est de matière de bronze; laquelle on la monstre en grande cérémonie par des religieux de la maison, qui sont de l'ordre de St. Benoist.

Le cimetière de Sainte-Lucine. Ossements des confesseurs et des martyrs. En ceste église est la cimetière de Ste. Lucine, où gist une infinité de corps saints sans aucuns noms. Touteffois les corps des saints confesseurs et martyrs sont distingués de ce que auprès de ceux des martyrs se retrouve quelque bouteille remplie de sang.

Abus commis par un prêtre d'Anvers. Maintenant il est défendu d'y aller et prendre quelque ossement, sans le congé de Sa Sainteté ou de son commis, craindant les abus qui en puissent advenir, si l'ouverture estoit permise à un chacun, car nous voyons de nostre temps qu'un certain Costerus, jadis pasteur en Anvers, est emprisonné au chasteau de Vilvorde, et là retenu de l'autorité de Monseigneur illustrissime et révérendissime archevesque de Malines, Thomas Hovius, à cause que, donnant à un chacun des reliques, trouvées depuis fausses, il faisoit acroire qu'elles venoient des cimetières et lieux cachez de Rome et qu'il les avoit luy mesme apportées de ces lieux.

Souvenir du martyre de l'apôtre Saint Paul. Celuy qui vouldra veoir la place où at esté décapité monsieur St. Paul, il faut qu'il suive la voye Ostiense, et là il trouvera une église au devant de laquelle l'on void 3 fontaines, six pieds arrière l'une de l'autre, lesquelles sont sorties de terre par les trois bonds que la teste de monsieur St. Paul couppée fit en rejalissant. L'eau d'icelles at en particulier trois gousts divers. Ces fontaines sont garnies à l'environ de beaux piliers de marbre blancq, et au dessus de beaux chapiteaux.

Aussi l'on void grand nombre de pèlerins aller veoir ce lieu; mais c'est une chose mal séant qu'ilz ont de coustume de gaster le paroit de l'église, comme aussi les piliers, en engravant leurs noms et surnoms, se pensants ainsi s'immortaliser, ou donner à cognoistre à leurs compatriotes qu'ils ont fait le voiage de Rome.

C'est pourquoy l'on debveroit se abstenir de telle insolence. Et c'est pour bonne raison que l'Italien dit : « Muro bianco e charta di mati ». Le murail blanc est le papier des fols.

[Virchant signale ensuite, à l'intérieur de la ville, les églises de Saint-Sano, de Saint-Grégoire, de Sainte-Balbine, de Saint-Sébastien — près des remparts, — celles de Saint-Jean-devant la porte Latine, — de Saint-Sixte, de Saint-Étienne — dite la Ronde ou Rotonde, — enfin celle de Saint-Jean-de-Latran.]

Église de Saint-Jean de Latran. Indication de la hauteur du corps de Notre Seigneur. — Encore l'on void sur la fin de la neve de ceste église, à main droite, vers les 3 portes, une colonne..., à main gauche l'on void une pierre de porphire. Et un peu de costé est la mesure de la haulteur de Nostre Seigneur, à laquelle me mesurant, je trouva que j'estoy, si peu que rien, plus hault que Nostre Seigneur.

L'on tient que ceste mesure donne quelque mouvement lorsque ceux ou celles qui se mesurent, ne sont pas vierges ou chastes en mariage. C'est pourquoy vous ne voiez guère d'Italiens se sousmettre à ceste mesure.

[Vinchant mentionne ensuite les église de Sainte-Croix en Hiérusalem et de Saint-Clément.]

Chapitre XI. — *Monuments et statues.*

Le Colisée et les arcs de triomphe. — Allons maintenant à la Colisée, qui est un admirable théâtre, fait en forme ronde. J'avoy autrefois remarqué combien il y avoit d'arcades que soustenoient en bas ceste merveileuse structure et masse de pierre, mais j'ay perdu mes mémoriaulx (1).

[Vinchant décrit ensuite l'arc de Constantin et celui de Titus et de Vespasien, et les églises de Sainte-Marie la Nœuve (Sta Maria Nova), de Saint-Cosme et Saint-Damien, de Saint-Laurent in Miranda et de Saint-Andrien, ainsi que l'arc de triomphe de Septime Sévère.]

L'église de Sainte-Marie libératrice. Grotte du Dragon. Avant entrer au Capitole, je seroy d'avis de retorner vers Ste Marie, dite Libératrice, qui est une église là où auparavant il y avoit une grotte où se tenoit quelque dragon qui infectoit l'air de la ville ; mais monsieur St. Silvestre fit emboucher la caverne et puis bastir une église. Aultres disent que, en ce lieu estoit

(1) De cet aveu, on doit conclure que Vinchant avait tenu des notes de voyage, et que ce fut longtemps après son retour qu'il rédigea le récit de son itinéraire.

jadis le temple de la déesse Vesta, où les vierges romaines, dites Vestales, servant leur virginité, servoient à tousjour, en l'honneur de ceste déesse, un feu constamment ardant.

[Vinchant fait ensuite mention des églises de Saint-Théodose, de Saint-Anastase et de Saint-Georges.

Puis il parle des Juifs établis à Rome et fait un long mémoire sur le régime auquel ils furent soumis en Europe dès le XIIe siècle.]

La place du Capitole. — [Vinchant quitte alors le quartier des Juifs et se dirige vers le Capitole. En route, il voit l'église de Saint-Ange de la Pesgueine, jadis le temple de Junon; il transcrit diverses inscriptions qui existent sur la place du Capitole; il mentionne les statues qu'on trouve dans le palais où le Sénat s'assemble: celles de Jules César, de Léon X, de Sixte V, d'Alexandre Farnèse, duc de Parme et de Plaisance, gouverneur des Pays-Bas au nom de Philippe II, roi d'Espagne, du pape Paul III; il recueille diverses épitaphes antiques et des inscriptions en l'honneur des empereurs Vespasien, Trajan et autres.

Sur le Capitole, il cite l'église dite Ara cæli et celle de Sainte-Marie-de-Lorette, vis-à-vis de la colonne Trajane, les inscriptions de celle-ci, l'église de Saint-Pierre *ad vincula* et la chaîne de saint Pierre, enfin les églises de Saint-Martin, de Sainte-Praxède et Saint-Julien, la *Porta Major* et Saint-Julien.]

Église de Sainte-Marie-Majeure. Légende de Notre-Dame-aux-Neiges. — [L'église de Sainte-Marie-Majeure est ainsi appelée, parce qu'elle est la plus grande des églises de Rome au nombre de trois cents, qui sont dédiées à la Vierge Marie. Elle est située sur le Mont Esquilin.

Vinchant rapporte la légende suivant laquelle Jean, patrice de Rome et sa femme avaient résolu de bâtir une église dédiée à la Sainte Vierge.]

Ils furent admonestez par une vision, la nuict avenant le V d'Aoust, qu'ilz debvoient aller sur le Mont Esquilin, et qu'en la Place de ce Mont ilz trouveroient la terre couverte de neige; que là ilz debvroient bastir une église. La mesme vision eut le pape Libère, lequel accompaigné de sa court, alla aussi audit lieu; et y trouvant la neige, commencha de ses propres mains à fossoyer. Et en ce lieu fut bastie ceste église, l'une des plus belles et mieux ornées de grosses colonnes, de pavé de marbre, de planchier peinct et doré, embellie des plus belles chapelles qui ne soit en toute Rome. Deux chapelles y furent adjoustées.

[Vinchant cite ensuite l'église de Sainte Prudentiane, lieu du premier logement de saint Pierre, à son arrivée à Rome.]

Église de Saint-Laurent. Charbons et fragment du gril du martyre de ce saint. Le prédicateur italien et les reliques. — En ceste église repose le corps de Ste. Brigitte, un bras de St. Laurent, une partie du gril avec quelque nombre de charbons desquels il fut brulé et rosti.

Il est bien vray que c'est une chose plaine de piété de garder chez soy et honorer les reliques, encore que viles qu'elles soient de soy mesme; touteffois je vouldroy que l'on ne s'en abusat point comme j'ay leu autrefois un plaisant conte que un certain prédicateur italien tenat en ses propos. Estant un jour en chaire à Florence, il dit présent le peuple qu'il leur monstreroit à la fin de sa prédication des plumes des ailes de l'archange Gabriel, qu'il avoit laissées en la chambre de la Vierge, au jour de la nouvelle de l'incarnation du Fils de Dieu. Mais comme aulcuns gentilz hommes italiens coignoissoient l'humeur ténale de ce prédicateur, et qu'il debvoit avant finir sa prédication envoier son frère coadjuteur pour luy apporter de son logis le coffre dedans lequel il disoit estre lesdites plumes, s'advisèrent de prévenir le debvoir du coadjuteur et de trouver en son logis ledit coffre, duquel ils ostèrent les plumes tinctes et l'emplirent de charbons; et ils s'en allèrent. Or, comme par après le serviteur, ne pensant de rien, encore qu'il fût bien rusé comme son maistre, eût apporté ce coffre et présenté à son monsieur, iceluy le ouvrit, présent le peuple, pour monstrer ce qu'il leur avoit promis;

mais voiant que ce n'estoient que charbons et qu'il avoit eu des compaignons de ruses, qui avoient tirez le potaige hors du pot, il s'advisa de dire subtilement, en paiant quant et quant lesdits compaignons de mesme monnoye : « Messieurs, j'avois deux coffres. Mon coadjuteur a apporté l'un pour l'aultre. Cestuy contient des charbons de St. Laurent, par lesquels il fut martyrisé : vous les voiés ; ce sont belles reliques. Quant à l'aultre coffre où gistent les plumes de l'archange, que je vous avoy promis de les monstrer aujourd'huy, ce sera pour une aultre fois : qu'il vous souvienne que les plumes de cest archange sont semblables à celles que portent ces gentilzhommes, qu'il monstroit au doigt ; desquels il avoit opinion qu'ilz lui avoient fait la pièce, comme de vray il estoit ainsi.

Voilà comme l'on se joue des saintes reliques. Et d'autant que nous parlions tantost que, à ceste église de St. Laurent, il y a reliques de charbon, j'ai bien voulu monstrer l'abus qui se trouve touchant icelle.

Monuments antiques. [Vinchant continue la citation descriptive des monuments qu'il rencontre : la Tour de Néron, des œuvres de Praxitèle et de Phidias, le Mont Trinité, le tombeau de Néron ; il place ici une note sur les inhumations hors des villes ; il reprend la mention de l'église de S. Maria del populo, ainsi nommée à cause de la Porta del populo, jadis Flaminia, église où se trouvent des épitaphes ; il indique aussi une fontaine voisine et les églises de Saint-Laurent in Lucina et de Saint-Silvestre.]

Église de Saint-Silvestre. La tête de saint Jean-Baptiste. La tête de Saint Denis et le parlement de Paris. Près de là est l'église de St.-Selvestre, où est la teste de monsieur St.-Jean-Baptiste.

Touteffois je m'estonne de cecy d'autant que l'on dit qu'elle est toute entière en l'église cathédrale de la ville d'Amiens en France ; et les Franchois tiennent constamment ceste opinion.

En oultre, l'historien Masseus, en ses Croniques, lib. 8,

dit que l'on tient que monsieur St. Jean-Baptiste fut décapité au chasteau d'Hérode, appellé Marcheunta en Gallilée; que sa teste fut ensépulturée en Hiérusalem, près le palais d'Hérode et depuis transportée à la ville d'Édesse; que l'empereur Valens, arrien, tacheant de l'emporter à Constantinople et estant arrivé près de Calcédoine, les mulets qui portoient ce trésor, ne purent marcher plus avant. Depuis, l'an 393, l'empereur Théodose l'Ancien emporta le chef de monsieur St.-Jean en un temple qu'il basty près de Constantinople. Depuis, il fut transporté de ce lieu à la ville de Poistoue (Poitiers) en France, et de là à Amiens, où il gist pour le présent.

Toutefois l'on dit qu'estant ce chef arrivé en France, il fut divisé en trois parties, et que la plus grande pièce est à Amiens, l'aultre au lieu Angely, diocèse de Xaincte, et la troisième à Nemours, diocèse de Sens.

Quoy qu'il en soit, je laisse ceste dispute à décider à aultre, car la vérité certaine de la matière sujète nous est trop éloignée, si ce n'est que nostre croiance est fondée sur une tradition prescripte.

C'est pourquoy le Parlement de Paris, voyant que les chanoines de Nostre-Dame en Paris par procès maintenoient contre les religieux de St.-Denis qu'il avoient le chef de St.-Denis en leur trésorerie; ce que l'adverse partie nioit et disoit avoir le chef et le corps, comme de fait elle le monstroit en une certaine chasque et cercueil d'argent. Le Parlement, bien perplexe sur ce fait, jugea pour mettre d'accord les parties que les ossemens de part et d'aultre estoient de deux Sts.-Denis.

Je pouldray dire le mesme, à sçavoir que la teste de St. Jean reposant à Rome en l'église de St.-Silvestre, et celle qui est à Amiens seroient de deux Sts.-Jean. De sçavoir maintenant quelle c'est des deux qui est la vraye de St. Jean-Baptiste, « *Hic opus, hic labor...* »

[Vinchant mentionne avec plus ou moins de détail les églises de Saint-Marcel et de Sainte-Marie *in viâ latâ*, les portraits de la Sainte Vierge peints par Saint Luc, l'église des Saints-Apôtres, et celles de Sainte-Marie super Minervam et de Sainte-Marie la Rotonde. Il fait ensuite une dissertation sur la mythologie et ses divinités, à propos du Panthéon romain, maintenant consacré à Dieu et à tous les Saints. Il transcrit les épitaphes du Panthéon.]

Église de Saint-Apolinaire et Collège d'écoliers y annexé. [Il cite l'église de Saint-Apolinaire et un collège d'écoliers annexé à cette église et dirigé par les Jésuites. Il intercale ici une note contre Luther et la Réforme.]

Ordonnances des papes sur l'instruction de la jeunesse. Enseignement donné par les gens d'églises. Écolâtres. Séminaires institués par le concile de Trente. Les papes ont fait de salutaires ordonnances touchant l'instruction des enfants. Ils veulent premièrement que ce soient maistres excellens, de bonnes mœurs. C'est pourquoy nous voyons aux églises cathédrales estre institué le nom et la dignité d'escolastre, affin que par l'amorce de ceste faveur et profit, ce que les hommes pourchassent communément, il n'y eut jamais faute d'homme qui voulut entreprendre ceste charge d'enseigner, tant utile et nécessaire.

En la sinode sixième et universelle, aulcuns canons commandent aux clercs et gens d'église de tenir escoles ouvertes, d'y admettre les enfans des fidèles pour les enseigner, comme on l'a veu en la ville de Mons les recevoir anciennement au lieu qui se dit l'Escole *au Surplis*, voisine de l'église St.-Germain.

Finablement c'est icy que se rapportent les séminaires que le concile de Trente a commandé d'instituer aux églises cathédrales.

[Vinchant introduit dans son récit des souvenirs sur la part que le clergé prit à l'instruction publique, et notamment sur Saint Clément d'Alexandrie, qui ouvrit des écoles dans ladite ville, et sur Origène qui fut son successeur.]

Et l'on dit de cet Origène qu'il estoit si docte et bien versé en la Ste. Escripture que, à l'eage de 18 ans, il fut esleu pour catéchisser les fidelles le l'escole publique de la ville d'Alexandrie, aiant grant auditoire tant d'hommes que de filles, jusque à là que le nombre des filles estoit de 300, séparées en une aultre escole des jeunes gens.

Et tellement enseignat-il la jeusnesse en la foy de Nostre Seigneur Jésus-Christ, que de son escole en sont sortis 8 martyrs.

[Vinchant puise alors dans les statuts des ordres religieux, des exemples qui prouvent que le clergé, avant les Jésuites, s'est occupé d'instruire la jeunesse. Il termine cette digression par des renseignements sur l'école des Jésuites à l'Apolinaire de Rome, et en faisant connaître que, dans un procès soumis au Parlement de Paris, Pasquier, avocat de l'Université, avait plaidé que les prêtres devaient se borner à faire le service du culte et qu'ils ne devaient pas s'occuper d'enseignement public.]

CHAPITRE XII. — *La Place Navone.*

Jongleurs, histrions et charlatans. Ours et éléphants. J'ai fait ce discours, je le confesse, assez long; mais comme Pasquier en at esté la cause; aussy m'at-il fallu courir un peu long à la chasse pour luy apporter de la viande qu'il ne mange pas volontiers.

Et comme escrivant contre les Jésuites, il fait du charlatan, allons veoir ses frères à la Place Navone.

Ceste place est en forme de carré au milieu de Rome, jadis appellée Agone d'autant que là se faisoient, à l'institution du Roy Numa, les jeux dédiés au dieu Agon. Ce lieu s'appelle la Place Navone, où l'on voit aux extrémités deux fontaines.

En ce lieu est la promenade des estrangiers. C'est pourquoy l'on void de part et d'aultre des jongleurs, des histrions ou charlatans faire mille plaisanteries, représentant tantost une comédie, tantost une tragédie, tantost faisant les triacliens et vendant drogues de médecine, tenans tousjour quelque instrument à la main qu'ils sonnent; et le font pour attrapper argent. Tellement que l'on ne void pas telles gens seulement à Rome, mais parmi toute l'Italie. Et seront souventeffois plusieurs et divers en une place : les uns arrière des aultres, jouant à qui mieux mieux, s'ils peuvent luy attirer tout l'auditoire de l'aultre.

Comme je vis : lorsqu'un estant abandonné de tous et voiant que son compaignon estoit accompaigné de plusieurs spectateurs, il commença à crier : Au meurtre ! Au meurtre ! et attira grand nombre de personnaiges. Présens lesquels qui estoient tous effrayez, il tua une mouche entre deux ongles, non sans grande risée de tous. L'aultre charlatan, pour faire revenir les siens, cria : Au feu ! Au feu ! qu'il mit dedans son tabernacle, qui brusloit à bon escient. Mais comme on demandoit si on l'assisteroit, il dit non, car il avait cecy tout à propos pour rechauffer ses spectateurs, attendu que la froidure estoit assez aspre.

[Vinchant cite des écrivains : Cardanus, Belforest et Paludanus, qui rapportent des tours surprenants exécutés par divers jongleurs.]

Il y a encore une aultre sorte de charlatans qui gaignent leur vie : les uns avec des chiens, les aultres avec des ours ; et aultres avec des éléphans, lesquels instruisent ces bêtes à faire merveille devant le peuple.

Estant à Louvain, ville de Brabant, j'ay veu ces histrions faire courir ces ours jusque au sommet d'un hault sommier quasi droit eslevé, contre lequel parois l'ours faisoit au bout chercer leur viande, qu'ils debvoient avoir pour leur diner. Puis je les ay veu faire danser avec belle pose et dextérité.

Quant aux éléphans, les Italiens n'en usent pas pour la rareté. Touteffois l'on en a veu qui les ont avec telle industrie de jeter long des cailloux, les faire danser, courir et faire cesser, de les faire tenir à table comme des personnes, venant les uns aux aultres avec toute modestie, ce pendant que les histrions les encourageaient avec quelque instrument.

Il y a encore une aultre sorte de charlatans que l'on appelle joueurs au pas de corde, qui en leurs jeux apportent une grande agilité : les uns marchent sur ceste corde, espées attachées aux pieds, les aultres avec des pastins larges de bois. . . . .

Ainsi ces histrions, faisant merveilles, ravissent les spectatteurs en admiration ; mais l'on se doibt bien garder qu'il n'y a quelque enchanterie et prestige, car il est du tout certain que souventeffois ces histrions ont des esprits diaboliques familiers : ce qui cause que les curieux, estans au spectacle de telles gens, offensent Dieu, car facilement on adjoute foy à la puissance diabolique au détriment de celle du créateur.

Marchands de médailles antiques. Or, revenant à nostre Place Navone, l'on y void plusieurs marchans de médailles antiques des empereurs, de matière de bronze, qui les vendent à bon marché aux estrangiers, qui sont curieux d'en avoir pour l'antiquité que l'on remarque en icelles.

Et ils en ont grand nombre, d'autant que, de jour à aultre, l'on trouve ces médailles en Rome, lorsqu'on fait des fondemens de maisons.

Or bien doncq, si l'on désire, estant en ceste Place Navone, d'acheter quelques susdites médailles, qu'il sçache qu'il les aura à bon marché pour les rapporter au païs, car la pièce ne couste que deux liards, où que j'ay veu que aulcuns marchans venans au Païs bas, vendoit telles et semblables médailles au feu Monseigneur Charles de Croy, duc d'Arscot, prince de Chimay, la pièce 3 à 4 florins, tant ce prince estoit curieux, et ces marchans cauteleux de vendre de bonnes pièces.

[Vinchant continue l'énumération des sujets dignes de remarque : les églises de Saint Jacques et del Anima, Pasquin avec des anecdotes, des statues appartenant à des particuliers, des épitaphes et des reliques.]

[Après avoir rappelé l'occupation de Rome par diverses puissances, Vinchant constate l'amoindrissement de la célèbre ville.]

Mais si nous venons à découvrir la racine des calamités et changemens de ceste ville, nous trouverons que l'injustice et la malice en ont esté la source et la cause, car à la vérité Rome at esté tousjour un receptacle de tous maux. Grand nombre de corrupteurs s'y retrouvent qui, avec leur vie perverse, causent la ruine spirituelle des âmes... Je n'entend pas que tous à Rome soient entachez de vices, ains y a de bonnes consciences qui maintiennent leur honneur et celuy de Dieu.

Chapitre XIII. — *Sujets divers.*

Piété des Romains durant la semaine sainte. J'ay esté autreffois marry et le suis encore, de n'avoir esté en Rome du temps de la sepmaine Ste. pour contempler le zèle du peuple romain allant visiter les stations des églises. Lors l'on void les dames romaines aller à pieds nuds par les rues, tenant leurs chapellets et livres de dévotion.

Affluence d'étrangers à Rome. Ressemblance d'individus d'une même nation. Mais il y a icy à noter que, non obstant le changement et diversité de nations quy se trouvent à Rome, l'on rencontre souventeffois ceux quy se ressembleront l'un l'autre. Ce que j'ay expérimenté moy mesme, car arrivé que je fus en Rome, incontinent je me mis en devoir pour chercer mon cousin germain Bertrand Amand. Je rencontre en une certaine maison où je fus mené par un nommé Signor Cornamini, mon banquier, un certain appelé Bertrand Amand, comme mon cousin, de mesme posture et grandeur, de mesme physionomie et façon de faire. Je le salue et charesse comme cousin. Mais comme il m'eust dit qu'il estoit bien du Païs bas, non pas natif de la ville de Mons en Haynault, mais de la ville de Lisle, je fus grandement estonné. Et cependant contestant avec luy, je maintenoy qu'il m'estoit cousin à cause de la ressemblance de mon vray cousin. Iceluy, depuis, comme je luy eust monstré une aultre fois ce Lislois parmi les rues de Rome, s'esmerveilla qu'il estoit deux fois en Rome. A cause de ceste ressemblance, il le regarda souventeffois pour soy mesme.

J'ay fait ces discours sur les ressemblances des uns aux aultres, à cause de celle que je trouvay en Rome entre mon cousin Amand et un certain Lislois. Et d'autant que tel évènement arrive souvent en Rome, je dis que la multitude du peuple cause cette rencontre.

Divers motifs des voyages en Italie : le carnaval romain, les jubilés, l'exhibition des reliques, le pape, la cour pontificale. Il faut entendre que telle affluence est causée d'autant que les uns viennent à Rome pour acquérir bénéfices ; aultres pour remarquer avec une curiosité les antiquités d'icelle ville ; aultres pour honorer les SStes. reliques et visiter les SSts. lieux.

Mais si quelqu'un désire de veoir quelque chose de plaisant et récréatif en Rome, je luy conseilleroy d'y demourer du temps des carnavals où l'on void mille fanfarderies des Italiens parmi les rues pour complaire aux spectateurs et aux dames romaines, qui, en leur présence, redoublent leurs plaisanteries et macharonies . . . .

La plus grande occasion que l'on trouve de veoir les Stes. reliques de Rome, c'est le temps du jubilé, auquel on fait ouverture ès églises des thrésories où sont reposez ces sacrez joyaulx . . . .

[Vinchant intercale ici deux longues dissertations sur les jubilés et sur les reliques.]

Je ne doubt pas encore que les particuliers, portant des

reliques sur eux, ne soient grandement préservés de mavais rencontre. Je me contente ici d'apporter seulement un exemple. L'historien Sigebert, à la date de l'an 1015, dit que Lambert, comte de Louvain, donnant secours en personne à son nepveu Regnier 3, comte de Haynau, contre Godefroy, duc de Lorraine, qui ravageoit le Haynau, batailla heureusement à la meslée pour ce qu'il portoit sur soy en son col aulcunes saintes reliques. Mais incontinent que lesdites reliques tombèrent, par cas fortuit, de son col, il fut tué . . . . .

Il y a grand nombre de gens en la ville de Rome. Il faut noter qu'iceux ont un commun et arrier fin : c'est de veoir et recognoistre la personne du Pape, comme aussy des Cardinaulx et l'ordre qui se trouve en la Cour de Rome.

Ce sera doncq maintenant que je parleray de Sa Sainteté et ce qui luy concerne, avec aultres incidents ; puis des cardinaulx et aultres prélatz ecclésiastiques, avec aussi aultres incidents.

De la personne du Pape. Le pape moderne est Paul V° du nom, hault de stature et beau de corpulence. Natif de la maison de Bourghèse, il fut esleu l'an 1605. . . . .

[Vinchant s'étend très longuement sur les objets suivants : la papauté, le conclave où se fait l'élection du pape, les formalités suivies pour cette élection, les cérémonies subséquentes : l'usage de baiser le pied du pape, de porter l'élu dans une chaire et de l'introduire dans les églises de Saint-Pierre et de Saint-Jean de Latran.

[Nous rappellerons sommairement les titres des notices qu'il joint à son récit : la tiare à trois couronnes, la chaire pertuisée, l'importance des cérémonies du culte et des autres pratiques pieuses, des particularités sur l'élection de divers papes, les charges dérivant de la dignité papale, la juridiction générale et la puissance temporelle du souverain pontife, la supériorité de la doctrine évangélique sur les religions payennes, la clémence des papes et leurs libéralités, l'énumération des revenus de la papauté, les sommes que le pape donne aux cardinaux, aux nonces, aux officiers et autres, la défense du pape attaqué par les adversaires de la religion catholique qui le signalent comme l'Antéchrist, les données sur l'Antéchrist même, l'impuissance des hérétiques, enfin la perpétuité de la succession des chefs de l'église depuis Saint Pierre.]

Le nombre des Papes. — Simon Pierre Cephas, natif de Bethaida, en Galilée, Apostre de Jésus-Christ, premier évesque des Chrestiens, gouverna l'église de Hiérusalem cincq ans, celle d'Anthioche, 7, et finalement celle de Rome où il mourut, 24, cincq mois 12 jours.

[Suit une chronologie des 238 papes jusqu'à celui qui régnait lors que Vinchant fit son voyage à Rome.]

Paul V, Romain, auparavant appelé Bourgesius, fils d'une ancienne famille de Sienne et né à Rome d'une Romaine; son père y estant venu habiter; lequel tient encore à présent le siége et at annexé le duché de Ferrare au St. Siége.

Moy estant à Rome, je vid qu'il avoit entreprind le bastiment somptueux du portail et partie antérieure de l'église de St. Pierre de Rome, qui est un ouvraige, selon que l'on m'at compté depuis, qui est admirable en beauté et despense.

Dieu veuille bennir ses bons desseings affin de bien et heureusement conduire son église.

[Vinchant a postérieurement ajouté les noms de Grégoire XV et d'Urbain VII, élus respectivement en 1621 et 1623.

Il s'occupe ensuite de l'ordre des Cardinaux, de leurs titres, de l'origne de ces dignitaires, des cardinaux évêques et des cardinaux prêtres.]

Maladie de Vinchant à Rome. Défiance contre les médecins italiens. Avant de partir de Rome pour Lorette, qui fut le xxvj° de novembre, je tombe en quelque petite maladie. L'on me conseilloit d'user de médecin, mais je n'y volu entendre, à cause que ces médecins italiens et aultres ordonnent un *decipe* pour un *recipe* à faute qu'ilz ne cognoissent les températures des estrangiers, cause pourquoy ils ordonnent aulcuneffois des choses du tout contraires à icelles.

Cela est venu que l'on dit communément : « Erreur de painctre se void à sa fin ; on ne trouve erreur de médecin » ; et ce pendant, un aultre proverbe dit : « Les médecins et les mareschaulx tuent les gens et les chevaulx ». L'on ne recherche pas leurs faultes, pour quoy que on les estime bien besoigner ; et puis les corps des mourans par leurs mains ne sont guères gardez, ains incontinent ensévelis. . . . .

La 2ᵉ cause pourquoy je ne me voulu mettre entre les mains des médecins, moy estant malade à Rome, fut d'autant qu'ilz espuisent à peux de fraix les bourses de leurs plaindans, et ne sçauroient faire la moindre visite qu'ilz ne parlent que d'escutes. Doncq me souvint lors le proverbe de nostre païs : « Les presbtres mangent les morts ; les médecins les malades ».

Or, pour retourner d'où j'ay commencé ce discours, je laissa mes médecins et je pratiqua ce proverbe qu'apporte Horatius Flaccus : « *Nemo sibi magis medicus* ». J'attenpay avec mon vin nommé Alban, un peu de rubarre et un peu d'escoulis, pesle mesle. Et un jour ou deux après, je reprind ma première convalescence ; encore bien qu'à la persuasion de mon cousin Bertrand Amand, seigneur d'Angy, je prind par forme d'acquis quelque peu de conseil à quelque médecin.

Les Agnus Dei *en cire, bénis par le pape*. Avant encore partir de Rome, qui estoit le xxiiij de novembre, je me transporta au Vatican afin d'avoir des Agnus Dei de cire blanche pour les rapporter au pays. Doncq je fis requeste à ceste effet à un certain sacristain de Sa Saincteté, homme grave et de bonne volonté.

Ces Agnus sont faits de cire blanche et se bénissent par le pape la première année de son pontificat et la septième. . .

Les Suisses de la garde pontificale. Je fus curieux d'aller au Mont de Chavello pour veoir la contenance des Suisses qui sont les gardes de Sa Saincteté. Mais je ne vid jamais telle façon de règle duquel ils usoient en leur boire et manger; chose indigne aux soldats. Je ne suis éstonné si on les void sans espargnés, sans mesnaige, sans meubles. Les larrons ne peuvent profiter chez eux.

Ivrognerie de la populace romaine. Entre les plus grands vices auxquels la commune populace est adonnée, c'est celuy d'yvrognerie. Il fait sa demeure dedans les villes, ains chez les marchands des villages, et les villageois.

Cecy est passable, non pas en qualité de vice, ains de récréation, pourveu que la coustume de se récréer par boisson soit réglée d'une tempérance. Ce qui est tolérable toutefois en les personnes de la populace, ne l'est pas en les personnes des princes et grands personnaiges.

Je fus donc constraint de quitter ces Suisses, tant hommes que femmes, qui beuvoient sans ordre et respect, pour faire les aprestes de mon département de Rome.

Exécution capitale de trois Italiens. Et comme je descenda de Monte Chavello et que je fus arrivé près le pont St. Ange, je vis trois Italiens qui alloient jouer des pieds en air sous un gibet contre leur volonté. Ils n'estoient si plaisans et n'estoient intentionnés de tomber en cadence, comme l'on at veu aucuns plaisantins estans prests à faire ce saut périleux. Car l'on at bien veu qu'un certain qu'on menoit au gibet, disoit qu'on ne le menast par telle et telle rue, d'autant qu'il y avoit dangier que certains marchans ne l'arrêtèrent pour quelque debte.....

Un aultre qui fut pendu près Maubeuge, durant la maladie contagieuse qui regnoit en la ville de Mons l'an 1615, demanda si la corde n'avoit pas été acheptée à Mons, car il craindoit d'estre infecté. . . . .

Voilà comme plusieurs aians la mort entre les dens et la peau, ne s'esmovent, ains plustost se jouent d'icelle; et cependant elle est effroyable en soy et sur tout.

CHAPITRE XIV. — *Départ de Rome. Rencontre d'une troupe de Bohémiens.*

La voie Flaminia. Le Mont Saint-Silvestre. Or je parte de Rome en suivant la voye Flamine que le consul Flaminius fist faire si excellente et magnifique qu'elle duroit depuis Rome jusques à Ravenne, où y a six journées et demie, estante pavée de larges et grosses pierres, comme apparoit encore maintenant aux grandes ruines qu'on y void, lesquelles donnent à cognoistre la grandeur de son ouvraige et qu'elle estoit la grandeur et richesse des Romains. Je repassa le Pont Molle, aliàs Pond Milvius, au bas duquel coule le Tibre.

Or suivant la voye Flamine, en laissant à main droite Castellone et Rignago, l'on passe au pied de la Montagne de St. Silvestre, pape, ainsi nommée à raison que l'on tient que ce pape eut sa retraite illec, fuyant la persécution.

Châteaux fortifiés. C'est une chose plaisante et récréative à descouvrir plusieurs chasteaux bastiz sur des collines, qui monstrent combien que l'Italie est peuplée et fut autrefois belliqueuse, en se munissante contre les efforces de tant d'estrangiers qui ont entré l'Italie, car ces chasteaux se monstrent très antiques. . . . .

Cheminant doncq ce pays, l'on arrive à Bourgietto, qui est un villaige appartenant à l'hospital St.-Esprit de Rome, lequel fut en l'an 1527, près tout bruslé par les soldats vénétiens, lorsque Clément vij estoit assiégé dedans le chasteau St.-Ange.

Pont sur le Tibre. Allant 3 milles plus oultre, on vient a passer le fleuve du Tibre, dessus un pond que fit faire le pape Sixte V.

Tombeaux antiques. Ce pond passé, l'on rencontre plusieurs anciens sépulchres bastiz en forme ronde et bien eslevez. Il est vraysemblable que les Romains choisirent ces lieux pour leurs sépultures, à raison du Tibre, qu'ils disoient mary de Rhea Silvia, qui passe par le milieu de ceste contrée, autour duquel sont petites collines où croist un certain bois taillable qu'ils appellent *legni*, lequel ne perd jamais sa verdure.

Ruines romaines : temples, termes, aqueducs, théâtres, arcs de triomphe. Les rives de la Negra. Encore l'on void une infinité de ruines d'édifices publics, de temples, de termes, d'aqueducs, cisternes, portiques, théâtres. Voilà l'industrie des anciens Romains.

Passant Etricoli, l'on monte la petite Montaigne de Scipion, où est situé un vieux chasteau, portant le mesme nom, qu'on dit avoir esté basty par Scipion l'Africain.

Puis approchant Narvi, l'on descouvre à main gauche, sur la rivière de Negra, des arcgures de grandeur admirable du pond que fit faire Auguste César des despouilles des Sicambres. Elles sont faites de grosses pierres quarrées avec piliers soustenants ces prodigieuses arcgures en partie ruinées.

Fertilité du sol. Un peu plus oultre, l'on arrive à la ville de Narvi, laquelle est située sur une aspre et difficile montaigne.

Descendant de ceste ville, on laisse à la main droicte, une fontaine, pour marcher en une fertile plaine, qui produict bleds, vins, oliviers, figues et aultres sortes de fruicts, par le milieu de laquelle court la rivière susdite Negra.

Terrain humide en temps sec, et sec en temps humide. Il se trouve en ce pays une sorte de terre qui est mouillée et fangeuse quand le temps est sec; et lorsqu'il se trouve à la pluyve, elle se réduict en pouldre.

J'ay autrefois parlé à quelqu'un qui disoit avoir veu le mesme en Espaigne. Ce qui peut provenir des rivières ou des minéraulx soubsterrains de nature chaude, lesquels par quelque antipenstasie rendant le dessus de la terre (soub laquelle ils sont) eschaufé lorsqu'il tombe de la pluye, et lorsque le soleil darde ses rayons, les rend humides et humectez.

Territoire de Terni. Ceste contrée passée, l'on passe au dessus du Tibre par un pond que Grégoire XIII fit bastir. Puis traversant belles campaignes, l'on parvient à Terni, qui est une ville d'assez grande estendue et bien bastie. Elle a de tous costez un territoire fertile. . . . .

Pline escrit que les pretz situez à l'environ de ceste ville, estant abbreuvez, pouvoient estre fauchés 4 fois l'année, et ceux qui ne pouvoient estre abbreuvés, se coupoient 3 fois. Mais la bonté de ce pays ne se peut estre mieux cogneue, comme j'ay peu remarquer, que par la grosseur des raves et des choux qui sont admirables. Et comme aussi le vin, car il est estimé et recommandé partout soub le nom de Vernaccia.

Entré que je fus la ville, je trouva que, au milieu de la Place, où lors on jouoit une comédie plaisante, il y avoit une colonne de pierre sur laquelle estoient engravées ces lettres : C. M. J. C. A.

Partant de Terni, l'on entre un bois plain de linières, qui at de travers un mille.

Rencontre d'une troupe d'Égyptiens, de Bohémiens ou Zingaris. Ce fut icy que je fis une rencontre d'Égiptiens ou devineurs de fortune, gens vagabons, et trainans avec eux leurs familles de lieux à aultres, desquels ont dit : « *Quo: aliena* » *propriis habitare molestum.* »

Ces gens sont appelez par les historiens tantost Égiptiens, tantost Bohémiens et encore Cingars. L'on croit que, par tous les lieux où ils s'arestent, il s'y engendre des vers et une puanteur insuportable; mais la cause pourquoy l'on les void aussi vagabons, est diverse.

Leurs ancêtres. Et premièrement l'on dit que ce fut par une malédiction donnée à leurs ancêtres, à cause qu'ils refusèrent de loger la vierge Marie quand elle s'enfuyt avec Nostre Seigneur en Égipte.

Pour la seconde cause, j'ay leu que les ancestres de tels gens avoient esté cy-devant Chrestiens, mais comme ilz furent domptez par les Sarazins, ils furent contraincts de renoncer à leur première foy. Puis après advint que l'Empereur avec le Roy de Pouloigne les subjuga ; et comme ils pensoient entrer en composition avec lesdits princes pour habiter et demourer paisibles en leur pays conquis, il ne leur fut pas permis si premièrement ils ne s'estoient reconciliés au St. Siége. Donc l'an 1423 ou environ, aulcuns principals d'iceux vindrent à Rome où ilz abjurèrent leurs infidélitez. Le St. Père, pour leur pénitence, ordonna qu'ilz yroient 7 ans ensuyvant parmi le monde, sans coucher en lit ; et pour avoir aulcun confort pour leurs despences, il ordonna que tous évesques et abbez leur donneroient pour une fois dix livres tournois.

Et advint que la première fois que tels gens veindrent en la Gaule, ce fut en l'an 1427, en nombre de 12 pénitenciers comme ilz disoient, c'est à sçavoir : un duc, un comte et dix hommes, tous à cheval, se disant estre de la Basse Égipte, accompaignés, tant hommes, femmes et enfans, au nombre de 100 à 120. Ilz arrivèrent à Paris le 17e jour d'aoust de ladite année. Et ne leur estans permis d'entrer Paris, ils furent logés à la Chapelle St.-Denis.

Ils avoient les oreilles percées ; et en chacune oreille, un annel d'argent ou deux en chacune. Item les hommes estoient très noirs, les cheveulx crespez ; les femmes les plus laides que l'on peut veoir et les plus noires. Toutes avoient le visage desplayé, cheveulx noirs comme la queue d'un cheval ; pour toutes robes, une vieille flossoye très grosse, d'un lien de drap ou de corde liée sur l'espaule, et dessus un pauvre rocquet ou chemise pour paremens.

Pratiques magiques. Chiromancie. Ils se mesloient de regarder les mains des gens, et pronostiquer ce qu'il leur debvoit advenir. Voilà ce qui est des Égyptiens vagabons.

Nous voions cependant que leurs enfans et race usent encore

aujourd'huy de ceste magie, courant de çà de là ; et combien que leurs ancestres (selon l'histoire cy-dessus déclarée) n'avoient que 7 ans pour accomplir en vagabonderie leur pénitence, si est touteffois que l'on void depuis 1423 jusqu'à maintenant passer et repasser les provinces et royaulmes, nous faisans accroire que les 7 ans de pénitence qui furent ordonnez aux premiers, alloient de succession en succession.

Précautions à prendre contre ces vagabonds. C'est pourquoy, attendant que tels gens usent de magie judiciaire et superstitieuse, practiquant tout cecy avec paction diabolique, j'admoneste que l'on se garde de leur demander fortune et adventure, soit en leur monstrant la main, soit la face, d'autant que en ce fait l'on peult tomber en péché d'idolâtrie en croyant aux mensonges du diable ; pour autant encore que Nostre Dieu permet souventeffois advenir les maux, que tels gens auront prédictz à ceulx qui les ont consultez, sans qu'ilz debvoient advenir s'ilz se fussent confiés en Dieu . . . .

Picus Mirandula, l. 4 de la Production des choses. raconte que la comtesse de Flandre, aiant consulté un devineur à sçavoir si son fils Ferdinand seroit victorieux contre Philippe-Auguste, Roy de France, luy respondit que Ferrand entreroit avec triomphe en Paris. Ce qu'il fit : mais ce fut en qualité de prisonnier, lorsque Philippe y fit son entrée en triomphe, le menant avec soy captif.

Voilà comme il est dangereux de consulter ces devins, entre lesquels sont ces Égiptiens . . . .

Or comme j'ay dit que tout ainsi il est dangereux aux gens curieux de consulter ces Égiptiens et astrologiens, aussi est-il dangereux de soustenir en une république tels gens, puisque ce sont gens vagabons. On les debvroit enjoindre et contraindre à cultiver la terre, ou suivre l'ordonnance qui fut faite en France l'an 1561, par laquelle il fut aresté de les chasser tous hors du royaulme : Ce quy sortit effect.

Ce fut aussi une belle entreprise en acquit d'office, lorsque je vis le sieur Cimpel, maieur de Louvain, courir luy seul sur 3 ou 4 Égiptiens en plain marché, les désarmer de leurs harquebouses, espées et aultres armes et les mener en prisons ; puis le lendemain les faire battre de verges avec leurs femmes, et puis les exiler, pour non seulement avoir usé de divination, magie et enchanterie, mais encore pour avoir dérobé subtilement et avec tromperie usé des biens des paysans . . . .

Il me suffit de dire que l'on se garde bien de s'adresser à ces Égiptiens, ou les laisser entrer en sa maison, craindans que, par leur subtilité, ilz dérobent quelque pièce d'argent ou aultre meuble ; et surtout que l'on prend garde de ne s'adresser à eux pour demander bonne fortune et adventure.

CHAPITRE XV. — *Spolette et Assise.*

Passage des Apennins. Aiant abandonné la compagnie de ces Égiptiens, auxquels je donna quelque courtoisie, je m'advensa tousjour à suivre mon chemin vers Spolette ; doncq aiant passé les vallées de Sratura, qui est un chemin fort piérieux et malplaisant, on vind au bout d'iceluy monter la montaigne de Somma, que le pape Grégoire XIII fit tailler, affin de rendre le chemin plus facile à ceux qui vont de Rome à Nostre-Dame de Lorette. Ce qu'il a fait aussi par les monts Apennins et aultres lieux de difficile accès, par lesquels maintenant on passe facilement et mesmement les chariots qui ne pouvoient passer auparavant, car il falloit reprendre de Rome le chemin de Florence.

Lac Di Pi di luco. Aiant passé ceste montaigne, je fus curieux d'aller veoir le lac que l'on nomme Lacq Di Pi di luco, à cause que l'on dit que le bois jetté dedans iceluy, peu de temps après estant retiré, on trouve qu'il est revestu de pierres. Et est grandement renommé, à cause que l'on tient que ce lac est le centre de l'Italie. Mais la beauté de la contrée où j'estoy et passoy, me retenoit, et de surplus me donnoit occasion à admirer le créateur et ses œuvres tant jolies et plaisantes.

Ermituges des environs de Spolette. A ceste occasion, ce m'est de merveille, allant vers la ville de Spolette, si j'avois telle réflexion sur la Providence de Dieu, car ce lieu est du tout propre pour s'adonner à la contemplation et solitude ; et de fait l'on void de parte et d'aultre 20 à 25 cabanes situées sur des collines environnées de vallées profondes et solitaires, où font leurs demeures aulcuns hérémites s'adonnant à la vie contemplatifve et mortification.

Retraites solitaires. J'ay trouvé autrefois à mon retour en la ville de Valenciennes, l'un d'iceulx, lequel me disoit qu'estant venu veoir sa mère en ces Païs bas, s'en retornoit en son hérémitaige de Spolette. Il me disoit ce que j'ay dit incontinent que, en ceste contrée, en estoient jusqu'au nombre de 25 hérémites, et que, il y a l'espace de 15 ans continuels, il avoit fait sa demeure en plusieurs hérémitaiges de l'Italie. Ce qui n'est pas à admirer, car il faut noter qu'en Italie se trouvent plus de lieux solitaires et encore plus plaisans qu'en aultres pays et royaulmes. C'est pourquoy aussi les plus saints personnaiges que a produict l'Italie, ont tousjour aymé tels retraicts et lieux solitaires, comme encore l'on void plusieurs gentilshommes italiens bastir des maisons en des vallées près des forests et rivières pour se retirer arrière des piperies du monde et vivre en tranquillité d'esprit.

Aussi l'on at tousjour recogneu que ceulx qui ont esté ainsi renserrés aux désirs, ont acquis grande perfection.

Aussi le diable at eu tousjour de coustume (laissant les mondains à demy gaignez) de faire la guerre et livrer assault à ces champions de Jésus-Christ.

A ceste occasion, je ne conseille pas à qui que ce soit de se retirer seul en quelque hérémitaige pour s'adonner à la vie contemplatifve, si premièrement il n'a quelque disposition à la mortification du corps et de l'esprit, car, dit très bien la

Sapience : « *Væ Soli!* » Malheur à celuy qui est seul! Pourquoy? « *Quià cùm ceciderit, non habet sublevantem se.* »

Et combien souventeffois est que le diable se vient apparoistre aux solitaires, tantost en guist d'un ange céleste, tantost en guist de la personne de Nostre Seigneur, non pas pour les consoler, mais bien pour les séduire par une flammarche de vaine gloire, qu'il leur faict veoir tellement que si l'on n'est parfaict en humilité pour cognoistre soy mesme en la différence des apparitions, l'on ne se doit facilement renserrer seul. Il faut donc estre doué de l'humilité des hérémites SS. Abraham et Siméon. . . . .

Retournons à nos hérémites de Spolette, qui monstrent que non avec mauvaise intention, ils aiment la retraicte, car la pluspart d'iceulx, chaque dimanche, viennent à Spolette pour recevoir la communion. Ce qui rend le peuple plus libéral à leur faire la charité.

Faux ermites. Touteffois puisque je parle icy des hérémites des contrées de Spolette, j'admoneste le pèlerin que quand il rencontre aulcuns hérémites desquel il n'a cognoissance, de ne se rende familier à iceux, car souventeffois l'on en peut rencontrer qui portent une âme d'ébesne sous un blanc habit; et pour dire en un mot qu'ilz sont brigauds et meurtriers.

Le duché de Spolette. Allons nostre chemin de Lorette. De Terni donc je vind à Spolette, ville capitale du duché de Spoleto, dict jadis *Umbria*. Ce duché appartient au pape et comprenoit jadis en son enclos depuis la Mer Adriatique jusque au Tibre avec l'Exarquat de Ravenne et tout selon la mer jusqu'à la Marge d'Ancône. Il faut noter que ce duché fut donné au St.-Siège par Pépin, et la donation confirmée par son fils Charlemaigne.

Patrie des charlatans italiens. Presque tous les charlatans que l'on void en Venise et par toute l'Italie, sont de ce pays là, à cause que c'est un peuple plus adonné à se gaudir, se moquer et babiller que d'estre sédentaire. Spolette a esté longtemps le siége des Lombards, laquelle auparavant avoit aussi flory. Du temps mesme des Romains, elle estoit fort riche et magnifique, comme assé le démonstrent les ruines des anciens édifices que l'on void encore en icelle.

Foligno. Partant de Spolette, l'on vient à Foligno; mais c'est en passant un plat pays de xij milles et près de 4 en largeur. En ce chemin, l'on rencoustre La Veue, hostellerie, St. Giaco, St. Rachio, petits hameaux avec plusieurs ruiceaux d'eau, le pays estant bien fertile en olives et aultres fruicts, où je trouva quelque garçon qui n'avoit, toute sa vie, mangé aultres choses que figues. Je crois bien que c'est chose estrange, attendu que la figue crue est plus aggravant l'estomach que alimentant.

Foligno est une petite ville environnée de montaignettes du costé d'Orient; et du costé du midy de belles plaines tant de prairies que de terres labourables.

Pèlerinage de Vinchant à l'église de Saint-François d'Assise. Estant à Foligno, je me renda pèlerin à St.-Franchois d'Assise, mon patron, combien que c'estoit de me destourner de mon droit chemin de Lorette. Touteffois la dévotion m'y porta, attendu le peu de chemin qu'il y avoit, d'environ de 3 à 4 heures. Ce chemin est le plus beau et droit chemin que je vid jamais, car il semble avoir esté cimenté et avoir esté compassé au niveau, tant droict est-il. L'on rencontre à main droicte le village dit Spello, appelé *Hyspellini* par Caton. Après Spello, je vind à monter la montaigne d'Assise et arriver à la ville d'Assise, qui prend son nom de ceste montaigne et qui est située sur le costeau d'icelle.

Renseignements sur ce saint patron. Le nom de FRANÇOIS. En ceste ville fut né monsieur St.-Franchois Elle est fort ruinée, et monstre qu'elle at esté plusieurs fois ragrandie par la grande affluence de peuples, tant marchans que pèlerins, qui sont venus honorer monsieur St.-Franchois. Entrant la ville, vous arrivez premièrement à l'église Ste-Claire. C'est là où

Nostre Seigneur parla audit St.-Franchois en ces termes :
« *Francisce, vade prædicare evangelium meum in obedientiâ, castitate et sinè proprio* ». C'est là où encore Ste-Claire, disciple de ce saint, vescu très sainctement l'espace de 40 ans, ensuivant la règle de son Père directeur St.-Franchois.

Plus oultre l'on rencontre l'église et monastère de St.-Franchois, fondateur des Cordeliers, natif de ceste ville. Son père s'appeloit Pierre, sa mère Pie. . . . .

Toutefois il faut entendre que son premier nom n'estoit pas Franchois, ains Jean, comme dit Jovinus, in *Acta Apostolorum, cap. xvj*, mais qui fut appelé Franchois par le peuple, pour autant qu'il sçavoit la langue franchoise et en parloit familièrement, car il faut noter que les anciens Étruriens avoient de coustume d'appeler *Franciscos* ceux que l'on dit en latin *Franci* et *Galli*, maintenant en langue italienne *Francesi*. Car à la vérité l'on ne lit pas que personne fut appelé du nom de Franchois avant ce St., selon que dit Jovinus. Touteffois j'ay leu que la femme de Philetus, sénateur romain, qui fut martyrisée, fut appelée *Francisca*, laquelle fut avant ce saint et encore martyrisée.

L'Église de Notre Dame des Anges. Partant d'Assise, je fus à l'église Nostre Dame des Anges, descendant par un chemin pavé de briquettes, où l'on rencontre premièrement un hospital où St.-Franchois, allant mourir à ladite église, se tourna vers la ville d'Assise et lui donna sa bénédiction dernière.

La rivière de Giento Tolentino. De la ville de Foligno, l'on passe la montaigne qui a mesme nom, contenante deux milles de chemin. De là l'on commence à traverser un pénible chemin, parmi les Apennins, que j'ay dit ci-dessus avoir esté taillé en roche par Grégoire 13. De plus il faut icy noter que plus est que l'on approche vers Lorette, plus est que l'on remarque que le langaige est différent de celuy de Rome. Oultre ce sur les Apennins, l'on aperçoit des maisons gentillement taillées en roche.

Jusqu'à Tolentino, l'on passe Casanova, Golfe ferito, Saravella, Noucha, Fonte de Latria ; et puis en cottoiant tousjour la rivière dicte Giento, l'on parvient audit Tolentino, qui est la première ville de la **Marge d'Ancosne**.

Macerata. Un vendeur d'eau bénite. La Marche d'Ancône. Partant de Tolentino, je trouva sur le chemin près de Macerata un vendeur d'eau béniste. Je l'appelle ainsi d'autant qu'il disoit avoir puissance de donner autant d'indulgence qu'il vouloit par la permission du pape à ceux qu'ils vouldroient recevoir de lui de ladite eau béniste, moyennant des quadrins et denari.

De plus il se disoit légat de Sa Sainteté sur les chemins de Lorette. Je me rapporte tant y a que, *ad redimendam vexationem*, je fus contrainct par ses importunitez de donner la courtoisie. Je m'estonne à la vérité comme ils se trouvent tels badins, tels imposteurs et encervellez en ce monde qui s'approprient l'authorité tantost d'un pape, comme l'on at veut d'un porte-pannier, qui s'imaginoit, allant avec son batton, avoir une crosse en sa main, et porter une cap sur son dos au lieu de sa hotte ; un cuisinier qui s'imaginoit d'estre empereur ; mais c'est bien une plus grande rêverie que d'entendre qu'un de Toulouse se disoit avoir l'esprit de St. Jean-Baptiste.

Sortant de Tolentino, l'on vient à traverser une assez belle campaigne ; et puis l'on rencontre la ville de Macerata, qui est de grande estendue, fort peuplée et fréquentée. Elle se dit aussi la Favorite, à cause que illec réside le chancelier de la chambre apostolique. C'est pourquoy l'on dit vulgairement en ces quartiers des villes de la Marge d'Ancosne : Ancosne la marchande ; Fermo la Puissante ; Rocha la Forte ; Macerata la Favorite ; Ascoli la Belle ; Cesi la Grasse ; Osimo l'Ancienne ; Lorette la Sainte.

Descendant de Macerata en une belle plaine où sont les rivières de Potenza et Aspido, l'on monte à la cité de Recanata, laquelle est plus longue que large. Tant y a qu'elle est une ville ancienne, appelée des anciens historiens Elia Recina, ruinée autrefois par les Goths et refaite par l'empereur Elius Pertinax.

Ceste ville porte le nom de *Justissima,* lequel luy fut donné par le pape Clément 5, à cause de la bonne justice que les habitans d'icelle firent à l'endroit des brigands et voleurs qui attendoient les pélerins sur les chemins allans à Lorette.

Chapitre XVI. — *Lorette.*

Arrivée à Lorette. Sortant de Recanata pour aller à Lorette l'on marche par un chemin avalant, que les Recanatiers ont fait autrefois paver de briquettes pour la commodité des pèlerins. Le long de ce chemin, l'on rencontre des chapelles à jour, où se void la Passion de Nostre Seigneur. Et comme nous eusmes incontinent aperceu l'église de Lorette, nous nous mismes à genoux, saluant la Vierge, selon la coustume des pèlerins bien advisez.

Souper de Vinchant à l'hôtellerie. Un prêtre qui boit à la santé du pape et du roi d'Espagne. Abus de ces usages. Approchant Lorette, l'on rencontre une belle fontaine située au pied de la montaigne, qui fut autrefois bastie pour les nécessitez des pèlerins par Pompée Palanterio, gouverneur de Lorette, du temps du cardinal Urbin, tutélaire de la dite ville de Lorette. Laquelle j'entra incontinent et me alla loger à la Posta, principal logis ou hostellerie de la ville, où ce jour je soupay avec un ancien et révérend prestre aussi pélerin. Mais ce fut joyeusement, la modestie y estante meslée, car la première fois qu'il beut, ce fut en faisant la santé à Sa Sainteté avec un bon verre de vin; et la seconde fois, la santé du Roy d'Espaigne. Et comme je m'estonnoy de tels coups qui sont extraordinaires aux Italiens et qu'il ne mesloit son vin, il me répliqua :

« *Pro Papâ et Rege bibas vinum sinè lege; pro Rege et Papâ bibas vinum sinè aquâ.* »

Quand les sanctés des Roys, princes et amys se faisent incidemment avec soif et tempérance, comme le révérend presbtre faisoit, elles ne sont vicieuses, ains plaines de bénévolence.

C'est pourquoy que les grands pontifes et les conceiles ont tousjour deffendu expressément l'yvrognerie aux ecclésiastiques, et les occasions d'icelles. Tellement que, entre icelles, je ne trouve rien plus qui la provoque que telles brindes de santé.

L'église de Lorette. La légende de la chambre de la Vierge Marie à Nazareth. Description de la Sancta Casa. Sur ce je veulx bien dire qu'estant à Lorette, il n'y eust aulcune insolence en ces nostres.

Le lendemain, je fus célébrer en la Ste Chapelle. Mais avant parler en détail d'icelle, il faut entendre qu'icelle est la chambre en laquelle la Vierge at esté née, et Nostre Seigneur conceu au ventre virginal par l'annonciation de l'ange Gabriel qui y entra. Cecy donna depuis occasion aux apostres de la consacrer. . . . .

Comme la Ste Chapelle de Lorette fut transportée de Nazareth en Dalmatie, et au lieu où elle est située à présent.

Ceste chapelle est de forme quadrangulaire. Elle contient de longueur xl pieds, de largeur xx, de haulteur xxv. Elle est si bien placée que ses 4 parois regardent les 4 parties du monde. La partie antérieure où est la fenestre par laquelle l'ange fît son entrée, regarde l'occident; la postérieure où est encore la cheminée, l'orient; la costé droit, le midi; et le gauche regarde le septentrion. Au devant la fenestre de l'ange, il y at au dehors un autel servant à la plus grande commodité des sacrifians.

Tout le dehors de la chapelle est environné de pierres d'albatre sur lesquelles sont taillées les histoires des principales mystères de Nostre Seigneur et de Nostre Dame, œuvre grandement admirable, lequel fut encommencé sous le pape Léon x, besoigné soub Clément vij, parachevé sous Paul 3, qui y consomma plus de 60 mille florins.

A ceste chapelle il n'y avoit qu'une entrée du costé de septentrion, mais le pape Paul 4 en fit faire encore une du costé du midy, non sans grande murmuration du peuple : ce qui est cependant pour la plus facile entrée et sortie des pèlerins. Il en fit faire encore un petit huys du costé droit pour servir aux presbtre et grands princes de contempler de près l'image de la Vierge, que l'on tient estre l'une que St. Luc auroit taillé en bois. Elle est de couleur tirant sur le noir, que je croy provenir par les continues fumées des lampes ardantes, qui y sont en grand nombre en la Chapelle.

Au devant de ceste imaige est un treille de fer avec un autel où, pour célébrer, il y a grande presse, comme j'ay expérimenté.

[Après avoir constaté que les papes n'ont jamais ajouté des décorations au bâtiment de la chapelle, Vinchant fait une longue énumération des richesses de ce sanctuaire, et une description tant de l'église que de la ville de Lorette.]

La grande rue de Lorette. Les marchands de chapelets. Culte de Notre-Dame. De surplus l'on s'estonne de veoir que la grande rue est occupée des marchands de chapelets et de rosaires, et encore des plus beaux que l'on sauroit souhaiter, qui donne à cognoistre combien est grande l'affluence des pèlerins, et que la récitation du chapelet est grandement agréable à la Vierge. Et pour donner contentement au lecteur, je coucheray icy la mention du chapelet ou rosaire, car je les confonds icy.

[Vinchant rapporte deux traditions sur l'origine du chapelet, qui l'attribuent l'une à un ermite français, d'Amboise nommé Pierre, vers l'an 1090 ; et l'autre à saint Dominique, vers 1206, par révélation de la Vierge pour extirper les hérésies des Albigeois.]

Quant à l'origine et invention du chapelet, je ne veulx pas contredire à l'authorité des personnaiges cy-devant ditz, qui en font monsieur St. Dominique inventeur par révélation que luy en fit la Vierge. Touteffois je trouve que la prière de ce chapelet estoit déjà pratiquée en l'an 1070, en tant que les Annales de Hainau, 3ᵉ volume, cap. 19, disent que Thyrry, comte d'Avesnes, ne ... eut aucune punition de la Vierge, de ce qu'il avoit mis en feu et flammes les églises de Mons et Maubeuge, encore bien que SStes Waltrude et Aldegonde en sollicitèrent la Vierge, selon la révélation faite à un certain hérémite se tenant au bois de Broqueroy, car la femme dudit Thyrry arrestoit la main vengeresse de Dieu, en tant que, à chasque jour, elle présentoit un chapelet à ladite Vierge, composé de soixante *Ave Maria*.

Longues litanies de la Vierge. Avant de partir de Lorette, je veulx icy mettre en avant les particulières dévotions d'aulcuns personnaiges signalez.

[Vinchant donne une indication des princes qui ont honoré spécialement la vierge Marie dans ce sanctuaire.]

Si nous voulons considérer en détail les louanges que les SSts. Pères ont rendues à la Vierge, il n'est pas en nostre pouvoir. Nous en pouldrons touteffois considérer une partie si nous rapportons les beaux épitèthes que lesdits SSts ont attribués à la Vierge ; et afin que ce soit avec utilité, je les déduiray en forme de litanie, adjoutant l'autheur à chaque épitèthe :

[Vinchant mentionne par ordre alphabétique cent septante six invocations de la vierge Marie, en indiquant le Père de l'Église qui a donné à la vierge chacune de ces qualifications. Le titre de *Abissus gratia* donné par saint Jean Damascène ; celui d'*Advocata nostra* par saint Basile, etc.

[Après avoir ajouté un complément de la description de l'église de Lorette, il introduit le récit de quelques faveurs miraculeuses obtenues de la vierge.]

Récit emprunté à Zualart d'une faveur obtenue de Notre Dame de Lorette pendant un naufrage. Finablement j'ay leu dedans le voyage de Jérusalem de Zualart, et de plus j'ay veu le pourtrait de ce que je vays raconter.

C'est qu'en l'an 1585, entre plusieurs qui furent agitez des tempestes sur mer, à leur retour de Hiérusalem, qui accompaignoient messire Martin Van den Zande, chanoine de St.-Géry en Cambray, et qui furent noiez, ce chanoine et un Frère, Martin Basere, religieux de l'ordre des Frères Prescheurs, furent poulsez miraculeusement par les ondes en terre ferme, par l'assistance de la glorieuse Vierge Marie, à laquelle ils avoient eu recours et fait vœu d'aller visiter sa maison de Lorette.

Voilà comme la Vierge assiste ses fidèles serviteurs, qui ont recours à elle en leurs nécessitez et qui de bon cœur l'honorent et luy portent respect, là où au contraire ceux qui la mesprisent en parlant mal d'elle, ressentent par après le castoye.

Visite au crucifix de Girolle. Or, puisque nous avons dit en vérité ce discours en l'honneur de la Vierge, nous la quitterons un peu pour aller veoir son fils. Il faut entendre que, entre les pèlerins de Lorette, tant estrangiers que Italiens, se dit certain proverbe : « *Chi a stato a Loretto, Ita visto la Madre* » *et non a Girolle et non li figliole* ». C'est à dire que celuy-là n'a pas esté en Italie qui, ayant visité la Vierge Mère de Lorette, n'est pas allé veoir son filz. Car il faut noter qu'entre Lorette et Ancosne, il y a un certain crucifix en présence duquel Nostre Dieu opère des miracles à l'endroit des supplians.

Pour aller donc de Lorette à ce lieu susdit, l'on traverse

une belle campaigne abondante en grains, y trouvant plusieurs croix plantées qui sont les signes de nostre rédemption, très utiles pour brider et arester souventeffois les insolences des brigants.

[Vinchant rapporte divers exemples où la vue d'un crucifix a empêché des crimes, et où ce crucifix a produit des bienfaits.]

Chapitre XVII. — *Le rivage de la mer Adriatique et les pirates turcs.*

Départ d'Ancône pour Venise, Dangers d'un voyage par mer. Retornant à nostre voyage, aiant passé 15 milles de campaigne venant de Lorette, je vind à Ancône, ville métropolitaine de la Marge d'Ancosne. . . . .

[Nous omettons une longue dissertation sur Ancône, son port et ses églises, ainsi que diverses anecdotes peu intéressantes.]

Partant d'Ancosne, je vis que l'on bastissoit au pied de la ville un bastiment en forme d'estoille pour faire teste à l'impétuosité de la mer.

Puis j'alla tousjour cottoyant la mer, bien que j'avois volonté de me mettre en navire pour aller à Venise sur eau. Mais considérant la tempeste qui ce jour s'estoit eslevée, jointes encore les courses des pirates de mer, je fus d'advis de poursuivre mon chemin par terre, bon plancher des vaches; encore bien que j'endura grand estourdissement aux oreilles et du vent et du bruit que les flots marins apportoient.

Ceste mer est appellée Adriatique, à cause d'une certaine ville qui estoit bastie au bord d'icelle, tirant vers Venise, nommée Adria, où fut né l'empereur Elius Adrianus. Elle a son estendue depuis Venise jusqu'à la Mer Ionique et cap de Luca, où est l'embouchure et entrée de ceste mer, au plus estroit de sa largeur et où le Roy Pyrrhus et Marcus Varro volurent attenter de faire un pond pour conjoindre la Grèce à l'Italie.

Ceste mer autrement appellée *Golfo di Venetia* est, selon Horace et Virgile, merveilleusement tempestueuse, à cause qu'elle n'est pas spacieuse.

Les saints patrons des nautoniers. Patronages spéciaux pour la guérison de certaines maladies. C'est pourquoy aulcuns nautoniers ont de coustume d'invoquer St.-Hermès; aultres St. Elmus, religieux de St. Dominique; et aultres encore St. Nicolas, qui, selon les expériences veues, ont souventeffois donnez assistence à ceulx qui les invoquoient au milieu des tempestes marines.

Je vois cependant que Calvin se moque de telle cérémonie, voulant donner à entendre au simple peuple que nous faisons ces SSts des dieux marins, comme les anciens avoient les leurs. Non, non. Il n'y a icy occasion de moquerie, car nous avons recours à eux comme à des intercesseurs vers la Majesté divine. Tout ainsi que pour avoir le don de patience, l'on a recours à St. Job et à St. Eustace; pour estre délivré des maulx de dents, à Ste Apolloïne; à St. Roch pour estre préservé de maladie pestilentieuse; à St. Léonard pour estre délivré de prison; à St. Valentin pour avoir garison des poques; à Ste Susanne pour ne tomber en quelque infamie de corps; à Ste Barbe pour ne morir subitement; à Ste Eutrolie pour toutes nécessitez.

Si l'on demande pourquoy tels et tels SSts ont les mérites d'impétrer tels et tels bénéfices de Dieu en faveur des requérans; pour toute response : c'est la volonté de Dieu . . .

J'ay veu autrefois de mon temps un certain Espagnol, religieux en la ville de Louvain, qu'il garissoit une certaine maladie et non aultre. Les docteurs théologiens trouvèrent qu'il n'usoit d'aulcun charme, mais que tout venoit d'en hault et que la garison estoit vraye et de bonne mise. Cependant cet homme menoit une vie commune de religieux.

Le révérend Père Léonard, jésuite, estant consulté sur ce cas, responda bien pertinemment que Dieu souventeffois donnoit privilège à quelques familles de pouvoir garir certaine maladie, et non à d'aultres la mesme; et que partant il ne falloit sonder plus oultre sur la volonté de Dieu. Tout de mesme nostre Dieu donne puissance aux bienheureux de pouvoir garir tels ou tels maux sur ceux qui les viennent à invoquer. Partant que Caivin se taise, car il en parle d'un cœur corrompu de malice, pour autant qu'il n'a sceu trouver un saint, qui l'eust voulu regarir de la playe qu'il receu en publique sur son dos, d'un chaud fer, en la ville de Noyon, pour avoir débauché la niepce de Marot. Aussy je seroy bien marri s'il y avoit des SSts pour des gens de telle farine . . . .

Route cotoyant la mer et les Apennins. Le fleuve de Fiunuceno. Tour de défense contre les pirates turcs. Signaux pour annoncer les incursions des corsaires. Or, comme j'ay dit ci-dessus, à la sortie d'Ancosne, mon but fut d'aller encore une fois à la ville de Bculoigne, pour delà aller à Ferrare, et de là à Venise. Et ainsi cotoiant la mer à la dextre et laissant les Monts Apennins à la senestre, l'on arrive premièrement à la fleuve Fiunuceno, qui sépare le païs d'Ancosne d'avec celuy des Gaulois Siénois.

Joignant ceste rivière, est une tour bien munie d'artillerie et de garnison, pour la garde de païs contre les voleurs pirates et coursaires turcqs, qui en esté se viennent pormener souvent pour prendre au despovreu quelques chrestiens et les emmener esclaves. Ce qu'ilz firent autrefois en un lieu ou hostellerie, non guère de là, appellée *Casa bruciata,* qui vaut autant à dire Maison bruslée. Ce nom luy estant demouré depuis que les Turcqs y mirent le feu après avoir emmené avec eux tous les Chrestiens qui estoient dedans. Mais maintenant elle est bastie de bonne muraille suffisant pour deffendre la place.

Mais jaçoit qu'il se rencontre des garnisons et des forts sur le bords de la mer, mesme l'on at de coustume, lorsque l'on redouble lesdits coursaires, d'allumer flambeaux en les chasteaux avoisinans la mer, pour advertir les paysans d'estre sur leurs gardes.

Détails sur les esclaves chrétiens; efforts des Turcs pour les convertir au Mahométisme. Si est toutefois que les pèlerins, allans ceste contrée, ignorans souventeffois les coustumes des lieux, comme encore que lesdits Turcqs peuvent arriver secrètement sans avoir esté descouverts, se doibvent bien contregarder; et de nuict, se renserrer dedans les villes, craindant, comme j'ay dit, d'estre à l'improveu emmenés esclaves, mot qui est tiré du mot d'Esclavon, d'autant que le Turcq fait grand rapt des enfans de ce peuple, les rendans misérables.

[Vinchant donne des renseignements sur les corsaires turcs et sur l'appui que le sultan leur prête pour exercer leurs pirateries. Il rapporte des exemples d'efforts faits par les Turcs pour convertir au Mahométisme les captifs qu'ils ont enlevés.]

Légende de Gillion de Trazegnies. Le mesme advint à un seigneur de la maison de Trasegnies, lequel allant contre les Turcqs, laissa sa femme enceinte de son premier filz. Iceluy prins prisonnier ne peut jamais estre induict de quitter sa foy, ni mesme prendre aultre femme, bien qu'il servit le Turcq en ses guerres, en qualité de capitaine en chef de quelque compaignie, l'espace de 25 ans, au bout desquels son filz seul, ne sachant ni la mort, ni la vie de son père, alla aussi faire la guerre au Turcq, ayant soub soy une trouppe de gens d'armes. A la meslée, comme les Turcqs emportoient le dessus, ce jeune chevalier, se voulant sauver avec les siens, fit crier Trasegnies, Trasegnies! Le père qui donnoit de travers, poursuiva son filz et le fit appréhender et l'amener chez soy, après la bataille donnée. Il luy demanda sa patrie et sa race. Le filz, ne pensant rien de son père, dit qu'il estoit du Païs bas, de la maison de Trasegnies; et qu'il avoit entendu de sa mère que son père, la laissant enceinte de soy, fut guerroier les Turcqs, et qu'il estimoit que, y a 25 ans passés, il fust tué ou mis à mort par iceux. Le père recognoissant tout cecy estre véritable, et plus, lorsqu'il aperceut une bague au doit de son filz, que luy mesme, partant du païs, avoit donné en mémoire de luy à sa femme et mère de ce jeune chevalier, donc ne se pouvant plus contenir, fit retirer ses gens et luy dit secrètement qu'il estoit son père. Le filz, cachant le plus qu'il povoit la joye qu'il avoit au cœur, sollicite son père au retour. Ce qu'il fit le plus secrètement et asseurement qu'il peut; et tous deux venus au païs, retrouvèrent en bonne santé, l'un sa femme, l'aultre sa mère.

Ce que j'ay icy à admirer, c'est ce beau rencontre; mais bien plus la constance du père qui ne fut jamais apostat, encore bien qu'il guerroia les Chrestiens.

Voilà cependant le péril où l'on se trouve en telle servitude, ou de renoncer sa foy, ou de perdre à jamais sa liberté et sa vie. Si ce n'est que le Turcq use aulcunefois de miséricorde ou clémence, comme il est advenu à Jean sans Peur, filz de Philippe, duc de Bourgoigne, qui fut prind avec aultres 300 seigneurs en l'an 1396 par Bajazet, donnant secours à Sigismond, roy de Hongrie.

Captivité à Alger de Jean-Baptiste Gramaye, doyen du chapitre de Leuze. Retournons à nostre matière et disons que le pèlerin se trouve aulcunefois en danger d'estre surprind du Turcq. Et ce advenant, sa fortune luy seroit plus favorable s'il sçavoit quelque art ou science, car par ce moien, souventeffois l'on viend à estre élargi. Pour exemple . . . .

Jean-Baptiste Gramaye, doien du chapitre de Leuze en Haynau, fut prins par les coursaires et emmenés esclave en

Alger, et pratiqua sa liberté envers le vice-roy d'Alger par le moien qu'il fit la description du royaulme d'Alger, le dédiant audit vice-roy.

[Vinchant insère ici l'histoire de la conquête de Tunis par Charles-Quint.]

La ville et le château de Fabriano. Fabrication et commerce du papier. Retornant à nostre matière, il faut entendre que, durant le chemin que l'on fait de Casa bruciata jusqu'à Senegallia, l'on descouvre, à la sénestre, vers les montaignes, la ville et chasteau de Fabriano, qui est mis au nombre des 4 principaux de l'Italie. . . . .

En Fabriano se fait si grand nombre de papier que presque toute l'Italie en peut estre servie et la ville de Constantinople.

Le papier duquel nous usons aujourd'huy, encore qu'il soit facile à le faire, si est que l'invention d'iceluy est belle et utile pour promovoir une infinité d'hommes aux lettres. Il faut noter que les anciens ont escritz premièrement en feuilles de palme, d'où provint qu'on dit le fœillet du livre; depuis en escorces d'arbres, comme bouleau, plantin, fresne et orme; puis en lames de plomb, puis sur des drapeaux de lin, polis et colorés avec une canne dicte calamus; puis sur des foeilles d'un arbre nommé papier, tellement que le nom de cest arbre est demouré au papier, duquel nous usons maintenant, qui est faict de lambeaux et drapeaux de lin usé.

Les anciens escrivoient encore en tablettes cirées et bien lissées, formant leurs lettres avec un poinchon qu'ilz nommoient stile; et de là est venu « *de stilo ferreo* » duquel parle le prophète Job; et encore dit-on que celuy qui escrit bien : at un bon stile d'escrire.

Encore faut-il noter qu'avant l'usance de nostre papier, que lesdits anciens, laissans toutes aultres matières pour escrire dessus, qu'ilz usèrent de parchemin faict de peaux de mouton ; l'usage duquel n'a jamais esté perdu et delaissé comme les aultres matières ; mais nostre papier est bien plus commode pour l'imprimerie . . . .

La ville de Senegallia. De Casa bruciata, je parvins à la ville de Senegallia, laquelle fut bastie des Siennois Gaulois ; aulcuns desquels aiant ruiné la cité de Rome et estans defaictz par Camille avec Brennus, leur capitaine, vindrent icy faire leur retraict et habitation, nommant ce lieu de leur propre nom Senone, et par succession de temps le mot s'est corrompu et tourné en Senegallia.

Ceste ville est flanquée et fortifiée de 4 bons bolevers bien remplis de terre, et de tout le circuit de ses murailles. Au bout desquels est un fort chasteau du costé de la mer, au pied duquel passe une rivière nommée Diennevola. Elle at un évesché de grand revenu.

Elle exerce merveilleux trafique en grain jusque là que le duc d'Urbin en reçoit grand profit.

En la principale place que nous appelons marché, l'on void une belle fontaine de marbre blanc : au milieu du vase un Neptunus, tenant en hault son trident. Sous son pied, deux petits Fauni jettent de l'eau par leur bouche.

CHAPITRE XVIII. — *Le duché d'Urbin.*

Rencontre d'un maniaque vénitien. Exemples d'excentricité.
A la sortie de Senegallia, je rencontray deux Vénitiens, de pied, l'un presbtre, l'aultre lays, qui venoient de Lorette. Le lays estoit en pauvre esquipaige, et cependant il estoit accompaigné d'un grand nombre de gens d'armes qu'il entretenoit tous les jours à ses despences. Je ne sçay s'il avoit fait vœu de faire telle pénitence, tant y a que venant à Fano, il se courroucha si fort contre ses gens que, voulant prendre vengeance

d'eux, il se despouilla et jeta sa chemise dedans le feu, se revestant d'aultre qu'il avoit en son petit paquet.

Voilà à la vérité une sotte vengeance, digne d'estre mise entre celles qui s'ensuivent :

Un certain pour avoir perdu son argent à jeu de cartes, mascha et engloutyt les cartes.

Aultres, pour le mesme subjet, deschargèrent par archebouse les detz, comme balles de plomb.

L'on a veu encore aulcuns personnaiges qui se sont vengés sottement sur eux mesmes.

Voilà des estranges et sottes résolutions. Touteffois quand quelques résolutions sont prinses pour punir en soy mesme quelque crime, encore que la façon soit estrange, cela n'est pas tousjour sottise, ains plustost vertu de pénitence si la punition s'ensuit par détestation du péché et tristesse d'avoir offensé son Dieu.

Un comte de Namur, aiant prostitué deux siennes sœurs à un Roy de France, en fut depuis si desplaisant qu'il se fit, la corde au col, traîner à deux chevaux par toutes les rues de Namur.

La ville de Fano. Or, avant venir à la ville de Fano, l'on passe la rivière Cesano avec quelque barque, à cause qu'il n'y a point de pond. De là on vient à celle de Metro sur laquelle il y a un pond de demy mille de longueur. Et pour ce que les eaux de ceste rivière sont extresmement rapides et véhémentes, il y a d'assignation annuelle 400 ducats pour l'entretenir.

Trois milles plus oultre se rencontre Fano, cité appertenant au St. Siége apostolique, laquelle est raisonnablement grande et belle, et aucunement fortifiée du costé de la mer.

En la maison de la ville, il se void une statue d'un géant portant le ciel sur ses espauls, desoub lequel est le siége de judicature où sont escrits ces mots : « *Non levius fert pundus optimus senator. Loquuntur multi, pauci dicunt.* »

Oultre sont quatre distiques. Considérant tous ces beaux vers, je void qu'ilz tendent de droite ligne à recommander la justice à ceux qui en ont l'administration et à ceux qui la demandent.

Légende d'un magistrat cruel, menacé d'être tourmenté dans l'enfer. A ceste occasion et bien à propos, je coucheray icy ce qui est advenu en ceste ville. C'est qu'un certain juge et gouverneur de ceste ville, qui estoit cruel et tyran, fit appréhender quelque de ses vassaux pour luy avoir tué par aventure un lévrier; cause pourquoy il le fit mettre en estroite prison avec les fers aux pieds. Le géolier, pensant aller donner à manger à cest homme, ne le trouve pas, ains bien les fers desquels il avoit esté enserré. Il trouve encore qu'il n'y avoit quelque sortie et que tous les huys avoient esté pertinemment serrées, ce qui fut cause touteffois que ce gouverneur le fit chercer dedans la ville en chasque maison; mais ce fut en vain. Trois jours après, les prisons estans bien serrées, le géolier, oyant une voix, accourt et trouve cest homme enchaisné comme paravant et semblable plustost à un mort qu'à un vif. Le concierge donc bien espouvanté luy demande où il avoit esté. Il respond qu'il avoit beaucoup de choses à compter au gouverneur. Vers lequel estant arrivé, il dit qu'il avoit invoqué le diable pour sa délivrance et qu'il fut incontinent emporté par air en un lieu horrible où un millias de personnes estoient tourmentez par le feu, entre lesquels se voyoient Roys, Papes, Ducs, Prélats et mesmement plusieurs de sa cognoissance. Et il fit particulièrement entendre à ce tyran qu'il avoit veu là bas un de ses grands amys, qui luy avoit demandé s'il estoit encore aussi cruel qu'il souloit; et qu'il avoit respondu qu'ouy; et mesme que, pour une liégèreté sans faute, il l'avoit fait injustement prisonnier. Doncq qu'il avoit répliqué : Va t'en, dit-il, et dis luy que s'il ne juge droittement, que sa place est icy préparée. Et pour tesmonaige que j'ai parlé à vous, dites luy que nous avons eu tel et tel mot de guet en telle et telle guerre, lorsque nous étions ensemble. Quand le prisonnier lui eust tout fait ce déduit, le gouverneur s'espouvanta considérant qu'il disoit vray. Mais il lui manda de quel habit il avoit trouvé ce sien amy. De tel, dit ce prisonnier, qu'il avait accoustumé de porter en ce monde, sçavoir satin cramoisi, mais qu'il estoit tout embrasé de feu, car ainsi que je pensois le toucher à la robe, je me suis bruslé la main. Et en ce disant, il la monstra toute bruslée. Sur ce le pauvre homme est mis en liberté, et le juge commença à faire mieux que paravant.

A la vérité, quand les juges et supérieurs rendent justice tantost par crainte, tantost par corruption, tantost par amour ou haine, adieu la république, adieu les loix et la religion.

Hôtelier poissonnier. Exposition de poissons secs. Productions maritimes diverses. Reprenons nostre voiage. Estant à Fano, je fus me repaistre à une hostellerie où l'homme du logis estoit pescheur ou poissonnier. Je ne m'estonna jamais tant que de veoir une infinité de poissons séchez pendus en air, lesquels estoient monstreux. Et entre iceux y en avoit qui ressembloient assez bien quant à la face à un homme.

A la vérité, si la mer est admirable à cause de son fleu et refleu ; encore que recevant tant et tant de gros fleuves dedans son ventre, elle ne s'enfelle pas ; et encore que aiant son eau salée en la superficie, elle l'a douce et amiable au fond ; touteffois elle donne plus d'admiration à cause de la diversité des poissons, de leurs espèces, formes et propriétés dissemblables.

Et d'autant que j'ay fait mention cy-dessus d'avoir veu des poissons aians face semblable à l'homme, il faut entendre que ces poissons, que l'on dit à demy homme et demy poisson, sont appellez les masles Tritons, et les femelles Néréides. Je ne veux pas disputer et faire question s'il y en a, comme aulcuns sont en doubte. Touteffois plusieurs authentiques autheurs maintiennent qu'il y en a.

[Vinchant décrit longuement diverses espèces de poissons fantastiques.]

Il y a en la mer des arbres poissons auxquels l'on void proprement les racines, la tige, les branches, les rameaux.

En somme, la mer abonde en toutes créatures. Voilà pourquoy ce grand poëte françois dit :

> « L'onde a, comme le ciel, lune, soleil, estoilles,
> Neptun, non moins que l'air, abonde en arondelles,
> La mer a tout ainsi que l'élément voisin,
> Sa rose, son melon, son œillet, son raisin.
> Son hortie poignante et cent mille autres plantes,
> Ainsi que vrays poissons dans ses ondes vivantes.
> Elle a son hérisson, son bélier, son pourceau,
> Son lion, son cheval, son éléphant, son veau ».

Voilà les œuvres du créateur plus admirables en ces petits animaux que dans les grands. Allons à nostre voiage.

La ville de Pesaro, Insalubrité du pays en été. De Fano, l'on viend à traverser cinq milles de chemin, cotoyant tousjour la mer par un sentier plain de gravier, et à ceste occasion facheux aux passagiers. Et puis l'on viend à Pesaro, ville située près la rivière de Foglia entre deux montaignes. Ceste ville est marchande, car on apporte d'icy les vins à Venise ; de quoy les habitans tyrent un grand argent, de mesme que des figues qu'ils font seicher, les quelles ils vendent aussi aux Vénitiens, aux Bolonois et à plusieurs aultres.

Elle est fortifiée de bons murs et fossez à fond de cuve. Le duc d'Urbin y a sa résidence en hiver à cause de sa belle situation, et non pas en esté, car il y a mauvais air. C'est pourquoy les notables bourgeois et marchans sont contraintz d'aller passer les mois de julet et d'aoust en aultre lieu que leur cité.

Palais du duc d'Urbin. Arsenal. Mobilier. Bibliothèque. Au palais du duc, il y a un arsenal, furny de toutes sortes de provisions pour la guerre, près duquel est une aultre chambre où il y a des armes pour armer 600 personnes; et l'on y peut venir de la chambre du duc par un degret secret.

En une aultre chambre du duc, l'on y void des siéges si artificiellement faicts, qu'en un moment ceux qui sont assis peuvent estre eslevés jusque au plancier, et mesme jusque le plus hault de la maison, sans que l'on peult remarquer comme cela se fait, tant il y a de la subtilité.

En ce palais, l'on void encore une excellente bibliothèque, remplie d'une infinité de beaux livres tant antiques que modernes.

Frontière de la Marche d'Ancône et de la Romagne. Forteresse de la Catholica. Partant de la cité de Pesaro, l'on viend incontinent à passer le fleuve de la Foglia, qui fait les limites de la voie Flamine et de la Marge d'Ancosne et de la Romaigne. Elle prend son origine des Monts Apennins et son cours est rendu plus véhément à cause que aulcuns torrents se rendent dedans.

Ceste rivière passée, l'on viend à un lieu nouvellement fermé de bouleverts et rampars, par ordonnance du pape Pie 5, contre les incursions des pirates et bandits, lequel nommé la Catholica est situé sur le bord de la mer et n'a quasi que des hostelleries, si est touteffois qu'il y a assé belle église en laquelle officient aulcuns religieux.

Vinchant se sépare de ses deux compagnons de route. Nous pensions, la mesme journée, passer la rivière de Concha, mais comme la nuict avoit esté pluvieuse, il nous fallut attendre 3 ou 4 heures affin d'assurer la barque, car l'on craindoit qu'icelle ne fust emportée de l'impétuosité de l'eau en la mer, avec péril de ceux qui eussent esté dedans.

Ce fut en ce lieu approchant Rimini que les deux Vénitiens, qui m'accompagnoient, se débandèrent de moy avec grande courtoisie et salutation.

Observations sur les saluts et les marques de politesse des

Italiens et des autres nations. En parlant de ce subjet, il est du tout certain qu'entre toutes nations, les Italiens surpassent en salutions, soit qu'ils s'abordent aux personnes, soit qu'ils les quittent.

Sur ce faut entendre que les Ionniens se rencontrans disoient ces paroles : « Le seigneur soit avec vous ». Les Hébreux : « Je vous salue mon frère ». Les philosophes : « Soyez tous en bonne heure ». Les Thébains : « Dieu vous donne salut ». Les Romains : « Salut vous soit. », Les Siciliens : « Dieu vous conserve ». Les Carthaginois touchoient les mains droites de l'un l'aultre et les baisoient. Les Maures baisent les espaules de l'un l'aultre. Au royaulme de Valence, l'on dit au rencontre : « Bien soiez venu, seigneur mien », et quand on despart : « Dieu demeure avec vous » ; et l'aultre respond : « Allez en bonne heure », En Catalogne : « Vous soiez le bien arrivé ». En Castille : » Dieu vous maintienne; Dieu vous garde », et au départ : « Dieu vous conduise ». Mais l'Italien est sur tous cérémonieux, car en Italie, en un seul jour, on salue en trois sortes : le matin, ils disent : « Dio vi dia il buon giorno », sur le midy : « Dio vi dia salute » , sur le soir : « Buona sera ». Ils disent aussi plusieurs fois : « Mi recommando » ; puis passées que sont deux ou trois heures de nuict, ilz disent : » Dio vi dia la buona notte » Au départir, disent à l'un l'aultre souventeffois : « Vostro servitore ». Ils ne vont pas touteffois avec tant de sottise ou friandise de mots, comme faisant les François qui disent au rencontre ou au département : « Je suis vostre esclave, l'escabeau de vos pieds. Je suis prest tousjour à estre le postillon de vos commandemens. Monsieur, disposez de moy ; ma maison et les miens sont vostres » . . . .

Chapitre XIX. — *Rimini, Imola et Bologne.*

La ville de Rimini. Me départant donc de ces Vénitiens, qui usoient de grandes courtoisies et remerciemens de compaignie, je parvins à la ville de Rimini, laquelle fut faite colonie des Romains 282 ans avant la nativité de Nostre Seigneur.

[Vinchant fait la description de l'église et des monuments romains de cette ville.]

La voie Émilienne. La rotonde de Ravenne. De Rimini, je m'en alla à Bouloigne la Grasse, tout le long de la voye Émilie, laquelle fut bastie de pavés par Æmilius Lepidus et Flaminius, consuls.

Cependant j'avoy grand désir d'aller par Ravenne à Venise, affin de veoir les antiquités de ladite ville de Ravenne, près laquelle l'on dist qu'il y a une église taillée en roche, nommée Sta Maria la Rotonda. On tient que là estoit le sépulcre de Théodoric, roy des Goths. Elle at en rondeur plus de 150 pieds. Le tout est d'une pièce aussi bien la couverture que la soubasse.

[Vinchant a introduit ici une note sur l'exarchat de Ravenne.]

Le château de Savignano. De Rimini, allant la voie Émilie, l'on passe la rivière dite Luzo, où estant l'on void du costé des Apennins, le bourg St. Archange, où le béat Simon, religieux convers de l'ordre des Prêcheurs, at conversé, lequel est enterré à Rimini en l'église Ste Catalde.

Puis l'on passe le chasteau de Savignano et la rivière dite Plusa, ou *Aprusa* selon Pline, laquelle se rend dedans la mer près un chasteau ou palais appelé Belaere, qui fut basty sur le rivaige de la Mer Adriatique par les seigneurs Malatesta.

Allant plus oultre, l'on passe le torrent appelé Butrio. Ceste contrée est plaisante pour l'air qui est agréable, et pour les lieux que l'on commence à descouvrir, remplis de vignes, notamment le village de Longiano.

La rivière de Picatello, ancien Rubicon. Cecy passé, l on parviend à la rivière dite aujourd'huy Picatello, anciennement Rubicon, lequel at esté de grand renom près les anciens historiens, qui disent qu'il abornoit l'Italie ; et ce qui estoit par de là, tirant vers les Alpes, estoit appelé *Gallia Cisalpina.*

[Vinchant raconte l'épisode célèbre du passage du Rubicon, par César.]

La ville de Cesena. Commerce de sel. Ayant passé la rivière de Picatello ou Rubicon, et approchant la ville de Cesena, l'on void à costé gauche un somptueux monastère avec une église dédiée à la Vierge Marie, située sur une montaigne. C'est pourquoy on l'appelle vulgairement Sancta Maria del Monte. Et ceste montaigne s'appelle Monte de Santo Moro, qui estoit jadis évesque de la ville de Cesena, lequel se retirant en ce lieu paracheva illec sa vie en toute piété et saincteté. Aujourd'huy y résident des religieux de St. Benoist.

Cesena est une ville bien peuplée, remplie de gentilshommes. Elle est située entre les rivières de Rubicon et Sanio. L'on void en icelle une fortresse au dessus d'une montaigne, laquelle fut bastie par l'empreur Fréderic 2 . . . .

Encore bien que les habitans ne soient que manœuvres et en petit nombre, si est toutesfois que, à cause de l'artifice qu'ilz ont de convertir l'eau marine en sel par la réverbération du soleil, ils font grand trafique dudit sel jusque à là mesme que Sa Sainteté tire 60 mille escuts de revenu annuel.

Je désiroy grandement de veoir la besoigne de ces habitans pour autant que j'avoy veu autrefois les Salines de la Franche Comté de Bourgoigne, où le sel se fait d'une aultre façon. L'on dit que, à Cesena, se voyent aulcuneffois des monts de sel si haults, qu'ils semblent estre des montaignes de marbre, ayans plus de 200 pieds en rondeur et en haulteur 25.

Les villes de Forti, de Faensa et de Castel Bolognèse. Partant de Cesena vers Forti, l'on rencontre le chasteau de Fortimpopoli, situé sur la voye Émilie, où il y avoit jadis une ville, laquelle fut, par un jour de samedy-saint, prinse par Grimoalde, Roy des Lombards.

Or de ce lieu, l'on viend à Forti qui est une ville appelée par les Latins : *Forum Livii*, et située au milieu de la voye Émilienne, sur une rivière appelée Canal della Cocolia, entre les fleuves de Ronco et Montone . . . .

De Forti, l'on viend à la ville de Faensa, située sur la voye Émilienne. Ceste ville est divisée du bourg par le fleuve Lamone sur lequel est un beau pond avec deux tours. Elle est fort grande, ancienne et populeuse, ayant son territoire gras et fertile.

Suyvant la voye Émilienne de Faensa, l'on viend à Castel Bolognèse, gros bourg.

Imola, seigneurie des Alodisiens. De là, l'on viend à la ville de Immola, dicte par les Latins *Forum Cornelii*. C'est une ville plaisante et bien ancienne. Elle at esté subjecte à divers seigneurs, si comme aux Alodisiens, vicaires du St. Siège, puis aux ducs de Milan, puis aux Manfredes, puis aux Ruariens, finablement au Pape, qui la tient aujourd'huy paisiblement.

Apparition du père de Louis Alodisien, qui vint prédire la perte de cette ville. A propos que j'ay dit cy dessus que les Alodisiens ont esté seigneurs de Imola, je vas raconter quelque histoire qui donnera au nez de ceux qui ne croient l'apparition des morts.

Louys Alodisien, seigneur d'Imola, envoyat un jour son secrétaire à Ferrare, auquel le père dudit Louys, qui estoit mort quelques jours auparavant, s'aparut à cheval avec un esprivier sur le poing, luy donnant charge de dire à son fils qu'il vinst le lendemain le trouver en ce mesme lieu, faisant entendre qu'il le vouloit advertir de quelque chose d'importance. Le secrétaire estant de retour, ne fut grandement ouy dudit seigneur Louys, lequel soubçonnoit que ce fust plustost quelque couverte embuche que chose de soy mesme véritable. Et partant, il y envoya quelque aultre. Adoncq l'esprit qui estoit encore au mesme lieu, retourna se plaindant de son fils et luy faisant seulement sçavoir pour lors que, dans 22 ans et un mois, à certain jour qu'il nommoit, il perdroit sa ville et ses moiens. Le temps révolu, l'armée de Philippe, duc de Milan, duquel ledit seigneur n'attendoit que toute faveur, vint couvertement surprendre la ville et ledit seigneur Louys fut lors rendu prisonnier.

Vinchant revient à Bologne. Continuant de Imola la voie Émilienne et approchant Bouloigne, l'on viend à descouvrir la Tour Asinelli, 2 lieues de long, laquelle s'apparoit tousjour au milieu des ourmes ou aultres arbres, qui sont plantés à deux costez du chemin, qui est bien droit, plat et plaisant, lequel ressemble plustost à une gallerie d'un jardin de prince que non pas à un chemin champestre.

Ayant passé le susdit chemin arboré, je parvind à Bouloigne la Grasse.

Musicienne aveugle. Facultés spéciales de divers aveugles nés. Estant à Bouloigne, je vis une femme aveugle, maniant aussi bien la harpe que le plus clervoiant et expérimenté en ceste science. Et comme elle jouyat en publique demandant la charité et son pain, chacun s'arestoit, mais notamment la noblesse.

Je peulx icy remarquer que si ceste femme manquoit en vue, la nature l'avoit doué d'un gentil esprit en récompense de ce défaut.

A ceste occasion, nous parlerons des aveugles qui ont esté doués de belles qualitez.

Au siècle xve, on a veu en Flandre Jean Ferdinand, aveugle né et pauvre, lequel surmonta touteffois tellement ces deux difficultés ennemies des hommes doctes, qu'il devint docte poëte et philosophe ; oultre plus si excellent musicien qu'au grand plaisir de tous ceux qui l'escoutoient, il jouait excellemment de diverses sortes d'instrumens de musique, mesme composa de sa mémoire quelques chansons musicales fort harmonieuses à quatre et 5 parties.

On at bien aussi merveille en un certain aveugle, natif de Malines en Brabant, appellé Nicaise de Werde. Il devint aveule lorsqu'il n'avoit pas encore 3 ans accomplis ; néantemoins et profita tellement en toute doctrine divine et humaine (combien que jamais il n'eust veu ni A, ni B) que tous en furent esmerveillez. Il fut fait maistre ès arts à Louvain, régent des escolles à Malines, puis créé licentié en théologie, leut en publique les livres des évangiles. Depuis ayant receu en l'académie de Couloigne le degret de doctorat en droit civil et canon, il y leut publiquement en l'escolle les livres de l'un et l'autre droit récitant ces textes par cœur et continua longtemps en ceste profession . . . .

J'ay veu de mon temps en la ville de Louvain un aveugle né, lequel estoit très subtile philosophe, et leut la philosophie à la jeunesse au collège du Chasteau.

Couronnement de l'empereur Charles-Quint à Bologne en 1530. Je veux maintenant traicter du coronnement de l'empereur Charles V en la ville de Bouloigne par le pape Clément 8 ; de suite du convive que ledit empereur fit et tiercement le nombre des empereurs et leurs vies en sommaire. J'avoy proposé de le ranger après le catalogue des papes, mais d'autant que cela eust esté, selon qu'il m'a semblé, facheux au lecteur qui n'eust pas trouvé de variété, je le coucheray icy incontinent plus proprement, puisque nous faisons mention du coronnement de l'empereur Charles V.

[Vinchant présente ici une dissertation sur l'élection des empereurs d'Allemagne, un récit détaillé du couronnement avec le texte de son discours et de son serment, enfin une suite biographique des empereurs romains depuis Jules César jusqu'à Mathias, élu roi des Romains, à Francfort, le 13 juin 1612.]

Jurisconsultes de l'université. Étudiants étrangers. Factions des familles nobles entre elles. Je poursuyvray maintenant mon voiage de Bouloigne à Venise. Mais avant de partir de Bouloigne, j'avoy volonté de mettre entre mes mémoires le nombre des jurisconsultes et docteurs en droitz qui se voient de ça et de là parmi les escolles publiques et les effigies avec des escriteaux. Mais je m'arresta à ce qu'a escrit Nicolaus Leornius, silensien, qui traite les lieux nataux des jurisconsultes d'Italie.

A cause qu'ils se trouvent tousjour bons maistre et docteurs en toutes artes et sciences à Bouloigne, aussi contient-elle tousjour grand nombre d'estudians de diverses nations, mais un mal est que entre iceux souvent arrivent des tumultes et divisions. Mais ilz sont bien tost assoupies à cause du peu de demeure qui faisent les estrangiers.

Mais bien sont plus de durée ces factions qui peuvent arriver entre les familles nobles de ceste ville qui sont plusieurs, car à cause du rencontre continuel des mescontentans, la haine se continue, sinon ouvertement, touteffois couvertement.

Chapitre XX. — *Le duché de Ferrare.*

La rivière de Rin. Canal latéral et souterrain de dérivation. Partant de Bouloigne, je m'embarqua sur le canal de Bouloigne, qui at esté fait depuis ceste ville jusqu'à la rivière du Rin, duquel parle Silvius Italicus, lorsqu'il dit : « *Parvique Bononia Reni* ».

Entre les eaux des rivières d'Italie bonnes à boire, celles du Rin sont fort recommandées, car elles sont salutaires à cause qu'elles proviennent des bains dits de la Poretta, situés aux Apennins.

Touteffois ceste rivière n'est pas d'un fort coulant, ni abondant en eau, cause pourquoy entre Ferrare et Bouloigne l'on a fait faire des tenues d'eau de parte et d'aultre pour faire mieux passer les navires chargés de marchandises, et avec autant d'artifice humain, comme j'ay peut remarquer. Car comme ceste rivière se descoule en aulcuns endroits d'un lieu éminent, plain de rochailles jusque en bas, et comme les navires ne peuvent suivre ce cours pour le péril, l'on a cavé la roche jusqu'à la reprinse de la rivière d'en bas. Ceste concavité se remplit d'eau courante en fremant les tenures d'en bas, et les navires arrivent se rencontrant en ceste concavité, l'on viend à serrer les tenues de dessus et à ouvrir celles de dessoub ; tellement que les eaux s'escoulant par en bas, les navires se dévallent peu à peu jusque à tant que le reste d'eau viend à fleur de la rivière d'en bas.

Mais avant d'arriver à la rivière, l'on traverse avec obscurité une longue allée ou canal siselé et voulté en roche. Et encore avant cecy, comme le navire est du tout dévalé, l'on s'estonne comme on peut estre si séparé des tenures de dessus, tant elles sont haultes, et comme on peut estre en ceste concavité sans aucun péril et danger, tant sont ces tenures fortes et serrées avec catenats en molin de fer. Car manquant ceste forteresse, les eaux se prévalans submergeroient en un moment tous ceux qui sont en navires.

Confluent du Rin et du Pô. Inondation de la contrée. Oiseaux aquatiques. Aiant esté quelque espace sur ceste rivière, nos barquerots nous firent entrer dedans le canal St. Martin, qui est une contrée avoisinante Ferrare, laquelle a esté inenondée par le débordement qui s'est fait à l'endroit où la rivière du Rin rencontre le fleuve du Pô . . . . .

Ainsi le Rin et le Pô se sont rendus maistres d'une grande contrée de villaiges, remplie d'eau et de roseaux, entre lesquels, lorsqu'on les traverse, on rencontre grand nombre d'oiseaux surnageans, que les Ferrarois prendent, pour le vivre et manger ; ce qui est une chose belle et plaisante à veoir, mais pitoyable de veoir tant de maisons submergées desquelles l'on void encore les sommets. Ce qui me fait considérer que les espritz des hommes sont bien en grande perplexité, ou bien perdus, quand tel accident advient ; et tel contre lequel on ne peut obvier et apporter remède et en saison lorsqu'on est en repos et qu'on y pense le moins.

La ville de Ferrare. Académie. Palais du duc de Ferrare et du cardinal d'Est. Aiant passé ce debordement d'eau susdit, je vind à la ville de Ferrare, laquelle est assise sur le Pô, au long duquel l'on void plusieurs maisonettes, où sont logez ceux qui ont soigne des digues contre cest fleuve.

Elle est grandement marchande et presque inexpugnable à cause de la rivière du Pô qu'on peut faire inonder aux environs. Mais d'autant qu'elle est assise en un lieu marescageux, l'air y est grossier et malsain aux estrangiers. Toutelfois les habitans ne s'en plaintent pas ; cause pourquoy elle est bien peuplée. Et en icelle l'on void des magnifiques et somptueux bastimens, des rues larges, les bourgeois riches ; elle est remplie de familles très nobles.

Il y a icy une académie bien renommée, qui fut instituée par l'empereur Fréderic 2, en despit des Bouloignois pour gratifier les seigneurs de Ferrare.

[Vinchant fait ici une dissertation historique sur les ducs de Ferrare.]

En ceste ville, au milieu d'icelle, se void le palais jadis des ducs, lequel est très beau et capable pour la cour d'un Roy, environné de fossez remplis d'eau, sur lesquels y sont des ponts industrieusement faicts.

L'on void encore le superbe palais du cardinal d'Est. Il est à l'extérieur basty en face de pierres à pointes de diamans et en formes quarrées.

Sur la place l'on void deux statues équestres sur cheval de bronche de deux princes de la maison d'Est. Le tout est relevé sur deux haults piedestals de matière de marbre.

Quant à aultres remarques, la ville est belle, comme je l'ay dit cy dessus, et ne le cède guère à Florence, fors qu'elle n'est si grande, si peuplée, ni si marchande.

Tremblement de terre de 1570. Ceste ville a beaucoup pasti et enduré l'an 1570, l'espace d'un an entier, par un tremblement de terre qui renversa et ruina plusieurs édifices.

Ce tremblement en l'espace de 40 heures recommença par cent cinquante fois, dont le duc fut contrainct par trois fois de fugier, en divers endroits de ses jardins, ses tentes et galleries, à cause que son palais branla par trois fois. Mais encore que ce tremblement eust apporté grand désastre en ceste ville, si est touteffois que les bastimens ruinez ont esté refaitz depuis avec plus de somptuosité et d'embellissement que paravant.

Et d'autant qu'elle est maintenant soub l'obéissance du pape, elle eut cest honneur qu'en icelle furent célébrés les cérémonies du mariage de Philippe 3, Roy des Espaignes, avec Marguerite d'Autriche, y estant présent le pape Clément 8, grand nombre de princes et affluence de peuple.

[Vinchant introduit dans son œuvre une longue relation tant de ce mariage que du voyage des époux jusqu'en Espagne.]

Atelier typographique. Traditions sur les inventeurs de l'imprimerie. Je laisse le reste derrière, craindant d'estre trop long. Il sera maintenant temps de retourner à Ferrare et regarder s'il n'y a encore chose digne de remarque en icelle ville.

J'alla veoir la maison de l'imprimerie, où l'on void 7 à

8 presses, avec grand nombre de gens qui y travaillent. Considérant ceste artifice, il est certain que c'est l'une des plus subtiles et utiles inventions de l'homme.

Pour sçavoir qui en auroit esté le premier inventeur, il est incertain. Voilà touteffois ce qu'en dit Polydorus Virgilius : « Jean Guthembergh, allemand, noble personnaige, at premièrement inventé l'art d'imprimer en la ville de Mayence, où il l'a premièrement mis en pratique, avec une certaine sorte d'encre qu'il inventa et accommoda. Xvj ans après, qui estoit l'an 1458, un certain Allemand, appelé Conrad, apporta en Italie ceste art et le mit en besoigne à Rome. Et de plus, un certain Nicolas Jenson, François de nation, amplifia ceste artifice ».

Voilà comme parle Polydore Virgile, qui dit que, par ceste imprimerie, l'on a trouvé que plusieurs personnes ne pouldroient l'espace d'un an, lire autant de lettres qu'un seul imprimeur en pouldroit former seulement sur l'espace d'un jour.

Maiolus, considérant l'utilité de ceste arte, dit que par icelle toutes sortes de sciences sont apparues; que par icelle on apprend toutes sortes de langues, tellement que les pauvres mesmes ont la commodité de s'adonner à diverses sciences par peu de frais et despense; tellement que les escrits de divers autheurs ne périssent plus, mais bien se conservent.

Il se trouve touteffois aulcuns autheurs qui sont d'opinion avec le bruit qui est icy, que ceste arte auroit esté inventée auprès des Hollandois, et que l'inventeur d'icelle mort, ses parens se sont transportés à Mayence, où ils ont mis en usaige ceste arte.

Il se trouve encore une chronique qui traicte en brief les vies des papes, imprimée en Allemaigne, laquelle fait mention d'aulcuns inventeurs de ceste arte. Et premièrement elle nomme **Jeaque Guthemberg**, et puis **Faustus** en Allemaigne, vivans sous le pape Pie 2. Puis elle nomme ceux qui premièrement ont imprimé à Rome : si comme Conrad, Suve, Yzeim, Arnoul Pannartz, Ulderic gaulois.

Or, soit qu'il soit, l'autheur, il est certain que ceste arte est utile et provenante d'un esprit bien subtile.

Il faut icy noter que ceux quy ont hanté les Indes, comme le Père François Xavier et Jean Barrus, disent qu'ilz ont trouvez à leur arrivée que l'on vendoit et voyoit des livres imprimés en langue indoise et langue cinoise, et que partant l'invention de l'imprimerie seroit seulement nouvelle en Europe.

[Vinchant mentionne l'église cathédrale de Ferrare et les églises de Saint-Dominique et des Carmes, et donne une notice sur Jérôme Savanarolle, religieux dominicain, brûlé vif en 1498.)

Francolino. Certificat sanitaire. Voyage en barque sur le Pô. De Ferrare, je fus à Francolino pour aller à Venise sur le Pô, où il appert avoir esté autrefois un chasteau qui est maintenant presque ruiné. Icy l'on y trouve bonnes hostelleries. Et faut noter que, en ce lieu, faut prendre bulletin de santé, car aultrement l'on auroit difficulté pour entrer en Venise, principalement en temps de contagion.

Doncq nous fusmes plusieurs qui entrasmes en la barque; et à l'entrée nous fallut payer quelque droit : ce que nous n'y entendions pas.

Perceptions de multiples redevances. Les uns vivent aux dépens des autres. A la vérité, c'est une chose estrange que, en Italie, à tous rencontres de passaiges, les passaigiers sont ainsi vexés et taillés, chascun tache de prendre sur son compaignon ; les seigneurs sur leurs sujects et les estrangiers.

Je veux icy rapporter bien à propos l'estat de ceulx qui s'estudient à piller aultruy :

 « *Devorat agricolam Rex; Regem tyro; sed illum*
 Usurator edit; comedit sed presbyter istum;

Presbyterum meretrix ; meretricem leno remordet ;
Lenonem caupo ; sed cauponem parasitus ;
Illum sexipedes ; simia heptipedes ».

J'ay leu cecy tourné d'une aultre façon en langue françoise; mais c'estoit pour monstrer que toute rapine trouve son passeport auprès du singe ; voicy les verses :

. . . .
Entendez la façon comment
Les usuriers premièrement
Mangent tous les bons labouriers,
Et les Princes, les usuriers.
Puis les Clercs en toutes provinces
Du monde mangent les Princes.
. . . .
Et les sergeans sont coustumiers
D'estre mangez des taverniers.
Les taverniers des mal payans,
Sont mangez, passé cent ans.
. . . .

[Pour l'honneur de Vinchant, nous omettons les rimes du commencement, du milieu et de la fin de cette pièce. La grossièreté du langage et des mœurs du temps expliquent qu'un prêtre ait pu copier une telle production.]

Scène dialoguée de deux étudiants de Bologne. Retournons à nostre voiage. Estant donc de nuit par navire conduitz sur le Pô, nous passasmes ladite nuict avec autant de plaisir que se peut rencontrer, car deux Italiens, estudians de Boloigne, se mirent à faire une comédie. L'un représentoit un amant, l'aultre une amante, et parloient autant avec dextérité l'un après l'aultre, sans aulcune hésitation, que toute la compaignie estoit estonnée. Et ce qui augmentoit davantaige récréation, c'est qu'iceulx, par intervalles, touchoient des instrumens musicaux ensemble. Certe toute ceste action se passa avec tel contentement d'un chascun, qu'ilz furent grandement louez.

États vénitiens. Chioggia. Ouvrières brodeuses travaillant sur la voie publique. Cependant nous arrivasmes à Chioggia, première ville des Vénitiens, où nul ne peut entrer sans le bulletin de santé. Ce qui fut cause que leur monstrant le nostre, ils nous donnèrent permission de mettre pied à terre. Je ne peux remarquer quelque chose en ceste ville, d'autant qu'il estoit environ minuit quand nous y abordismes.

Touteffois aulcuns disent que de jour l'on voit, de parte et d'aultre, filles et femmes travailler à fil de soie et d'or, parmi les rues, estantes assises à leur huys. Ce qui est assez estrange, parce que en toute l'Italie, elles n'ont pas si grande liberté; mais c'est quelque particulière usance qu'elles ont en ceste ville, laquelle n'est pas bastie en terre ferme, ains dans petites isles. Et encore dit-on qu'elle at une Grande Place au milieu, qui contient pour le moins un quart de lieue de long et environ 100 pas de large, ornée de belles maisons de deux costez. Or nous prismes icy nostre réfection.

Chapitre XXI. — *Venise.*

Entrée à Venise. Vinchant est conduit en gondole par un hôtelier. Et aiant prind billet de santé, nous partismes sur la mer après Venise, à laquelle nous arrivasmes 3 heures avant le jour. Mais nous convient slater quelque espace pour faire apparoistre nostre passe-port de Chioggia; lesquels ayant esté présentez aux seigneurs de la santé, nous donnèrent licence d'entrer. Sur ce certain hostelain estant adverti de nostre arrivée, vind au devant de nous; et trois de nous aultres le suyvasmes en son logis par gondole, où nous fusmes très bien logez et couchez.

Étrangers logés dans cette hôtellerie. Vinchant va se loger ailleurs. Mais ayant reposé jusque au grand jour, je vis bien en ceste maison chose estrange, car j'aperceu que toutes les places du logis estoient toutes places locantes, et qu'en chascune d'icelles estoient logés des seigneurs et gentilzhommes estrangiers avec des suivantes. C'est pourquoy voyant tel désordre, je changea de logis, ceste mesme journée, et me retira en aultre, où je vis presque le mesme, tant y a de libertinaige en ceste ville, où que, pourvu que l'on ne touche à l'Estat, l'on n'est pas resprins.

[Vinchant s'étend longuement sur la description de la ville de Venise, sur le gouvernement de la république, sur la dignité ducale, sur le mariage annuel du duc avec la mer, sur les banquets, sur l'élection du duc, sur des peintures historiques, enfin sur le caractère des Vénitions et des peuples des autres villes d'Italie.]

Canal de Venise. Pont du Réalto. Ce canal principal est tout remply de gondolles qui sont garnies par le dedans de riches ornemens, les unes de velours rouge, verd, bleu, jaune, ou les aultres de damastre en mesmes couleurs.

Sur ce canal, fut fait, du temps d'Alexandre, pape, et de Frédéric Barberosse, le premier pond de bois dit Realto, lequel est long de 130 pas et large de 40. Et présentement il est faict de massonerie en voulte, ayant deux ranges de maisons sur le dessus et trois chemins pour passer entre icelles. Les costez du pond sont garnis d'un grand nombre de piliers de marbre, qui est une chose belle et plaisante à veoir.

La bourse et les négociants. Communément sur ce pond et là assez près, est le lieu de la bourse où les marchans chacun jour y arrivent à certaine heure et y demeurent l'espace d'une heure entière pour entendre à leurs négociations et trafique. Là vous y voiez une infinité de marchans de toutes nations. On void leurs façons de faire diverses. L'on y remarque la variété des langues et des habillemens.

Institutions religieuses. En ceste cité, il se retrouve : 70 paroisses, xj églises, plus de 45 monastères, à sçavoir 21 de religieux de 25 de nonnains, et 20 hospitaux pour les malades, pèlerins et pauvres passagiers.

Marchés. Place de Saint-Marc. Quasi chacune église a sa Place, où se vendent le mercredi toute sorte de denrées, comme en un marché publique. Mais comme j'ay parlé cy dessus en particulier premièrement du canal, je mettray en second lieu « La Piazza di santo Marco », laquelle est composée de 3 places unies ensemble, longues de 400 pas et larges 130, toute environnée de beaux et somptueux édifices de marbre, presque touts d'une mesme façon avec galleries ou portiques, dessoub lesquelles sont de beaux boutiques remplis de toute sorte de marchandises.

Procession du Corpus Domini. Suite de ce cortège. Autour de ceste place se fait tous les ans, le jour de la feste du *Corpus Domini*, une procession solennelle en ceste sorte.

Premièrement marchent les confrairies pieuses et pénitentes qu'ils appelent *Scole ;* les confraires desquelles sont tous vestuz d'un cilice blanc, qui est un vestement long, pendant jusque à terre, n'aiant que deux pertuis petits au caperon pour veoir par iceluy qui en est vestu, où il va. Mais pour discerner les compaignies l'une de l'aultre, chaque confrère porte une marque sur l'espaule.

Et sont six confrairies en nombre ; à sçavoir : celle de St. Marc, celle de la Miséricorde, de St. Jean Évangéliste, de la Charité, de St. Roch et de St. Théodore, instituées pour exercer à faire toutes œuvres de piété : comme de procurer l'entraitement des malades ; de consoler, conduire et ensevelir les condamnés à mort par justice ; marier les pauvres filles ; et aultres semblables œuvres de charité. Lesquelles confrairies ont des chambres très magnifiques où se font leurs assemblées pour consulter sur le fait de leurs offices et charges. Ils font porter èsdites processions devant eux des candeliers longs et haultz, les uns d'argent, les aultres de bois doré ou argenté.

Après lesquelles confrairies sont un grand nombre d'enfans, fils et filles. Les fils sont accoustrez en guise d'anges, et les filles en petites vierges à l'antique, portant chacune en leurs mains une paire de gands et quelque vaisselle d'or ou d'argent. Puis se voyent les fiertres des corps saints, qui sont portez soub des baldaquins. Après lesquels suivent les gonfalons, les musiciens et les confrairies de mestiers, tous portans des bassins, aiguières et aultres argenteries fort riches. En après suyt le grand capitaine avec les officiers de la seigneurie. Et puis marchent les religieux des monastères, tant de la cité comme des isles circonvoisines, revêtus des plus riches ornemens qu'ilz ayent, portant aussi en mains des calices et vaisselle d'or et d'argent; lesquels sont suyvis des presbtres séculiers de tous les collèges et paroisses, avec le Patriarche de Venise, surnommé encore d'Aquilée, lequel est suyvi des domestiques du prince, et une infinité d'hommes portans flambeaux et targes de cire blanche. Tout le collège de l'église St. Marc marche après les susdits avec le St. Sacrement de l'autel, posé en un ciboire fort grand de fin or, porté sur les espaules de 4 presbtre revestus d'ornemens fort riches, soub un baldaquin ou timbre de mesme richesse, porté aussi par six chevaliers. Puis derrière vient le Duc, accompaigné du Légat et des ambassadeurs des princes estrangiers, suyvy de ses conseillers et du Sénat. Et lors les plus honorables d'iceux conseillers mettent à leur costé droit les pèlerins désirant faire le voyage de Jérusalem.

Tout cecy se pratique en la place St. Marc.

[Vinchant mentionne ensuite l'église de Saint-Jacques, apôtre, bâtie en l'an 421, ainsi que les colonnes de marbre supportant le lion de Saint-Marc, comme aussi une statue de Saint-Théodore.]

Le palais du doge. Bibliothèque. A costé de la Place

St. Marcq, se void le palais de la Seigneurie, auquel réside le Duc et celuy de la librairie, tous deux égal en longueur et différent en haulteur. Cestuy de la librairie est soustenu de 20 arcades. Ceste librairie at esté grandement garnie et remplie d'une infinité de livres que ce grand et très docte cardinal Bessarion légata à la seigneurie de Venise par testament. Et en sa vie cest personnaige se monstra grandement libéral à l'endroit du poëte Jean Anthoine, Campaignois, qui fut depuis évesque d'Aretin, car comme iceluy eut composé 20 verses en sa louange, pour chacun d'iceux, luy donna un escut d'or, un anneau d'or valisant 70 escuts d'or, et finablement des peaux de mustelles que le Roy de Pouloigne luy avoit fait présent, lesquelles estoient de grand prix.

Retournant au palais du Duc, cestuy est basty de marbre blanc, couvert de plomb et enrichi de belles statues qui sont alentour de la couverture. Il est de forme quarrée entremêlé de porphire. Au premier rencontre, l'on void deux grandes salles où s'assemblent les principaux conseils. Elles sont longues de 60 pas et larges de 21, on les nomme ordinairement les salles de « *Scrutinio* » et « *pregadij* », lesquelles sont ornées de très exquises painctures, représentantes les victoires cy-dessus mentionnées remportées par les Vénitiens sur leurs ennemis et adversaires.

Musée d'armures. En ce mesme palais, se void encore des chambres haultes appelées l' « *Armentario* », où sont gardées et mises par ordre plusieurs armes anciennes cy devant rapportées des despouilles des victoires obtenues par la seigneurie sur plusieurs princes estrangiers, et d'aultres bien rares, qui luy ont esté présentées et données, à sçavoir grand nombre de brigantines couvertes de satin, velours et failles d'or frize de toutes couleurs; des corselets dorez avec les armoieries de ceulx qui s'en sont servis. Plus y a grand nombre d'arbalestres, arcs à la main, flesches, espées, cimetères, turquesques, halebardes, pertuisanes, lances, piques, armettes de teste, escuts, et plusieurs belles armures enrichies d'or, d'argent, pierries gravées, pour armer non simples soldats, ains les Ducs mesmes, les sénateurs, les chefs d'armée, et telles personnes de grande qualité. Davantage l'on y void une couleuvrine de fer fort industrieusement élabourée, garnie en fer, mesme ses roues d'argent en partie doré.

Item une lanterne telle qu'on met sur les naives ou gallères admirals, toute de cristal de roche, haulte de trois coudées, aiant les corniches en pied d'argent et élabourée merveilleusement bien.

Item une lampe de bronze que l'on trouva en un sépulchre qui avoit ars 800 ans. Wolfangus dit que ceste lampe at esté trouvée à Padoue, où le feu ardoit encore. Il dit que les anciens avoient telle industrie qu'ilz faisoient dissouldre de l'or en une liqueur de graisse, laquelle entretenait le feu pour plusieurs siècles. Ce que confirme Appian le mathématicien en son livre des Antiquités . . . . , . . .

Martinus Delrio en ses Disquisitions magiciennes, lib 1°, cap. 5, quest. 1, estime que seroit esté un alchimiste qui auroit dédié à Pluton ceste liqueur, ayant receu de l'invention.

Item l'on void une espée de la Ligue, ayant son fourreau tout semé de lys.

Item deux cimetères et habillemens de drap de soye que les neveux ou ambassadeurs du Roy de Japon y ont laissé pour mémoire.

Item un cadenas servant au bas d'une femme, que l'on appeloit « *Il remedio di gelosi* ».

Item un estandard du général des gallères turquesses.

Puis en dessoub se voyoient les armes de Ludovico Ursino, qui fut décapité en Padoue avec ses complices, par l'ordonnance du Sénat Vénitien en l'an 1585.

Trésor de l'église de St. Marc. Bois de licornes. Joignant le palais ducal est la magnifique église de St. Marcq, laquelle fut bastie du temps de Sébastien Ciane, duc. . . . .

[Vinchant fait une description de cette église et des objets précieux de son trésor.]

Item certaines cornes qu'on dit estre de Licorne, presque de la haulteur d'un homme. On tient qu'elles viennent du masle et de la femelle. Celle du masle est plus grosse, et celle de la femelle de beaucoup plus blanchastre.

Sur ce je dis en passant que André Thenet, en sa Cosmographie, maintient n'y avoir licorne au monde; mais il dit que les cornes que l'on nous monstre, soub le nom de licorne, seroient plus tost cornes de l'asne indois ou monocéros ou rinocéros, et il en discoure amplement au 1 thome, cap. 5, lib. 5, fol. 129, 130. Mais plusieurs hommes très doctes tiennent qu'elles proviennent d'un poisson de mer. Qui en vouldra sçavoir plus amplement, qu'il lise le cap. 13 du 1 livre des observations de Pierre Belon.

[Vinchant achève la description de l'église de Saint-Marc. Il signale l'horloge. Il mentionne l'arsenal où l'on travaille pour la marine, l'île de Morano à un mille de Venise et le monastère de Saint-Pierre, martyr.]

Verreries. On peut entrer dedans les ouveroires des voirriers et veoir faire les voirres de cristal qui sont par tout le monde renommez, lesquels se faisent de diverses façons, couleurs et artifices, chose autant belle, riche et plaisante à veoir que l'on sçauroit inventer. Les voyans besoigner, vous admirez leur esprit, habileté et sçavoir, pour ce qu'ilz ne font tant seulement voirres, potz, tasses, platz, assiettes, chauderons et tels semblables ustensiles, mais des galères, chasteaux, artilleries, tours, chariots et mesme des orgues de cristal.

[Vinchant fait ici une énumération des reliques qui reposent dans les diverses églises de Venise et transcrit les épitaphes qui s'y trouvent.]

Couvent des pénitentes. Offices chantés en musique. Puis je conseille aux curieux de fréquenter les églises et principalement celles des compaignies pénitentes, car il y entendra chanter en ceste manière : premièrement les voix, les orgues, les violes, les cornets à bouquin, luts et aultres petits instrumens, tous accordez ensemble. Et après avoir chanté un verset, il y a d'aultres orgues, musiciens et instrumens qui chantent la seconde. Lequel finy, les voix et cornets à bouquin commencent le tiers. Puis les orgues, un enuque, un violin et la basse-contre du cornet à bouquin, le quatriesme. Et ainsi consécutivement des aultres. Tellement que par après venans à chanter tous ensemble, il n'y a si grand calviniste ou athéiste, qui n'eslève son cœur à méditer les choses célestes considérant les terrestres si excellentes.

Culte grec. Qui vouldra encore veoir aultre chose, qu'il se trouve aux églises des Gréciens, derrière le palais, qui célèbrent leurs offices en langue grécienne non vulgaire, et ne célèbrent qu'une messe le jour aux églises parocialles, mais plusieurs aux monastères. Ils consacrent un pain gros et grand comme celuy d'un souls. En leurs liturgies, ils ne se mettent à genoulx, si ce n'est le jour de la Ste Trinité ; et ce jour là seulement, ils oyent la messe à genoulx. Leur patriarche est tousjour un moyne de St Basile, jamais marié. Les mariez gréciens se peulvent rendre presbtres retenant leurs femmes. La femme estant mort ou luy, l'un ou l'aultre ne se peut remarier, mais se rendre moyne.

Costumes des Vénitiens. Robes et coiffures des hommes. Quant aux habits vénitiens, les nobles portent longue robe comme les presbtres : en esté, ouverte, et en yver, cinctes d'une cincture qui ne peut être d'un certain prix. Ces robes sont fourées en hiver à manches estroites aux mains et aulcunement larges et ouvertes au ployant du bras, lesquelles ilz appellent à la Dogaline. Il n'est permis à aulcun d'estre ainsi vestu, s'il n'est gentilhomme, ou réputé tel par permission du

Sénat. Et sont ordinairement les dites robes de couleur noire, excepté celles de ceux qui sont dudit sénat ou magistrat, lesquels les portent rouges ou violettes, chacun selon son degré, et à manches fort larges pendantes, ouvertes depuis la main jusqu'à la terre; lesquelles robes on nomme à la Comée ou Ducale.

Les chevaliers et docteurs en droit les portent comme ilz veulent, à sçavoir de velours, damas ou satin incarnat, avec l'estolle de drap ou toilette d'or sur l'espaule. Et quant aux sénateurs, iceux portent l'estolle de velours.

Sur la teste, ilz n'ont qu'un petit baretin rond sans bordure, couvrant seulement les cheveux; au lieu duquel ils souloient porter des chaperons à larges pendants, lesquels sont convertis en susdites étolles, desquelles ils se couvrent le chef quand il pleut. Aussi nul d'entre eux ne porte espée, fors le grand capitaine qui a la robe fendue au costé gauche, et luy void on porter ladite espée pendant au long de la jambe.

Ces gentilzhommes, quelque grands et riches qu'ilz soient, ne peuvent estre accompaignés d'aucun sénateur par les rues, ni aller en plus grande réputation que les moindres ou les plus pauvres, réservé ceux qui sont en office ou estat. Et ne peuvent leurs barquettes ou gondoles estre parées ou couvertes que d'une sorte de drap noir de petit pris.

Tous les gentilzhommes indifféremment sont traictez ou qualifiez du tiltre de « *Magnifico* et *clarissimo signor* », et les docteurs en médecine d'Excellence, et les chirurgiens d'Excellents.

Toilette des dames. Les dames s'habillent de robes busquées devant et derrière, à corps assez longs, toutes quasi de drap, serge ou rase noire, sans pouvoir excéder le pris ordonné. Elles sont faictes toutes d'une façon et d'une mesme mesure, car les petites les font rembûrer à l'advenant, estant montées sur des patins ou pinelles de haulteur convenable à leur stature, tellement qu'il y en a qui passent un bon pied de haulteur; et ainsi elles semblent en marchant estre toutes d'une mesme haulteur et grosseur, et ne peut-on bonnement apercevoir si elles sont haultes ou petites, fors qu'aux bras, qui ne peuvent se ralonger.

Celles qui sont mariées vont à face découverte, ayantes les cheveulx en forme de deux cornes, haulte quasi demy pied au dessus du front, et elles se font des cheveulx blonds par artifice de lavement.

Elles ne portent rien autour du col qu'un chapellet de perles de nombre limité, mais les unes plus riches que les aultres, jusqu'aux pauvres qui en ont de contrefaites de cristal.

Sur la teste, elles portent une crespe noire qui leur pende jusque au bas des espaules. Sur le devant leurs robes sont ouvertes et envasées, depuis lesdites espaules.

Elles ne peuvent aller par les rues, ny dans les églises, sans estre accompaignées des aultres femmes, tant pour la renommée que pour la difficulté quelles ont de cheminer avec leurs pinelles. Néantemoins ont les void faire caprioles avec les dites pinelles sans les déchausser.

Les velves et les jeunes filles allant en publique, ont les faces couvertes d'une crespe noire qui leur pend jusque à la cincture, laquelle elles soublévent de la main pour veoir où elles marchent, mais les jeunes damoiselles de qualité depuis l'éage de 40 ans ne sortent de la maison et ne sont plus veues tant qu'elles soient mariées, si ce n'est au jour de Pasques qu'elles vont à la sainte communion.

Quant aux hommes plébés et vulgaires, ou artisans, ils ne peuvent porter la robe longue sans licence ; mais ils se vestent courts, comme les aultres Italiens.

CHAPITRE XXII. — *Padoue, Mantoue, Vicence et Vérone.*

Départ de Venise le 16 décembre 1609. Partant de Venise pour Padoue, je fus curieux de monster au plus hault de la navire pour contempler un peu de long l'assiette de ceste ville, laquelle je trouve grandement admirable et plaisante, semblable à une armée rangée. . . . .

Le 16 décembre, je parta de Venise pour aller à Padua. Ayant passé donc le golfe, j'entra le territoire de Padua, estant sur la rivière de Brenta.

Territoire de Padoue. La rivière de Brenta. De laquelle les Vénitiens ont empêché l'embouchure en la mer, détournant son cours d'aultre costé pour la crainte qu'ils avoient que ceste rivière, apportant quant soy grande quantité de sable, n'emplissat les concavités de parte et d'aultre, et qu'ainsi il pouldroit engendrer un chemin de pied jusque à Venise.

Estant doncq sur ceste rivière, nous veismes à Lucitusma, qui est un lieu où les navires sont dévallés en bas, ou attirés en hault par certain engin qu'ils appellent « *il carro* ».

Padoue : ses monuments. Tombeau de Tite Live. De là entrasmes Sutra, petite ville de laquelle l'on va droit à Padua sur un canal que l'on at fait pour la commodité du traficque.

La ville de Padua, comme l'on dit, fut jadis bastie par Antenor, Troyen, ainsi que le dit Virgile dans son Ænéide.

Padua est bastie dans les paluz, par lesquels la rivière Brenta a son cours. Elle est environnée de triples murailles avec les fossetz profonds, et tellement remplis d'eaues que l'on y navigue dessus à l'occasion d'un canal tiré de la rivière Brenta. . . . .

Vous voyez par ceste ville beaux ponds de pierre, places amples et spacieuses, beaux temples, palais magnifiques et aultres bastimens signalés. Entre lesquels est celuy que l'on nomme le Grand Palais, assis sur le marché, lieu où l'on administre la justice. Il est tout couvert de plomb. Y sont des belles peintures et statues des personnaiges illustres paduans, qui se sont rendus immortels par leur sçavoir et vertus.

De Titus Livius, historien, l'on void des vers dedans ladite maison de ville. Quant aux os de T. Livius, on dit qu'ils sont reposans dans un sépulchre de marbre, au bout d'icelle salle avec une inscription antique, qui est telle :

» *Titus Livius Liviæ T. F. quartæ V. L. F. Italijs*
» *Concordialis patavi sibi et suis omnibus. Obijt*
» *IIII Tiberij Caes. anno. Natus LXXVI annos.*
  » *Ossa*
» *Titi Livii Pictavini unus omnium mortalium*
» *Judicio digni cujus prope invicti calamo populi*
» *Ro. res gestæ conscriberentur* ».

Université. École de médecine. Jardin des plantes. Frédéric II, empereur, y dressa une des plus belles et fameuses universités de toute l'Italie, en laquelle floryt principalement l'estude de la médecine, y ayant un beau jardin entretenu par la seigneurie vénitienne pour exercer à la cognoissance des simples, les escoliers médecins. Ce jardin est garni de diverses plantes tant médicinales que vénimeuses qu'à grands fraix l'on at fait transporter de divers endroits du monde. Entre aultres l'on y void l'arbre de Gaiac y croistre, que, je crois, ne croistre en aultres places de l'Europe.

L'on enseigne la théorie de toute sorte de sciences en une belle et magnifique place, où sont diverses escolles. Sur le frontispice d'icelle se void au dehors escrit ce qui s'ensuit :

» *Sic ingredere ut te ipso*
» *Quotidiè doctior, sic egredere ut in dies*
» *Patriæ, christianæ reipublicæ utilior*
» *Evadas.*
» *Ita demùm gymnasium se feliciter ornatum estimabit* ».

Église de Saint-Antoine de Padoue. Les églises de Padoue sont belles et riches ; entre lesquelles le temple « Del Santo », dédié en l'honneur de S. Antonio di Padoa, est très magnifique. Au dedans l'on y void les miracles de ce St., taillés en marbre par André Sansonero, sculpteur excellent, natif de Florence. Sont diverses épitaphes dans ceste église.

Monastère de Sainte-Justine. Reliques de Saint Luc. En ceste ville se void le monastère de Ste-Justine, contenant en circuit une lieue d'Italie, ayant de revenu chasque année jusque à quatre vingt mille ducats. En l'église dudit monastère sont gardez et enfermez les ossemens de St. Luc, évangéliste, dedans un tombeau magnifique d'albastre. Ceste Ste Justine est tenue pour sauvegarde et patrone de Padoue ; elle estoit fille de Vitalian, proconsul dudit Padoue, qui délivra Rome et toute l'Italie, des Goths et autres barbares du temps de Bélisaire.

Mantoue. Son insalubrité. Partant de Padua, j'estoy en surcéance si je prendroy le chemin pour aller à la ville de Mantua, que l'on dit estre située au milieu des marescaiges, que le Mince, sorti du lac Benac, fait en ce lieu, tellement que l'on n'y peut aller que sur un pond, contenant de longueur un demy mille pour le moins, tout fabriqué de pierres, et estantes à deux costés des galeries couvertes. La couverture estante soustenue de beaux piliers de briques. Le tout pour la commodité des gens de pied, car le milieu est pour les gens de cheval et de chariots.

L'on dit que ceste ville est bien plaisante ; touteffois son air n'est pas si agréable à cause du lac qui l'environne de tout costé ; ce qui cause qu'aux plus grandes chaleurs de l'année, les gentilzhommes qui ont maison champestre, sortent de ladite ville pour s'y retirer et fuir l'air grossier et quasi pestilentieux.

Le village d'Argua, séjour de Pétrarque. Or sus, je laissa d'y aller et prind le costé de Vincenza, ayant à costé gauche

les monts appellez Enganei, où au pied d'iceulx est le villaige
Argua, dedans lequel se complaisoit grandement le poëte
Pétrarque. Et l'on dit que, en ce lieu, il composa une grande
partie de ses verses. Aussi y rendit-il son âme. On y void son
sépulcre de marbre, soustenu de 4 rouges piliers, avec telle
épitaphe :

> *Frigida Francisci lapis tegit ossa Petrarchœ,*
> *Suscipe, Virgo Parens, animam, satœ virgine parce*
> *Fessâque jam terris cœli requiescat in orce.*
> " *Moritur anno MCCCLXXIV, xix julii* ".

Les bains d'Albano. De mesme sortant de Padoue pour
Vincenza, vous laissez à main gauche, à cinq milles de Padua
les excellens bains d'Albano, lesquels ont très grande vertu
pour guérir plusieurs maladies.

Mesmement la fange d'iceulx, laquelle estante apposée sur
quelque apostume la fait s'évanouir ou rendre incontinent, et
mille autres propriétez qu'ilz ont, lesquelles sont assez
cognutes d'un chacun.

Parmi l'Italie se trouvent tels bains en bon nombre, comme
aussi ès aultres endroits de l'Europe, comme les bains d'Aix-
en-Savoye, d'Aix-la-Chapelle en Païs bas ; en Lorraine, ceulx
de Plombières ; en France, ceulx de Digne-en-Provence ; de
Bourbons-près-Molins ; de Terbe-en-Bearne ; de Causse, au
païs de Cominges, etc.

Le premier lieu que je rencontra après Padoue, ce fut
Brentele, où l'on passe la rivière de Brentello, qui se joint à
celle de Brenta, d'un costé, et de l'aultre à celle de Bachi-
glione.

De là vous entrez en belles et fertiles planures qui sont du
territoire de Padoue, lequel à ceste occasion il abonde en
toute chose. Et l'on dit en proverbe : « Boloigna la Grassa,
Padua la passa ».

Vicence. Couvent des Dominicains. Or, du costé gauche, l'on rencontre le chasteau de Montegalda, situé sur une belle colline. De là ayant passé Barban, Sermego, Lerino et Torre, qui sont des villaiges, l'on parvient à Vincenza.

Ceste ville est grande, ayant assez bon nombre de peuple, entre lequel se retrouve grande noblesse et gens de lettres.

L'on y void sur la Grande Place le palais où la justice se rend par le potesta estably des Vénitiens.

Il se void encore pour chose digne de remarque le monastère des Dominicains, où est gardée une espine de la couronne de Nostre Seigneur, avec grande dévotion des bourgeois envers icelle. Elle fut donnée par le Roy de France St. Louys à Bartholomé, évesque, natif de ce lieu, lorsqu'il estoit en la cour de France.

Muriers blancs. Vers à soie. Il y a encore à remarquer que, tant dedans la ville que du dehors, c'est un plaisir à veoir la grande quantité de mouriers qui sont plantés pour la noriture que les vers à soye prennent de leurs fœuilles.

Laquelle soye est beaucoup plus estimée que celle qui se trouve du costé de Rome, combien que ses mouriers portent blancs fruicts et que les fœuilles de tels soyent plus propres à la noriture desdits vers.

Oultre, ce territoire de Vincenza est grandement estimé pour le bon et excellent vin qui y croît, avec le grain.

Partant de cette ville pour aller à Vérone, je fus veoir l'église de St. Laurens, où se void le grand autel estre d'une seule solide pierre d'une admirable longueur.

Non loin de là est le théâtre vulgairement appelé l'Académie.

La Garde. Ancienne carrière. Putréfaction. Estant doncq hors la ville, l'on laisse à main gauche, vers le midy, à 6 milles près de la ville, la bourgade et chasteau de la Garde, « *Custodia* », ainsi nommée pour ce qu'autrefois on y gardoit les malfaiteurs en grandes carrières pour en tirer les pierres à faire édifices.

Il gist au pied d'un mont très hault, regardant vers le lever du soleil. Je fus curieux d'aller en ce lieu pour veoir la caverne qui est dedans ce mont, de laquelle on parle tant. Et à la vérité, ce n'est pas sans raison, attendu qu'elle est d'une admirable grandeur. Elle est environ de trois mille pas. On croit le mont s'estre ainsi cavé par longueur de temps, ses pierres luy estantes coupées pour édifices, car il est notoire que les anciens palais et maisons des Paduans et Vincentins sont de ceste pierre. Or on void des colonnes, laissées pour soustenir le toict du mont, de ceste pierre solide, fort grandes, quarrées quasi de trois perches en chasque costé, par distances inégales, la pluspart néantemoins, comme on a trouvé par mesure, de 12 perches. On croit que le nombre des colonnes est en tout environ mille.

Dedans ladite caverne, il y a un air si infect, que tout ce que l'on y met, il se putréfie en peu de temps, encore que ce seroit de la paille très sèche.

Lac transparent. Et joindant ceste caverne, y a un lac d'eau si claire que le plus bas fond, comme si rien n'empeschoit, est tellement transparent que l'on descouvre la profondeur d'iceluy à son aise, estant de 12 pieds.

Montebello. Rencontre de quatre bandits. Allant mon chemin, je passe Montebello, où incontinent je rencontra jusque à 4 bandis, quy s'estoient réfugiés sur les terres des Vénitiens. Je les avoy compaigné le jour précédent en la ville de Vincenza, sans savoir qu'ilz estoient tels, mais bien me fut dit par ceux que j'accompaignay en chemin qu'ils estoient de ces gens nommés Bandis. Ils ne nous firent aucune moleste, ains bien. Comme ils avancissoient chemin vers Vérone, me donnèrent de leur vin, leur souvenant qu'ils m'avoient compaigné le jour précédent.

Cependant ce fut une belle escapade, car ils sont si formidables, que mesme les paysans allans en ces contrées sur les grands chemins, se munissent tousjour de quelque arme de défense. Sur ce, ce n'est pas merveille si le pape Sixte V a fait des ordonnances très rigoureuses pour exterminer tels gens.

[Vinchant énumère ici les poursuites exercées contre ces bandits.]

Mais encore qu'il semble que ces bandis ont esté lors du tout exterminez, si est qu'en tout temps il y en a tousjour, jaçoit qu'ilz ne soient en si grand nombre. Les uns sont exilés des terres papales ; les aultres des terres florentinoises ; aultres des terres vénitiennes, aultres encore de France, qui se retirent en Italie, et mesme entre ceulx que je rencontra sur les terres vénitiennes, il y en avoit deux qui parloient françois naturel.

Vérone. L'Adige. Retournons à nostre voiage. Ayant passé St. Martino, l'on parviend à Vérone qui est une ville appertenante aux Véniliens.

Au milieu d'icelle coule le fleuve Athesis, qui est bien large. Au dessus duquel l'on void plusieurs moulins, et à deux costés de ses rivaiges, belles maisons et palais, tellement qu'il environne aussi de ses eaux toute la ville. Son course est bien rapide et impétueux, notamment en hiver, lorsqu'il s'enfle des eaux de neige, tombantes des montaignes. . . .

Cependant que je passay le pond de ladite rivière, je vis tomber du rivaige en icelle un homme de cheval. Le cheval s'estant dépestré de son maistre, ne peut si bien maistriser la violence de l'eau qu'il ne fust emporté long espace de temps avec le course d'icelle dehors la ville, où il fut sauvé. De mesme en fut-il de l'homme lequel, nonobstant la froidure qu'il enduroit, fut contrainct d'endurer mille risées.

Cette ville at esté autrefois appellée la petite Hiérusalem par les habitans d'icelle, soit qu'elle fust semblable à Hiérusalem quant à son assiette, laquelle est en partie, avec un chasteau vieux, située sur le pendant d'une colline, soit qu'il y avoit

divers lieux pieux où estoient représentez les mystères de la
Passion de Nostre Seigneur.

[Vinchant s'occupe ici de l'église cathédrale, des tombeaux et des
épitaphes qui s'y trouvent.]

L'Amphithéâtre et l'Arc de triomphe. L'on void encore en
ceste ville deux pièces antiques : l'une est un Amphithéâtre,
l'aultre un Arcq triomphale. Quant à la première, elle est
appellée communement « *Arena* », aussi entière qu'il peut se
veoir au regard des aultres qui sont, en aultres lieux, bastis
par les anciens Romains. Cet amphithéâtre pouvoit donner
place à 23,184 personnes pour veoir ce qui se passoit en la
place du milieu, comme dit Torellus. Quant à l'arcq triomphale, il y at audessus une telle inscription engravée sur la
pierre :

> « *Colonia Augusta Verona*
> » *Nova Galliœniana.* »

L'on trouve encore, de jour en jour, comme tesmoingnent
les citadins, en terre, quantité d'antiquitez. Mais ce fut notamment lorsque les Vénitiens, ayant occupez ceste ville sur les
Allemands qui y estoient, et faisans nouvelles fortresses, ont
trouvé plusieurs souterrains et cavernes. Et comme ils firent
caver la terre aux endroits voisins, l'on trouva des poissons
convertis en pierre, tout au naturel.

Mont de Baldo. Plantes médicinales. Joignant ceste ville
est une montaigne, appell n Baldo, laquelle est très bien
cogneue de tous médecins tant d'Italie que estrangiers,
qui ont esté en ceste contrée, là où croissent des racines
les plus médicinales qui se peuvent rencontrer. C'est
pourquoy les droguistes y sont continuellement en grand
nombre.

Mort pénible du cardinal Crescence. Il y a en ceste ville grande noblesse, bien exercée aux armes, entre laquelle sont sortis bon nombre de grands et valeureux capitaines de guerre. . . . .

Sont encore sortis de ceste ville gens de remarque : les uns en saincteté de vie, comme St. Pierre surnommé le Martyr ; les aultres en science, comme ce grand docteur de l'architecture, Vitruvius. . . . .

Ce fut encore en ceste ville que le cardinal Crescense, comme il escrivoit bien avant en la mi-nuict pour ses affaires, volut un peu reprendre ses esprits. Donc, se retirant de sa chaire, veit, ce luy sembloit, un chien noir de grandeur excessive, ayant les yeux flamboyans et les oreilles pendantes jusque en terre, lequel tyroit droit à luy ; puis se cacha dessous la table. A l'instant le cardinal demeura comme pasmé. Mais estant revenu à soy, il s'escria fort hault appelant ses serviteurs, qui estoient sur la chambre de devant, et leur commanda de chercher ce chien avec la lumière. Mais pour ce qu'il ne se trouvoit là, ny en l'antichambre, la fièvre le saisit. Et d'heure à aultre se renforça, de sorte qu'il en mourut. Sur la fin de sa vie, il crioit souvent à ses gens : Chassez ce chien qui monte sur mon lit.

Phénomène de deux filles jointes par les reins, nées en 1475. Encore en ceste ville furent mises au monde en l'an 1475 deux filles conjoinctes par les reins depuis les espaules jusque aux jambes. Et parce que les parens estoient pauvres, elles furent portées vives par plusieurs villes d'Italie pour amasser argent du peuple, qui estoit fort ardent de veoir ce spectacle et prodige de nature. Si ce monstre eust esté né du temps des anciens Indiens ou Brachmanes, des Spartians, des Athéniens et des Romains, et auprès d'eux, il eust esté mis en oblis.

Chapitre XXIII. — *Brescia et Milan.*

La vallée de Policella. Source remarquable. Nous partasmes de bon matin de Vérone pour aller à la ville de Brescia, en traversant belles campaignes. De costé l'on laisse la vallée de Policella, où l'on void (chose admirable) deux mamelles, tirées comme au naturel dans une roche, desquelles sort une eau très claire.

Culture de l'olivier. Sur le chemin de Vérone à Brescia, c'est chose esmerveillable de veoir si grande quantité d'oliviers, notamment approchant le lac de Garda, qui ressemblent plus tost à des forests naturelles qu'à jardins ou terres cultivées.

Le château-fort de Pesquiera. Le lac de Garda. Sur ce chemin, l'on passe Castel Novo, d'où de Vérone y a 12 milles. Et incontinent on arrive à Pesquiera, qui est un chasteau très fort que les Scalani, jadis seigneurs de Vérone, ont faict bastir tellement que sa fortresse est augmentée à cause du lac de Garda.

Ce lac est bien périleux pour ceulx qui se mettent en barque sur iceluy, à cause des vents qui procèdent des montaignes voisines, dont l'on void la plus part du temps ses eaux s'eslever comme montaignes ainsi que la mer.

Au reste, il produict bons poissons, comme truites et carpes, mais surtout grande quantité d'anguilles.

Les seigneurs de ceste contrée ont aultrefois prins plaisir à mettre aulcune marcq ou signal de leurs armoiries à aulcuns poissons qu'ils prenoient et le rejetoient ainsi marqués dedans le lac, afin que, estans depuis prins, ils fussent entrecognuz et rapportez à ces seigneurs.

Defenzana. Louado. Retournons à nostre matière. Ce lac est long de 30 milles, large de 15 en aulcuns endroitz. Je cottoya ce lac jusque à Defenzana. Durant ce chemin, l'on prend grand plaisir de veoir tant de chasteaux bastis de parte et d'aultre sur le rivaige de ce lac, comme entre aultres Cesano, Ritalto, Herminione.

Auprès de ce chasteau, le lac jette en bouillonant eaux ardentes et sulphurées au milieu des aultres eaux douces et humides. Et à la vérité, il n'y a presque aulcun lac où il n'y a à admirer, pas seulement le Créateur, ains encore à recognoistre nostre ignorance pour les merveilles qui s'y trouvent.

De Defenzana, l'on vient à Louado où je séjourna. Puis passant le pond St.-Marcq, l'on viend à cottoyer la rivière de Navello par un beau, plaisant et droit chemin, continuant sa droiture jusque à 5 milles en longueur, tant que l'on soit parvenu à la ville de Brescia. Ce chemin est tout compassé industrieusement par artifice humain, estans à deux costés haults arbres mis en ordre avec quelque rinceau du derrière.

Brescia. Origine payenne. Bouffons, charlatans et marchands de drogues. J'arriva en fin à la ville de Brescia, laquelle est de la domaine des Vénitiens. Elle est capitale de la comté de Bresse.

Ceste ville est très ancienne, riche, peuplée, spacieuse, bien murée, fière pour son chasteau imprenable, car ce chasteau estant situé sur une rochaille, est asseuré de la garnison vénitienne. . . . .

Cette ville florit aujourd'huy en telles richesses que continuellement elle est appelée l'Espouse de Venise. On dit qu'elle receut la foy évangélique par l'évesque de Ravenne Apollinaire. Et se voyent encore en icelle d'anciens épitaphes, qui monstrent combien les habitans d'icelle estoient infidèles.

A tels gens qui ne recognoissent l'immortalité de l'âme, la gloire céleste et leur Dieu, sont près semblables ces bouffons et charlatans infâmes d'Italie, vivans sans foy, sans loy et sans Roy. Je les vis en grande quantité en la ville de Brescia. Mais il y en avoit un entre iceulx, au poil roux, bien meschant et cauteleux pour vendre ses drogues, et mesprisant celles de ses compaignons. Et à bon droit meschant, puisque l'on dit communément que il faut se garder d'un Italien rousseau, d'un François blanc et d'un Allemand noir.

Route vers Milan par Chiari, Pontogio et Juzago. De Brescia, j'alla à Milan, passant tousjour belles campaignes et facile chemin, durant lequel on rencontre Chiari, qui est un beau et grand bourg, où je séjourna . . . .

De là l'on viend à Pontogio où l'on passe la rivière d'Ollio, laquelle descend du lac d'Ilio et se rend dedans le Pô par Crémone en partie, et partie près de Mantua.

De ceste rivière d'Ollio, l'on viend à Martinengo, puis à Trevi. Et ayant passé la rivière de Adua, qui descend du lac de Como, l'on viend à Juzago, bourgade environnée de la dite rivière.

Vinchant revient à Milan. De là à Milan, par un chemin le plus récréatif et plaisant qu'il soit au monde.

J'entra doncq de rechef en la ville de Milan. Or, laissant en derrière ce que j'ay dit à ma première arrivée cy dessus, je coucheray icy aultres choses dignes de remarque.

Maison des pestiférés. A main gauche de ladite ville, l'on void la maison des Pestiférez appelée Nazaret, laquelle est magnifique et bien commode, bastie sur 10 colonnes en quarrure, contenante environ cent places. Au milieu de ceste maison est bastie une chapelle surnommée de St. Grégoire. Elle est tout à jour, affin que de tous costez, les pestiférez peuvent veoir le presbtre à l'autel.

Prospérité et opulence des Milanais. Il faut donc entendre que, en ceste ville, il y a grand trafique de marchandise en toute sorte de métier et artifice, qui cause que les citadins sont riches et opulents, car jaçoit qu'ils ont endurez, par les guerres, grands dommaiges et intérêts, si est qu'ilz n'ont laissez pourtant à reprendre leur première félicité et fortune. C'est pourquoy Prospero Colonna, estant colonel de la gendarmerie italienne dans Milan, comme un citadin de la ville se fust venu plaindre à luy des exactions et pilleries que ses soldats faisoient, luy respondit que Milan estoit semblable à un oyson : si on luy oste ses plumes, disoit-il, il en produit des plus belles.

Doncq à cause de leur prospérité et opulence, les Milanois se sont tousjour tenus fiers et haultins, tenant peu de leurs voisins et d'aultruy. Et ceste prospérité des Milanois provient, comme j'ay dit, que leur ville est remplie de trafique de marchandises, avec grand nombre d'artisans qui travaillent en diverses artes et mestiers.

Il y a grande noblesse en ceste ville : la pluspart entretenue de pensions que leur donne le Roy d'Espaigne.

Ils ont esté cy devant grandement addonnez à mettre à mort par des assassins ceux qu'ils envioient, jusqu'à là qu'ilz ont exercé eux mêmes tels offices. Sur tous ceulx d'Italie, les Milanois, selon qu'on at remarqué, ont usez de semblables gens apostez (combien que touteffois l'on at estimé les Napolitains avoir eu en cecy le dessus sur les Milanois, selon aulcuns). Et ceste malice provient qu'ils sont en toute et extresme rigueur, vindicatifs et passionnés sur le tort qu'ils auront ou présumeront avoir reçu d'aultruy. Aussi l'on at veu que Galeas Sfortia, après qu'il fust parvenu au duché de Milan par la mort de son père, feit despouiller Colas Montanus, qui avoit esté directeur et pédagogue de sa jeunesse, et le feit foetter de verges et de nerfs de bœufs, pour avoir esté par luy autrefois castié. Ce qui fut cause que Colas, après qu'il eust long espace de temps couvé une volonté de se venger, luy procura sa mort par gens apostez.

Château de Milan. Entre les bastimens admirables de ceste ville, est le chasteau ou citadelle que l'empereur Charles V fit faire après qu'il acquit le duché de Milan sur les François sous les capitaines Antonio Leva et Alphonso Cavalo, qui furent depuis gouverneurs de ce duché. Ce chasteau est presque inexpugnable et est environné de profonds fossez à fond de cuve, et de ravelins bordez de grosses pièces d'artillerie, comme aussi est pareillement le hault du donjon, qui est au milieu dudit chasteau. Toutes lesquelles choses se peuvent veoir de la Grande Place, qui est au devant, parceque les Espaignols ne permettent guère l'entrée aux Estrangiers, s'ils ne sont accompaignez de quelqu'un de cognoissance. En ce chasteau, il y en a mille pour la garnison.

Les Annonciades, leurs offices, musique religieuse. Durant mon séjour à Milan, je fus ouyr la musique des religieuses appelées « Annonciades », laquelle est renommée sur toutes celles de Milan, mesme d'Italie, car les dites religieuses, jouantes de toute sorte d'instrumens, les accordent avec leurs voix si mélodieusement qu'il semble plutost estre voix angéliques que humaines.

Sur tout, j'admira le chant d'une d'icelles, laquelle, comme j'entendis, s'appelloit par excellence « La voix d'Italie ». Icelle manioy si dextrement sa voix que les tirades et frédons qu'elle faisoit, estoient non sans estonnement admirés des maistres musiciens, mais mesme des pantalons et charlatans, qui faisoient en publique profession d'attirer les passans par leurs chants mélodieux. Cependant le pape Paul V, entendant que ceste religieuse contentoit plus la curiosité des Milanois par sa voix, qu'elle n'excitoit la dévotion, luy défenda le chant. Mais à l'instance des Milanois, il luy permit de rechef de chanter comme auparavant.

A ceste occasion, l'on voit presque tous les nobles citadins accourir avec leurs carosses aux Annonciades, les fêtes solemnelles, pour en tirer quelque contentement ou dévotion, car la musique amollit le cœur, comme estante chose presque divine.

Dôme de Milan. Célébration de la fête de Noël. Retournons à nostre ville de Milan, où estant par un jour de Noël et allant à l'église du Dôme, je remarqua trois choses.

La première : grande quantité de pauvres au grand portail,

tenant bel ordre, mais aussi des criardes de « *Fatte la charita* ». On les void aulcuneffois, en donnant quelque gentil sornette aux gentilshommes, recevoir d'eux la courtoisie assez bonne.

La seconde chose que je remarque en ce temple, ce furent les imaiges grandes des Apostres, qui sont alentour de ce temple, industrieusement travaillées en matière de marbre ; sur tout celle de St. Bartholomé est digne de remarque.

La troisiesme chose que je remarque en ladite église fut la magnificence que tenoit l'Archevesque, nepveu de St. Charles Borromée, le jour de Noël, accompaigné d'un grand nombre de chanoines graves et aultres presbtres bien modestes ; tous revestus de très riches ornemens et ressemblans par leurs parures aux évesques.

Il y a encore beaucoup de choses à veoir en Milan, que je laisse pour ne les avoir veues. Celuy qui vouldra sçavoir en brief le tout, qu'il lise les vers qui sont escrits dedans l'hospital de Milan . . . .

La tour du château foudroyée en 1521. Je ferai fin sur les richesses de Milan. Seulement par contension, j'apporteray que le lustre de ceste ville fut autrefois grandement diminué par le feu, car en l'an 1521, les François estant en garnison en ceste ville, la foudre tomba sur une tour du chasteau, fort excellemment élabourée, qui servoit d'ornement et de défense. En laquelle on gardoit la munition de la pouldre pour l'artillerie. La foudre, rencontrant ceste matière propre à bruler, démolit et renversa non seulement la tour jusque à ses fondemens, mais continuant son cours, elle abbattit les chambres prochaines et aultres membres du chasteau, eslevant plusieurs grosses pierres en l'air. Desquelles les unes tombèrent sur les deux Prévost du chasteau, qui se promenoient en la Place et se brisèrent aussi mesme comme cendre ; les aultres rompoient les bras, les jambes, les testes à touts ceux qu'elles rencontroient, de sorte que de deux cens soldats, qui y estoient, à peine en demeurat il douze en vie. Et estoit chose esmerveillable de veoir la grande multitude de pierres qui avoient estées jettées à plus de cincq cens pas de long, dont les aulcunes si grosses et massives, que ung bœuf ne les eust sceu lever de terre.

Ceste matière de pouldre à la vérité en telle occurence at tousjour fait un terrible désastre, comme il appert spécialement en l'an 1527 en la ville de Malines, ville de Brabant, le 7ᵉ jour d'Aoust, à xj heures de nuict, où les citoiens pensèrent en un instant estre engloutis aux entrailles de la terre.

Le bruit courut lors par la ville que le feu du ciel estoit tombé sur la porte d'Arene en laquelle on avoit mis plus de 800 caques de pouldre à canon. Cet embrasement si soudain engendra une si horrible confusion dedans ceste désolée cité, qu'on ne veid onques plus misérable spectacle, car en moins d'un cil d'œil la susdite porte fut démolie et brisée en dix mille pièces. Et non seulement les fondemens furent arrachez, mais aussi les murailles prochaines jusque aux fondemens, et les pierres d'icelles espanchées par toute la ville. Et qui plus est, les eaux des fossez furent en un moment taries par la violence de la chaleur du feu. Le lendemain on trouva, comme l'on dit, tout alentour de ceste tour démolie, des corps morts jusque au nombre de 300, et bien 150 déchirez et blessez. Et entre aultres choses mémorables et prodigieuses, on y trouva une femme morte qui estoit enceincte, du ventre de laquelle on tira l'enfant encore vif, lequel fut porté au baptesme.

Chapitre XXIV. — *Pavie et Turin.*

La Chartreuse de Pavie. Durant le temps que je séjournay à Milan, je délibéra d'aller veoir la Chartreuse de Pavie, laquelle est si renommée avec ladite ville. Donc pour y aller, l'on passe Binasco, dit en latin *Bine*, qui est un vieux chasteau et à 16 milles de Milan et 4 de Pavie.

L'on rencontre ceste tant magnifique Chartreuse, bastie par Jean Galeas, premier duc de Milan. L'on void le frontispice de l'église de fin marbre, ouvraige embely, depuis le pied jusqu'au sommet, de médailles, imaiges et statues, avec les guerres dudit Galeas représentées sur marbre alentour de l'entrée de l'église. Dans l'église se retrouvent ouvraiges d'yvoire, bois, marqueteries; le tout faict de la main d'un excellent ouvrier.

Ce lieu où est bastye ceste Chartreuse, estoit jadis un parc enclos de murailles, présentement demy rompues, comprendant en son enceinte, bois, prairies, campaignes, de grandeur de 20 milles et plus, auquel on tenoit toute sorte de bestes sauvaiges.

Bataille de Pavie de 1525. *Le roi François* 1er *faict prisonnier par Charles de Lannoy.* L'an 1525, le 4 febvrier, estant le Roy François premier campé dans ce parc, il fut pris prisonnier par monseigneur Charles de Lannoy, vice roy de Naples de la parte de l'empereur Charles V, son maistre, à la journée de Pavie. En laquelle morurent plus de 8000 François, partie tuez, partie noyez dans le Thésin. En ceste bataille, les Suisses ne correspondirent pas à leur accoustumée valeur. Furent aussi pris prisonniers environ 20 grands seigneurs et premiers du royaulme de France. De la part des Impériaulx, y morurent 700 hommes, mais nuls capitaines, fors un. Et les despouilles furent si grandes que l'on n'a jamais veu soldats en Italie plus riches qu'estoient lors les Impériaulx.

Personnages distingués morts à Pavie. De la Chartreuse, l'on arrive à la ville de Pavie, qui est une ville très ancienne et très renommée pour l'Université instituée par Charles le Grand.

Dans l'église St. Augustin (où le corps dudit St. repose, apporté de Sardaigne par le Roy Luitprand, qui est un beau thrésor), l'on voit le tombeau de Severinus Boetius, qui est comme un coffre eslevé sur petits piliers.

En ceste ville est mort et enterré au monastère des Frères Mineurs, — l'an 1420, ce grand légiste Baldus, lequel avoit longtemps leu et enseigné le droict civil.

Plusieurs aultres grands personnaiges morurent audit Pavie, qui longtemps y avoient leu, à sçavoir : Andreas Alciatus, lequel fut enterré à St. Épiphane, et ce sçavant jurisconsulte et noble patricien milanois Jason Magnus. Florissoit aussi longtemps auparavant M. Valerius Maximus, historien et astrologue, ainsi qu'il appert par un escriteau engravé dedans une pierre, qui est tel :

« *M. Valerius Maximus sacerdos D. S. I. M. Stud.*
» *Astrologie, sibi et Severiæ apr. uxori H. M. N. S.* »

Novare. Partant de Milan, je cottoya le canal, et ayant passé Castel de Hebbe, Cistiano, Buphalor et la rivière du Tesin, je vind à Novarra, ville du duché de Milan, appelée *à Novâ Arâ*. Cette ville est bonne et tenable. L'on y void du costé du septentrion un chasteau et fortresse, assé de grande estendue, environné de part et d'aultre d'eaux. Au devant d'iceluy, est une belle planure par devans la ville.

Verceille. Partant de ceste ville, j'alla à Vercelle, mais ce fut ayant passé Camariano et aultres villaiges. Ceste ville est des appertenances du duc de Savoye : elle estoit jadis du duché de Milan. Le pays d'alentour est bien plaisant, à cause de la variété des planures et montaignettes, lesquelles sont bien fertiles en toute sorte de fruicts.

De Vercelle, m'en alla à Thurin passant Ligorne, gentille villette dépendante du marquisat de Montferat et appartenante au duc de Savoye, puis la rivière de Bagia, qui sépare le Piedmond avec ledit marquisat; puis Chinaz, forte ville; puis Tetino, beau bourg.

Et durant ce chemin, l'on void de parte et d'aultre belles

censes et meteries, auxquelles sont dépendantes terres labourables.

En fin je vind à la ville de Thurin, aiant fait de Vercelle jusque à là, 54 milles.

Turin. Université. Érasme de Rotterdam, docteur en théologie. La ville de Thurin est ville épiscopalle et capitale aussi du Piedmond. En signe de quoy est une colonne couronnée au dessus d'une tour, laquelle est située au milieu de la Grande Place. En icelle est la résidence du duc de Savoye. Le duc a là sa cour, sa résidence, son conseil et son parlement.

Et y est l'Université en laquelle Érasme de Rotterdam, ce grand humaniste, passa son doctorat en théologie. Sur le frontispice des escolles publiques est escrit ce qui s'ensuit :

« *Nosse Deum et mores hominum jurisque recessus*
» *Et rerum causas, morbos curare requiris.*
» *Huc ades, immortalis eris, labor omnia confert.* »

Ceste ville est assise sur la rivière du Pô, qui est en ce lieu assez petite, pour ce qu'il ne fait presque que naistre, n'estant les Alpes de guère distantes dudit Thurin.

Citadelle de Turin. Puits pour abreuver les chevaux. Il y a en ceste ville de Thurin une très forte citadelle, faicte à l'imitation de celle de Milan, que le duc de Savoye, prince de Piedmond, la munit de toutes choses nécessaires. Elle a cousté à faire environ 300,000 escus d'or.

Celle de Mets en Loraine a cousté plus de un million de francs ; mais celle d'Anvers, qui est la première place et chef d'œuvre en fortification de l'Europe, en laquelle on n'a rien oblié de richesse, de diligence, d'invention et d'abondance de matière, a cousté à bastir quatorze cent mille florins.

Mais ce qui est de remarque spéciale en la citadelle de Thurin, c'est un puits qui est au milieu, fait en beaucoup de temps et avec grande despence, auquel il peut aller cincq cens à mille chevaux et plus à boire d'une eau vive, sans s'empescher l'un l'aultre à descendre, ny monter.

Le duc tient ordinairement pour la garde de ceste place trois cens soldats du pays, bien payez, et celuy qui est gouverneur de Thurin, est quant quant gouverneur de ladite citadelle.

Église de Saint-Jean-Baptiste. Le saint Suaire du Christ. En ceste ville, se trouvent plusieurs églises notables, entre lesquelles est celle de St. Jean-Baptiste, où se garde le St. Suaire dedans lequel Nostre Seigneur Jésus-Christ at esté enveloppé au sépulchre, qui est un thrésor infiniment grand.

Oultre l'église de St. Jean-Baptiste en Thurin, l'église des Pères Jésuites est belle et gentille.

Partant hors de Thurin, l'on descouvre les aqueductes basties sur des arcades de briques, qu'ont fait faire les ducs de Savoye pour faire venir des eaux de fontaine dedans la ville de Thurin. L'on passe soub lesdites arcades allant le chemin de Suze; et ces aqueductes avec leurs arcades sont bien de 3 à 4 milles de longueur et estendue.

Chapitre XXV. — *Les Alpes.*

Entrée des Alpes. Suze. Carignan. Or, sus de Thurin à Suze, l'on viend à passer plusieurs petites villes et chasteaux, si comme Rivollo, Vellaine et St. Ambroise, où l'on commence à entrer dans les Alpes, chemin facheux et pénible qui dure jusque au pays de Bresse.

Puis l'on viend à Suze, qui est une ville n'ayant aultre embellissement que son antiquité, avec un chasteau assis en un fond, le tout environné de haultes montaignes, au bas desquelles court la rivière qui descend du Mont Cénis.

Devant arriver à Suze, l'on rencontre le chasteau de Carignano que les François teinrent longtemps assiégé contre

Dom Petro Colonne, qui estoit dedans pour l'empereur Charles V.

Le Mont Cénis. La neige durcie par le froid. Idées de Vinchant sur les vents. De Suze l'on arrive à Novalesse, qui tient le pied du Mont de Cénis qu'il faut lors monter. Le sieur du Haillain l'appelle du nom de Cénis ou Cinis, à cause que par le feu et la cendre le passage at esté faict au travers de ce mont.

Ce mont contient en montaigne du costé du Piedmont deux lieues, une en plaine, et presque deux du costé de la Savoye.

Lorsque je traversa ce mont, je m'estima grandement heureux de ce qu'il n'avoit tombé de la neige la nuict précédente, car il faut noter que depuis qu'il at neigé la nuict précédente en abondance, ce n'est pas à qui montera la montaigne le premier pour faire le passage aux aultres, d'autant qu'il couste quelque fois, pour ce faire, bonne somme d'argent. Or, comme je dis, pour ce respect, fus-je heureux, car je trouva que la neige estoit de toute engelée, et estoit ferme presque comme glace.

Mais d'aultre costé, j'eus aultre incommodité, car en montant, j'endura une extresme froidure avec un vent impétueux, tellement que j'endura un flux d'eau tombant du cerveau par les narinnes. Touteffois le maron qui m'accompaignoit, me donna tousjour couraige, me faisant entendre que en tel et tel lieu qu'il montroit, l'on seroit au dessus des vents. Comme de fait, il en fut ainsi, car depuis regardant à bas, je m'estonna de veoir dessoub moy les arbres estre agitez furieusement de ces vents, et, où j'estoy, estre exempts d'iceux, admirant d'estre en un air si paisible au regard de l'aultre.

Chose à la vérité admirable de ces vents et de leur origine, car encore bien que nous avons la cognoissance d'iceulx en disant que la grande exaltation est la matière de leur génération, nous les pouvons appeler Enfans de l'air, pour tant que leur naissance est tirée en la moyenne région de l'air, et que la chaude exhalation, eslevée par la vertu du soleil, viend jusque à ceste moienne région. Laquelle est merveilleusement froide, et par la violence du froid, elle est repoussée en bas. Et lorsqu'elle prend un mouvement par la vertu de l'air, elle se desmène estrangement, frappant et agitant l'air dont il tire l'esprit de la vie, avec tours et retours admirables des vents.

Sommet du Mont Cénis. La Tavernette. La montaigne de Cénis sur son sommet a un passage plain et plat entre deux montaignes, contenant une lieue de planure, laquelle en temps de printemps est verdoyante. Au milieu d'icelle est un lac joignant le logis qui se dit le poste de la Tavernette. En esté, l'on cueille sur ceste planure le foin, et on y fait grande quantité de fromaiges.

Aux aultres saisons, il y fait presque tousjour dangereux d'y passer sans la conduite des marons, à raison des précipices, lesquels étant comblez de neige et le chemin pareillement, l'on peut facilement tomber dedans et estre asseuré de ne revenir iamais.

Ce que craindis fort sur la personne de deux paysans qui, se rencontrans fortuitement sur la montaigne, l'un d'iceulx m'accompagnoit, l'aultre venoit vers l'Italie, menant à pied un cheval par la bride. Le premier disoit avoir trouvé une bourse plaine de cloux, propres à ferrer les chevaulx allant sur les montaignes. L'aultre disoit qu'il les avoit perdus le jour de devant. Les voilà tellement en contestation qu'ilz se menaçoient de s'agguesser l'un l'autre. Cependant nous ne pouvions, sans péril, apporter remède, à cause du chemin bien estroit et des précipices que nous voyions. Mais incontinent que le nostre qui estoit craintif, lui eust donné ses cloux, l'aultre luy donna son disner qu'il portoit chez soi ; et les voilà bons amys.

Aussi je fus aise de ne me veoir ce jour en triste spectacle, comme le maron contoit après ceste occurrence estre arrivé, l'an précédent, en la personne de frère et sœur, qui avoient esté misérablement accablés des neiges dedans ces précipices.

La chapelle des Transis. Ayant passé la Tavernette, l'on void incontinent encore sur le sommet de ladite montaigne, à main droite, la chapelle des Transis, où l'on met les corps de ceux qui viennent à mourir de froidure sur ce mont. Et au devant est la grande croix qui fait la séparation de la duché de Savoye avec la principauté de Piedmond.

Frontière d'Italie. Et illec aussi est la fin du royaulme d'Italie, qui est à la vérité un petit paradis terrestre pour les planures, collines, fontaines, lacs, fleuves, forests, œuvres publiques, mais sur tout pour les florissantes et riches villes, citez gaillardes, renommées et fort peuplées, pour encore les bourgaiges grandes et superbes, pour la beauté des édifices et maisons seigneuriales.

Or d'autant que je ne parleray plus de l'Italie, mais lui diray l'Adieu, ce ne sera hors de propos d'apporter le jugement de Thomas Édouard, Anglois, pour veoir comme il intitule les principales villes d'Italie.

» Rome fut teinte au sang précieux des Saints.
Venise close en mer, riche de divers grains.
Plusieurs comtes et ducs rend Naples la Gentille.
Milan grande, plaisante et magnifique ville. "

[Cette pièce contient 54 vers. Comme elle ne nous apprend rien sur ces cités italiennes, nous nous abstiendrons de la reproduire.]

Descente des Alpes en RAMASSE, *traineau glissant sur la neige.* Ayant passé la planure de ce mont, je convena avec les marons pour descendre par *ramasse* et aller à Lunebourg, bourg situé par delà au pied de ce mont.

La ramasse est une sorte de traineau qui est conduit par un maron, lequel, se mettant au devant et au milieu de deux bastons qu'il empoigne de deux costez, se laisse glisser sur la neige, se tenant droit en pied, en une carrière de longtemps cavée en roche, et tire de ceste façon à bas celuy qui est sur ce traineau. Lequel doibt se tenir bien ferme et n'estre craintif, craindant l'emblouissement de la veue et la renverse dedans les précipices que l'on void parfois à costez.

La Savoye. Lunebourg. Ce traineau est agité de telle vitesse que, sur un quart d'heure, l'on viend à traverser la descente de ce mont, qui dure bien une lieue et demye jusque à Lunebourg, qui est le premier bourg que l'on rencontre dans la duché de Morienne et Savoye, où prend sa source la rivière d'Arcq, autrement Isère.

Le pays de Savoye peut estre environ de trois cens milles de longueur de la France, et fut autrefois royaulme enfermant ce qui est delà les monts, comme la Tarentaise, Morienne, Bresse, la duché de Cablais, la baronnie de Raud de Chazz, appelant tout cela Savoye.

Elle est habitée par le présent, selon qu'on dit, de 500 mille âmes.

Il y a quatre éveschez et un archevesché, qui est Tarantaise.

Quant à ce nom de Savoye,... elle fut jadis appelée Mal-Voye, non pour les brigans, ains pour la difficulté des chemins causée par les montaignes et vallées qu'on y passe. Qu'il en soit ainsi cependant, j'ay tousjour expérimenté que, encore que les chemins que l'on fait parmi les montaignes et vallons, soient pénibles au pied, ils apportent de la récréation à l'œil plus que ceux des planures, pour autant qu'ilz apportent tousjour variété et font espérer le passage à veoir tousjour chose nouvelle, là où, en la planure, vous descouvrez tout à une fois et où l'on void tousjour le m... e devant soy.

Forest de Saint Donat. Les ours. Lutte d'un chasseur contre une ourse. De Lunebourg, l'on passe Solers, Braine, petites retraictes des paysans. Puis l'on cottoye à main gauche le bois de St. Donat, qui est périlleux au passage pour le rencontre des bestes sauvaiges qui sont en grand nombre. Ce advenant, l'on ne se peut asseurement sauver, pour autant que, de l'aultre costé de ce chemin sont grands précipices, au bas desquels coule la rivière d'Arcq cy dessus mentionnée au travers de la Morienne.

Pour le respect de la crainte de ces bestes, l'on void que les habitans circonvoisins, allant et venant parmi ces contrées, ne sont jamais sans armes défensives pour se garantir contre l'efforce de ces bestes furieuses ; lesquelles sont principalement telles au temps qu'elles ont leurs petits. Et c'est lors aussi qu'elles sont rechercées des chasseurs parmi la Savoye par des officiers à ce gagez du duc. Lesquels en détruisent bonne quantité, non touteffois sans encourir souvent péril de leur vie, comme il se void par l'histoire suivante.

Ce fut qu'un certain chasseur, allant avec un aultre sien compaignon pour archebouser quelque ourse femelle, qui estoit auprès de ses petits, se laissa dévaler de la montaigne pour s'approcher de la caverne où elle estoit. Cependant comme il pensoit à débander son archebuse, la poudre ne prind pas feu. Ce pendant, l'ourse sortant furieusement de sa caverne, se vind jetter sur mon homme. Lequel voyant qu'il alloit de sa vie, estant jà attrappé en un de ses bras entre les dents de ceste beste, empoigna de l'aultre le col d'icelle et se jetta dessus son dos et le tint serré des jambes. La beste sentant ce poid et s'imaginant qu'elle estoit elle-mesme attrappée, couroit de ça et de là. Cependant comme le compagnon veid qu'elle s'alloit jetter dedans un profond précipice, et qu'il encourait fortune de sa vie, advisa de se laisser tomber de son dos.

La beste se sentant despétrée de son fardeau et rendue libre, ne laissa à se jetter dedans le précipice. Voilà comme en telles et semblables chasses en ces endroits de Savoye, l'on encourt fortune de sa vie. Mais pour parfaire l'histoire, ce compaignon retourna à la caverne avec une hardiesse, et remporta une quantité de petits ours vers son compaignon, qui l'attendoit et pensoit qu'il fust longtemps tué et mis en pièces par ceste beste sauvaige.

Mais combien qu'on tue beaucoup de ces bestes, comme tesmoignent les huys et portes aux maisons des paysans, remplies des testes, pieds et aultres membres de telles bestes, si est touteffois que l'on n'en peut abolir et exterminer du tout le genre de semence.

Savoisiens goîtreux. Or, ayant passé le bois de St. Donat, je traversa Vallaradin, St. André, St. Michel, St. Jules, petits bourgaiges; durant lequel chemin, comme encore plus oultre, l'on void une infinité de personnes de touts sexe et eage avec des grosses goistres pendantes, de mesme que du costé de St. Bernard allant au Piedmond, chose qui estoit bien laide et hideuse. On dit (comme j'ay dit encore cy-dessus) qu'ilz acquièrent cela par la boisson des eaux de neiges fondues.

Aussi ces pauvres Savoyards sont contraincs de prendre pour leurs boissons ces eaux.

Fontaines remarquables. Torrents d'eau de neige. Les fontaines en Savoye sont rares entre ces montaignes, bien que celles qui y sont, sont admirables, comme entre icelles, celle de Hautecombe, laquelle saille et se retire plusieurs fois en une heure, et celle d'Aix qui cause des bains salutaires.

Mais quant aux torrens de neige fondue, il sont en bon nombre. Lesquels descendans des montaignes, sont conduicts par canals de bois aux bourgaiges. Il y en a d'aultres que je vis descendre de ces montaignes avec une telle impétuosité qu'ils s'escouloient audessus du chemin en forme d'arcade, allant se jetter par de là dedans la rivière avec telle tintamare, que le bruit se peut ouyr d'une lieue de long, chose incroyable à ceux qui ne l'ont pas veue.

La Morienne. Forteresse de la Carbonnière. Ce chemin passé, j'arriva à St. Jean de Morienne, petite ville, mais capitale de la comté de Morienne, siège ancien et mausolée des premiers ducs.

En sortant d'icelle, l'on rencontre le monastère des Pères Capucins. Puis ayant passé La Chambregas, bourg d'où portent le nom et en sont seigneurs ces grands princes de ce nom en Savoye, icy l'on void que le pays se viend à estendre en largeur de plus en plus, durant que l'on passe les villaiges, sçavoir : La Chapelle, Épière et Argentine. Puis l'on arrive à Aguibelle, qui est une petite ville située sur une rivière qui découle de la Lizera. Là, du costé d'Orient, y a une forteresse sur une montaignette joignante ladite ville, s'appelante La Carbonnière, dedans laquelle le duc de Savoye y tient garnison.

Vignobles. De là, l'on entre en beau chemin, laissant à la dextre, de haultes montaignes, au bas desquelles sont plantées force vignes, qui durent trois à quatre lieues de longueur, mais peu larges et fort pénibles à labourer, comme par une eschelle à plus demie lieue de hault, Là ilz labourent la terre à coups de mains, sans craindre le danger de tomber en précipices.

Pauvreté des Savoisiens. Leur caractère. Je croy que la nécessité et pauvreté les contrainct à ceste misère, d'autant que la terre manque, non seulement icy, mais encore dans tous les destroicts de la Savoye. Ce qui est cause que tous sont pauvres, malvestus, demandant l'aumosne importunément aux passans. Mesme avec espoir d'emporter seulement un quadrin, ils se laissent rouler du hault des montaignes.

Aussi à cause de ceste pauvreté, nous voyons que plusieurs de ces Savoyards quittent leur pays pour venir de par deçà. Mais non obstant ce, ils ne laissent à estre gens de bien, bons catholiques, débonnaires aux passagiers, estre contens de peu pour l'escot; et sur tout ils sont faciles à estre induicts et persuadez par aultruy. Donc ils sont bienheureux d'avoir un prince catholique, craindant que, pour ceste facilité et simplicité, ilz ne soient séduitz par quelques hérétiques.

Sorciers. La Pomme magique d'Annecy en 1585. C'est pourquoi aussi entre iceulx se trouve bon nombre de sorciers et sorcières, lesquels usent de grands maléfices, comme il arriva à Annecy, ville de Savoye, en l'an 1585, avec une espouvante horrible.

L'on veid, par l'espace de deux heures, sur un pond, une pomme de laquelle il sortoit un bruit et tintamarre si grand que chascun avoit horreur de l'ouyr. Tout le monde accouroit pour veoir ceste pomme, sans que personne n'osast l'approcher.

En fin un de la troupe la jetta avec un long baston dans un canal du lac d'Annecy sous le pond, et dès lors on n'entendit plus rien. L'on présume que ceste pomme estoit remplie de diables, qu'un sorcier y avoit mis pour la faire goutter à quelqu'un.

La forteresse de Montmélian. Or de Aguibelle on vient à la Caverne. Puis ayant passé un pond de bois audessus de la rivière de l'Isère, qui at trois à 4 cens pas de longueur, mais bien estroit, l'on parviend à Montmélian, qui est une villette, audessus de laquelle il y a une forteresse du mesme nom, la plus forte de toute la Savoye, car c'est une place assise sur le sommet d'une haulte montaigne, ayant pour fossez des précipices de toutes parts, pour défense cinq gros bastiments bien flanquez, et une seule avenue du costé de la ville, fossoiée et retranchée avec avantaige.

Chambéry. De là l'on viend à Chambéry, ville de moyenne grandeur, cependant bien peuplée, marchande et capitale de la Savoye. Il y a parlement judiciaire et un chasteau environné d'eau à fond de cuve.

Il s'y trouve aucunes belles églises, entre lesquelles celles des Religieux de St. François, de St. Dominique et la Ste. Chapelle, au milieu de la Grande Place.

Sol de la Savoye. Tout ce pays de Savoye est de nature

divise : en aulcuns endroicts, le territoire est fort fertile en bleds et en vin ; en d'aultres stérile, mais non tant que les raves, chastaignes et gros marrons n'y foisonnent et que le bestail n'y abonde à souhait.

Création de l'ordre militaire de l'Annonciade par le duc Ammé. Ce fut l'un des ducs de Savoye, nommé Ammé, qui institua, l'an 1300, l'ordre d'Annonciade. Tous les chevaliers dudit ordre portent à sçavoir un collier d'or faict à lacs d'amour, où sont entrelacées les lettres F. E. R. T. ce qui signifie en latin *Fortitudo Ejus Rhodum Tenuit*, en se souvenant du grand Amé, qui avoit assisté aux chevaliers de St-Jean, lorsqu'ils conquestèrent Rhodes ; et au bout du collier, au bas d'iceluy, pend une imaige d'or de la Vierge Marie, avec un ange qui la salue. Et pour cela, l'on l'appelle l'ordre de l'Annonciade.

[Vinchant ajoute à son récit une dissertation très étendue sur les ordres de chevaliers militaires. Nous ne croyons pas devoir la reproduire].

Or, retournant à nostre voiage de Savoye, il faut entendre que les ducs de Savoye ont tousjour esté princes chrestiens et catholiques.

Les étrangers suspects à Genève. Partant de Chambéry, je fus d'avis d'aller à Genève, qui tient les hérétiques calvinistes en république depuis qu'ils ont receu Calvin l'an 1539.

Mais d'autant que les estrangiers n'y sont pas bien venuz, principalement les catholiques mesmes, qu'ilz traitent à la rigueur dedans les logis, iceulx sont soupçonnez, à leur arrivée, de quelque intelligence que l'on pourroit avoir avec le duc de Savoye, qui prétend tousjour d'estre seigneur et comte de Genève ; comté duquel à ceste occasion les ducs de Savoye ont fait grande instance pour se rendre maistres, mais qui n'ont peu y mordre.

Chapitre XXVI. — *Le Lyonnais.*

Entrée en France. La montagne d'Aiguibelette. Danger du passage. Or, doncq laissant Genève pour les raisons susdites, avec ce que je craindoy d'encourir fortune pour les chapellez et médailles bénites que je portois sur moy, je prins le chemin droit pour aller à Lyon. Et ayant abandonné Chambéry, je vind incontinent à monter la montaigne d'Aiguibelette qui est rude et fascheuse à traverser, principalement à la descende du costé de la France, et aussi périlleuse pour les brigands, à cause des bois et forests qui y croissent audessus. Mais la pluspart en sont abattus par le commandement du duc pour l'assurance des passagiers ; ce qui cause que librement l'on y passe. Joincte est que lesdits ductes y mettent tousjour bon ordre pour rechercer les brigands. Touteffois le meilleur est de prendre tousjour quelque homme avec soy, que l'on appelle marons, de nation savoyards et mercenaires pour estre conduict. Ce que je fis avec aultres.

Écho à triple répétition. A la descente de ceste montaigne, j'expérimenta une excellente et admirable réverbération de voix, qu'on appelle en langue latine *Echo*. Et combien que presque en touts endroits de la Savoye, se trouve tel Écho, si est que en ce lieu, iceluy qui se retrouve et rebondit, est sur tout remarquable, à cause qu'il renvoye trois réverbérations de la voix que l'on envoye.

Estant doncq descendu de la montaigne d'Aguibelette, l'on viend à cottoier le lac de Bourget, où se prend bons poissons.

La Tour du Pin. Puis passant le pond Beauvoisins, l'on viend à La Tour du Pin, qui fut l'entrée en France.

Mais avant aller plus oultre, il faut que je dise icy que la contrée depuis le pond Beauvoisins jusque à La Tour du Pin, est bien dangereuse à passer pour le rencontre des bestes farouches, notamment sur le soir, à l'occasion de quoy l'on se doibt tousjour retirer de jour en quelque hostellerie.

Oultre ce, il ne se faut estonner si l'on void en ces contrées que l'on use d'esclat ou de pièces de sapin pour chandelles qu'ils allument et usent toute la nuict, ce qui est d'une grande commodité et de peu de coustange, tant aux Savoyards que aux François, leurs voisins.

Sessieu Bourgogne. De La Tour du Pin, l'on viend à traverser Sessieu Bourgoigne, gros bourg.

Ce fut en ce lieu que Calvin esleva une jeusne garce avant aller à Genève et y gastant plusieurs jeusnes gens, comme il fist depuis totalement en la ville de Genève.

[Vinchant intercale ici un très long mémoire contre le Calvinisme.]

Or sus laissons ces Calvinistes de Genève, et ayons compassion que ces Savoyards, qui sont leurs voisins, sont aulcuneffois envénimez de leur pestilente doctrine, et disons, pour retorner à nostre voiaige, « Mauvais voisin, mauvais matin ».

La forêt de Lyon. Du bourg de Bourgoigne où j'ay dit ci-dessus que Calvin esleva une garce, l'on viend à passer Vorpillière, St. Laurent, la Forest de Lyon, laquelle est bien périlleuse, à cause des brigands et meurtriers. Et ceste forest est de longue estendue et en aulcuns endroits fort remplie de bois.

Le fantôme Foitteur. Le Grand Veneur de Fontainebleau. L'on contoit que du temps de Charles 9, roy de France, il y avoit en ceste forest un fantosme que l'on appelloit le Foitteur, par tant que les femmes qui passoient par icelle forest, se trouvoient si bien foittées que les marques demeuroient au corps, sans que partant elles veissent personne. Et tout incontinent se faisoit par la forest ce cri : Ha, ha, ha ! Charles 9, qui aymoit tant à chasser dans ceste forest, qu'il y feit eslever un bastiment superbe, nommé de son nom Charleval, s'estant faict sérieusement enquester de cela, trouva que c'estoit chose véritable.

Ce que ne se doibt trouver estrange, puisque les charbonniers et bucherons de la forest de Fontainebleau, aussi en France, disent que quelque fois ils voyent un grand homme noir chasser par la forest avec une meute de chiens, lequel ne leur faict pourtant aucun mal. Ils l'appellent le Grand Veneur. Ceulx auxquels ils contoient cela, le prenoient pour fable. Mais pendant que Henry 4, Roy de France, estant à la chasse avec aultres princes, vint ouyr ce chasseur et un aboi de chiens, et le voilà tout soudain devant leurs ieux parmi les halliers. Ils eurent, en le voyant, un tel peur que ce fut à qui fuyroit le mieux. Il leur parla d'une voix tout espouventable ; mais le peur les empescha de l'entendre. Les uns rapportent qu'il dict : M'attendez-vous ? les aultres : M'entendez-vous ? les aultres : Amendez-vous !

La ville de Lyon. Confluent de la Saône et du Rhône. Cependant ayant passé la forest de Lyon sans aucun péril, je vins à la ville de Lyon, dite en latin *Lugdunum*, qui est tiré des mots de *Lugons* et *Dunum*, qui signifient autant que Montaigne de Lugdus, car *Dunum* en vieil langaige gaulois signifioit Montaigne, et *Lugons* estoit le roy des Celtes, qui bastit ceste ville . . . .

Ceste ville est assise sur les confluences et conjonctions des deux grandes rivières de Saosne et du Rhosne sur un mont. Celle de Saosne, appellée par les anciens *Araris*, passe au milieu d'icelle, sur laquelle est un pond seul de 22 arcades, que fist autrefois bastir miraculeusement Monsieur St. Louys, avec celuy d'Avignon, qui est maintenant presque tout ruiné.

Pèlerinage d'un goutteux à l'île Barbe. Ce fleuve coule bien paisiblement et si doucement qu'il peut rendre garison aux goutteux; mais voiez comment. L'an 1589, Guillaume Michel tout goutteux eut envie d'aller à l'Isle Barbe, au dessus de Lyon, où estoit le Pardon. Or, il faut entendre qu'à Lyon les femmes passent le Rhosne et poussent la ramé bravement. Ce bon goutteux se fait mettre dans le basteau d'une bonne vieille, et toute sa famille quant luy. Elle vous le mesne fort heureusement. Mais pendant que ces gens de biens prient Dieu en l'abbaye, ceste vieille s'amuse à boire. Quand les dévotions furent achevées, voilà mes gens de retour au basteau, et la vieille à jouer de l'aviron. Mais comme elle avoit beu plus de vin que d'eau, au lieu de saisir l'arche, elle va donner contre la pile du pond de Saosne, où elle choqua si brusquement que toute la barquette fut renversée.

Chûte dans la Saône. Ces pauvres gens furent très tous versez dans l'eau. Là chacun se voulant sauver, se noya.

Il n'y eut que ce pauvre goutteux qui estant enveloppé dans sa robe fourée, incontinent, se sentant en l'eau, donna si bien des pieds et mains qu'il estendit ses membres et se délivra de l'eau et de la goutte. Ce qu'il fit tant plus facilement que le cours de la rivière de Saosne est paisible.

Le Rhône. Mais quant au Rhosne, il est si impétueux sur tout fleuve d'Europe. Bien qu'il soit impétueux, si est que la Saosne, le venant rencontrer au debout de la ville, viend à apaiser ses fureurs; cause pourquoy il est après rendu peu aisé à aller dessus, si est que presque tousjour il y a du péril.

. . . .

Or, la ville de Lyon, non obstant ce, à cause des deux susdites rivières, est rendue belle, plaisante et opulente en richesse et marchandise.

L'archevêché de Lyon. Chapitre de douze chanoines nobles. En ceste ville, y at archevesque, lequel se dit Primat des Gaules, et se trouve aussi avoir porté autrefois tiltre de Patriarche, comme le tesmoigne Aubertus Mirœus, en son livre des Evesques de la Chrestienté.

Il préside en l'église de St. Jean-Baptiste, jadis baslie par Jean, Roy de Bourgoigne, neveu de l'empereur Louys le Débonnaire, où sont par luy fondez douze chanoines qui doibvent estre gentilshommes, nobles de 7 races de père et de trois de mère. Iceulx portent le tiltre de comte encore pour le présent. Le doyen d'iceulx doibt estre duc. Ils ont en leur église beaux priviliéges que d'aultres n'ont point, comme le tesmoigne Symphorian Campégius.

Ces chanoines donc ont grands revenus et sont en si grande réputation que les ducs de Savoye, à cause du comté de Villars, y estoient receux pour l'un d'iceulx avec belles cérémonies, lorsque la première fois ilz arrivoient en la ville de Lyon.

[Vinchant raconte ici les particularités des honneurs rendus par les bourgeois de la dite ville au pape Clément V.]

Réception à Lyon de la Reine Catherine de Médicis, épouse de Henry IV. Ce fut encore une belle réception que firent ceulx de Lyon, à l'arrivée du Roy Henry IV et de Catherinne de Médicis, la Reyne, qu'il avoit prise à femme, laquelle venoit d'Italie.

Je laisseray les solemnités et cérémonies qui se firent à son département de Florence. Mais d'autant que le reste est admirable et digne de remarque, je le déduiray en brief avant l'arrivée à Lyon.

[Vinchant donne une description détaillée de la galère sur laquelle la Reine était montée. Il s'étend ensuite sur la réception de la Reine à Marseille et à Avignon.]

La Royne partit depuis pour se rendre à Lyon, affin de faire son entrée au jour que le Roy avoit assigné. A peine poudroit-on dire les magnificences qui furent là préparées pour la venue du Roy et de la Royne : toute la ville tresailloit de joye.

La Royne, estant arrivée en premier que le Roy, l'attendit par l'espace de 8 jours. Il arriva un samedy, sur les huict heures du soir, pendant que la Royne estoit à table. Il désiroit bien de la veoir et considérer sans estre cogneu. Mais soudain qu'il fut dedans la tourbe des gentilshommes qui servoient à table, il aperceut qu'on le cognoissoit. Voilà pourquoy il sortit tout à l'instant. Après que la Royne fut déservie, elle sortit incontinent de la salette et se retira en sa chambre. Le Roy, qui n'attendoit aultre chose, vind pour la saluer. Monsieur le Grand, qui marchoit devant le Roy, frappa si fort à la porte que la Royne jugea que ce debvoit estre le Roy. Elle s'avança au mesme instant que Monsieur le Grand entroit. Le Roy entra aussi à l'heure, aux pieds duquel la Royne se prosterna.

[Vinchant rappelle ensuite que le roi voulut que son mariage fût ratifié en la présence du peuple, et qu'en conséquence Leurs Majestés furent conduites à l'église par la noblesse, et le cardinal Aldobrandini leur donna la dernière bénédiction nuptiale.]

La savante Espagnolle, Julienne Morelle. Cependant que j'estois à Lyon, résidoit en icelle ville, ceste très docte fille, Julienne Morelle, native de Barcelone en Espaigne, de laquelle l'on peut dire qu'elle emporte l'honneur sur toutes les dames de lettres, et à laquelle a souvent envoyé lettres ce grand historien Justus Lipsius, quy en a receu d'elle.

C'est en fin le miracle de nostre siècle. Son père, qui, sur quelque occasion, s'estoyt retiré à Lyon, luy fit faire un habit de capucin pour l'exciter à la pitié et continuer les estudes qu'elle avoit de son enfance commencées en Espaigne. Elle sçavoit jà à l'eage de 12 ans, le latin, le grec et l'hébreu, la philosophie, puis l'art de discourir : ce quelle faisoit avec une éloquence admirable. Elle soustint en l'an 1606, le 16 février, une dispute publique sur la philosophie spéculative et morale, où se trouvèrent grands prélats et aultres gens de lettres, lesquels furent bien estonnés d'ouyr son éloquence et ses concensions. Son père volut que la dispute se feit à ce jour quy est dédié à Ste. Julienne, pour ce que c'est le jour de sa naissance. De mon temps que j'estoy à Lyon, elle estudioit au droit. Je crois qu'en ce temps que j'escrit cecy, elle at accomply ceste estude, avec celle de théologie . . . . .

Retournons à la ville de Lyon. Ceste ville, comme j'ay dit cy dessus, est marchande pour autant qu'estante scitué au milieu de l'Europe, chacun y accourt.

Ronde de nuit par les bourgeois. Et d'autant que c'est une des clefs du royaulme de France, l'on y fait bonne garde tant de jours que de nuicts, mais principalement de nuict, car lors les bourgeois y font tousjour la ronde pour descouvrir toute inconvénience, et pour autant, disoit très bien un certain, que « *Armatum negotium, parit otium* ».

CHAPITRE XXVII. — *Le Dauphiné. La Loire.*

La ville de Vienne en Dauphiné. Fontaines merveilleuses. Partant de Lyon, je fus d'avis d'aller à la ville de Vienne, laquelle est ville ancienne.

C'est l'une des plus belles villes du pays de Dauphiné, auquel y a plusieurs fontaines fort remarquables. L'une desquelles ayant l'eau extresmement claire, jette des pierres glissantes et polies, qui garissent non seulement de l'ophtalemie et malles des ieux, mais aussi attirent dehors toutes ordures qui sont en l'œil. Une aultre, assise non long de là, est de telle nature, à ce qu'on dit, quand il doibt advenir quelque stérilité ou famine dans le pays, elle sort en telle abondance que deux moulins en mouleroient.

La Tour de Pilate. L'on dit aussy qu'il y a une histoire dans ceste ville de Vienne; laquelle porte que Pilate seroit dans un puits d'une tour, que l'on dit la Tour de Pilate, où il est entendu faire de grands hurlemens. L'on sait qu'il jugea à mort Nostre Seigneur injustement, et qu'il fust depuis envoié en exil à Vienne par les Romains. Aulcuns disent qu'il estoit natif de Lyon et filz d'un meusnier, mais bastard; et qu'encore les seigneurs de Pila, alentour de Vienne, sont descendus de ce Pilate. De surplus les mesmes autheurs disent que peu avant le relèguement de Pilate à Vienne, Hérode avec son Hérodias avoit esté envoié en exil à Lyon par l'empereur Caligula.

Hôtellerie où mourut le nécromancien Henri-Corneille-Agrippa. Quoy qu'il en soit, je trouva bon en mon avis d'aller droit à Roane pour aller par barque sur la Loire à Orléans.

Estant donc party de Lyon, l'on laisse à main droite près de la ville, l'hostellerie où Henry-Corneille-Agrippa, homme de grande estude, estant envoié par l'empereur en embassade au Roy de France, mourut. Il estoit suspect de Négromancie. Aulcuns disent couvertement qu'il estoit le plus grand sorcier de son eage. Il avoit toujours chez luy un petit chien noir, qu'il mesnoit de toute parte; et il le faisoit coucher en son lict. Estant proche de la mort, il osta audit chien un golier tout chargé de cloux d'argent, et où se voyoient divers charactères, disant : « Va-t-en, beste perdue; tu m'as du tout perdu ». La beste s'alla ruer dedans le fleuve Saosne, duquel on ne le veit jamais sortir. Aulcuns estiment que c'estoit le diable qu'il mesnoit ainsi en forme de chien.

Ceulx de Louvain racontent merveille de cest homme, disant qu'un certain gentilhomme allemand s'estant trouvé mort en sa maison, qu'il commanda au diable de faire promener ce corps de çà, de là, parmi la ville. Ce que le diable exécuta. Et que ce corps fust en après par le diable délaissé estendu mort en plein marché.

De Lyon à Roanne. Retornons à nostre voiage. Depuis Lyon jusqu'à Roanne, l'on passe La Tour, Bresle, Tarrare, beau bourg, la Montaigne de Tarrare qui dure deux lieues et demye, Capelle Fontaine, St. Symphorien, Ste. Marguerite. La rivière de Loire.

Embarquement sur la Loire. Puis estant parvenu à Roanne, petite ville, je fist provision de vivres selon la coustume de tous pour m'embarquer jusqu'à Orléans, avec compaignie d'aulcuns gentilzhommes que je trouve.

Ceste rivière de Loire, dite en latin « *Ligeris* », est de grande longueur, prenant son origine d'une fontaine qui est sur la limite d'Auvergne et près de la ville du Puy. Elle croist peu à peu de fontaines et de neiges fondues en montaignes, et court vingt quatre lieues sans porter bateaux de grande charge. . . . .

Bateau chargé de bœufs. Or nous ne fusmes si tost embarquez que nous trouvasmes matière à rire, car plusieurs bateaux partoient quant nous remplis de bœufs. L'un d'iceulx s'estant jetté dedans la Loire pour quelque umbraige qu'il receut, les aultres jusque au dernier, firent le mesme sans qu'on les peut arester. Et comme la rivière estoit d'une course vitte, ils furent emportez bien long arrière de nous, avant qu'ilz se peuvent mettre à bord.

Sources d'eaux minérales. Durant que l'on est porté sur la Loire, l'on descouvre plusieurs places, si comme Palisse, petite ville, le Chasteau Bourbon, où se trouvent des bains très excellens, non guère loing des fontaines de la paroisse de Pouges, qui ont l'eau de pareil goust, faculté et puissance, comme l'on dist, que celle de Spa, près de Liége, servant à nétoier les reins, guarrir les apostumes intérieures, ouvrir les conduicts oppilez et remédier à plusieurs aultres maladies occultes, qu'on estime difficiles à guarrir.

Rives de la Loire. Taille de la vigne. Signal de la cessation du travail. Tintamare. Puis l'on descouvre encore à deux costez de ceste rivière, de belles collines où croissent en abondant le vin. C'est plaisir, encore que c'estoit en hiver, de veoir les vignerons à retrancher dedans leurs vignes les rejettons superflus pour en faire fascines au profit du mesnaige ; et puis faire halte et un tintamare, qui est le signe de retraict qu'ilz faisent avec une pierre sur leurs marcs, qui est leur instrument ; d'où provient un tint ou son, qui est le signe de retraict, d'où est venu le mot de « tintamare ».

Et d'autant que les vignerons se retirent de leurs besoignes, à cinq heures du soir en hiver, et à six en esté, ilz ont accoustumez de dire : « Dieu pardonne au comte Thiebaut », qu'ilz estiment avoir esté celuy qui at ordonné en telle façon cest retraict.

Nevers. La Charité. Allans plus oultre, nous vismes la ville de Nevers, au devant de laquelle on passe la Loire, sous un beau pond faict de pierre de taille, ayant 20 arcades et voultres de structure admirable avec pierre de taille, ceste ville apparoit très belle et gentille.

A une lieue de Nevers, nous vismes la rivière d'Allier, venant d'Auvergne, passant par Moulin et Borbonois, portant gros bateaux, et s'allant rendre dans la Loire au Bodalier.

Durant ce chemin, je commença à admirer la rapidité et impétuosité de ceste rivière, car venant incontinent à passer sous le pond de la ville de Charité, grand nombre de bourgeois ayans aperçuz nostre basteau, accoururent sur le pond pour veoir si nous passerions sans encourir fortune, comme peu de jours passez, estoit arrivé à un bateau n'ayant peu estre maistrisé par les mariniers, se donna si fort contre l'esrette d'un pilier du pond que, se mettant en pièces, tous ceulx qui estoient dedans furent noiez, hormis un cordelier, selon que j'ay ouy conter. Mais grâce à Dieu, nous escapasmes ce dangier encore bien que soir.

Ceste ville de La Charité est assé forte, laquelle at esté longtemps tenue par force par les Huguenots pour servir de passaige tant pour eulx que pour les estrangiers.

Sise au reste presque au cœur et au beau milieu de la France, son terroir est gras et fertile en tout ce que l'homme peut désirer pour l'entretien de sa vie. Elle est bastie sur l'estendue d'une fort grande plaine, laquelle finy vers le Berry. Sa muraille est lavée des eaux de la Loire. Le pond qui la traverse, est de pierre, mais il est en partie ruiné.

Le lendemain il fit une si aspre gelée que nos matelos ne voloient partir qu'il ne fust midi. Que si le cours de la Loire n'eust été si véhément et rapide, ses eaux eussent esté engelées du tout. Ceste gelée se pouvoit bien accomparer, comme il me semble, à celle qui arriva en l'an 1469 aux environs de Liége et de Luxembourg, que aulcuns gentilshommes et paiges, qui suyvoient le duc de Bourgoigne Charles, eurent, les uns, les pieds du tout engelez et inhabiles à marcher; les aultres, les doitz tombez des mains. Mesme il fallut hacher le vin de munition et le vendre par pieds et l'importer dans des paniers par glaçons; qui est chose bien estrange.

Le Berry. Sancère, Cesne, Briare. Partant doncq de La Charité, nous rencontrasmes la ville de Sancère en Berry, dicte par les latins, « *Saconum Cœsaris* ». Elle est forte et scituée sur une montaigne, ayant sur son copeau un chasteau. Elle est toute ruinée, presque déserte, ayant soustenu les assaults des Roy et princes de France en l'an 1573.

Ainsi donc de La Charité, nous vinsmes à Cesne, voyant tousjour belles planures. Mais le pire estoit qu'elles estoient remplies de neiges et que nous endurions une extrême froidure.

Cesne est une villette appertenante à l'évesché d'Auxerre. De Cesne l'on viend à descouvrir le long de la Loire les villaiges de Lezay, Belleville, Beaulieu, Chastillon, Briare, à l'entour desquels l'on ne void que champs et plaines remplies de vignes.

Route vers Orléans. Châteaux et monastères. Notez icy que ordinairement ceulx de la Provence et du Dauphiné par de là la Loire, qui se viennent à embarquer à Roanne pour aller à Paris, ne passent plus oultre que Briare sans aller à Orléans, car le chemin qu'ilz prennent à Briare, est beaucoup plus racourcy; et aussi par là l'ont peut commodément aller veoir Fontainebleau, qui est le lieu plaisant et le retraict des Roys de France pour la bonne air et aultres commoditez. Mais mieux est aux estrangiers d'aller veoir la ville d'Orléans, qui n'est distraicte de Briare que d'une journée. Ce que je fis en passant Geant, belle villette, soub un pond à demy destruict, lequel monstre avoir esté autrefois de 15 à 16 arcades.

Puis l'on passe par Sully, ville au pays de Sologne, appertenante à la maison de Tremoille. Et continuant nostre chemin, l'on descouvre plusieurs beaux bastimens tant chasteaux que monastères, entre lesquels est celuy de St-Benoist, l'un des plus riches de France et situé en plein sur la Loire.

Le collège de Saint-Benoît, sa bibliothèque. Ce monastère at esté cy-devant grandement renommé à cause de l'instruction de la jeunesse, où jusque à 4 mille escolliers y estoient enseignez ès escolles par les religieux dudit monastère. Lesdits escolliers estoient la pluspart enfans de la noblesse de France, lesquels pour landi annuel, rendoient quelque livre escrit à la main, dont estoit en ce monastère ceste tant renommée librairie de manuscripts, que les guerres lui ont ostez et ravis.

Châteauneuf. Ce lieu passé avec celuy du Chasteau-neuf, nous arrivasmes à Clergeaux, en passant soub un pond de 22 arcades, aussi périlleux que les précédens. Ceste ville est appellée par César en ses Commentaires, « *Genabum* » et aujourd'huy elle est occupée par les hérétiques, qui y ont faits toujours bonne garde aux entrées des portes de la ville.

Chapitre XXVIII. — *L'Orléanais.*

La ville d'Orléans. De là j'arriva à Orléans, ville très fameuse, belle, grande, peuplée, marchande. Elle est chef du duché. Il fait beau voir l'égalité des maisons et la largeur des longues rues. Ceste ville, de son commencement, fut dicte « *Aurelia* », de l'empereur Aurélien, duquel at esté tiré celuy de Orléans. Aultres disent qu'elle fut ainsi nommée de *Aurelia*, nièpce de Jules César. . . . .

Soit qu'il en soit, les habitans sont plains de couraige, aymans le trafique, bien civilisez. Ilz sont touteffois d'un naturel aigre et piquant : c'est pourquoy ilz sont appelle « Guespins ».

En icelle ville, y at un évesque, duquel despendent 700 paroisses ou clochers.

L'Université. En ceste ville d'Orléans, y at une très renommée Université, où il se fait grand exercice en droit, fondée par Philippe-le-Bel, Roy de France, l'an 1312, à laquelle il donna plusieurs beaux privilèges, qui depuis ont esté confirmez par les Roys subséquens.

Groupe de Charles VII et de la Pucelle devant la Vierge Marie. Vous voiez sur la Loire un beau pond de pierre, et au bout une forte et grosse tour. Et au milieu se void le Roy de France Charles septiesme et la Pucelle, tant cogneue par ses prouesses et actes valeurcux. Lesquels deux sont agenouillez devant la représentation de la Ste. Vierge Mère, tenant en son giron son filz dépendu de croix ; et ce tout de bronze. La pucelle est à genoux, armée de toutes pièces, la lance à costé, la chevelure pendante et esparse, son heaulme aux pieds.

Mais pour sçavoir le subject et la cause de telle représentation, je conteray icy l'histoire, qui est bien digne d'estre remarquée.

Histoire de la mission de Jeanne d'Arc. En l'an 1428, les Anglois assiégeants la ville d'Orléans, le Roy Charles VII estoit bien en perplexité et angois, mais Dieu le regarda d'uu œil de pitié, car voicy une certaine fille, eagée de 18 à 20 ans, bien proportionnée de corps et de visaige, appellée Jenne d'Arcque, natifve de Vaucouleur en Marches de Barrois, laquelle gardant les moutons, receu, comme elle dit depuis, plusieurs apparitions de la part des Anges, de Ste. Catherine et Ste. Marguerite, qu'elle debvoit, selon l'ordonnance de Dieu, délivrer Orléans du siége des Anglois, et mesner le Roy Charles à Reims pour y estre consacré. Sur ce, icelle s'adresse à messire Robert de Vandricourt, capitaine de Vaucouleur, affin qu'il le présentast au Roy. Iceluy considérant de prime face la simplicité de ceste vierge, la rejette et n'en tient compte. Mais à la fin, recognoissant quelque esprit saint en elle, il luy donna deux gentilshommes pour estre conduicte, sçavoir : Jean de Metz et Bertrand de Polongy, tous deux Champignois, avec lesquels furent les deux frères de la Pucelle. Laquelle estant arrivée en habit d'homme à Chinon en Touraine, où estoit le Roy, choisit ce Roy au milieu de toute l'assemblée, ors qu'il se fust déguisé. Et après l'avoir salué, elle luy déclara qu'elle estoit envoiée de Dieu pour remettre sus ses affaires.

Le Roy, n'adjoustant du commencement foy à ses propos, la feit examiner à Potiers par docteurs en théologie, qui rapportèrent depuis au Roy qu'en ses responses n'avoit aucune superstition. Le Roy la feit venir. Icelle, retirant le Roy à part, luy communique quelque chose en secret, dont depuis il ne volut jamais déclarer à personne. Mais dès lors il moustra tousjour une face riante au lieu que paravant il estoit pensif.

Ces choses passées, elle pria le Roy qu'il luy envoyast quérir par un de ses armuriers une espée, quy luy avoit esté dénoncée estre en certain lieu en l'église Ste. Catherine de

Fierbois. En icelle avoit pour empraincte de chascun costé, trois fleurs de lys, et elle estoit entre aultres espées rouillées. Si luy demanda le Roy si elle avoit autrefois esté en l'Église de Ste. Catherine. Laquelle dit que non et qu'elle le sçavoit par révélation divine, et que d'icelle espée, elle debvoit repousser les Anglois, et le mener sacrer à Reims. Si le Roy la luy fist apporter.

Puis elle obtint du Roy de lever gens à Bloys, attendant illec les seigneurs quy se debvoient illec trouver pour le secours d'Orléans.

Estante à Bloys, elle escriva une lettre au duc de Bethfort, comte de Suffort, Talbot et aultres capitaines anglois, qui assiégeoient Orléans, les exhortant à vuider la France, promettant que là où ilz ne vouldroient croire d'amitié, elle les feroit sortir par force. « Je suis icy envoyée (portoit une parcelle de sa lettre), » par Dieu, le Roy du ciel, pour vous
» mettre hors de toute la France ; et si vous voulez obéir, je
» vous prendray à mercy. Et n'aiez point en vostre opinion
» que vous tiendrez le Royaulme de France, ains le tiendra
» le Roy Charles, vray héritier. Car Dieu, le Roy du ciel,
» filz de Ste. Marie, le veut ».

Les Anglois se moquèrent de ces lettres, l'appelants sorcière.

Icelle, ayant obtenu congé du Roy, parta de Bloys, toute blanche habillée en habit d'homme, et s'achemina avec l'ost du Roy, accompagnée des chefs de guerre. Lesquels venans vers Orléans ne se volurent tant fier en ces visions de la Pucelle, que de s'asseurer de la discipline militaire et aller par Sologne.

Levée du siège d'Orléans. Cependant elle dissimula cecy. Et puis, ayant fait ordonnance que ses soldats se confessassent et que les femmes publiques fussent chassées, elle ravitailla valeureusement la ville, y entrant avec son estendart. Sur lequel estoient peints deux anges, chacun tenant une fleur de lys, et au milieu l'imaige de la Vierge Marie, devant laquelle estoit encore représentée un ange qui luy offroit une fleur lillialle. Et affin d'obvier aux médisans, elle avoit tousjour en sa compaignie ses deux frères.

Cependant elle feit tant de sallies hors la ville sur les Anglois que, ayant occupé leurs forts et tué grand nombre de leurs gens, le reste fust contrainct de se retirer et de laisser la place libre. On fut d'avis de poursuivre les Anglois, mais la Pucelle ne volut. Et icelle rentrant dedans la ville, fit chanter le « *Te Deum* », puis alla vers le Roy qu'elle a conduict à Reims pour y estre sacré.

Mais le malheur fust que comme les Anglois taschoient en tout moien de l'attrapper, et icelle ayant déchassé jusque à Compiègne, elle fut là prinse. Accusée d'hérésie, par les Anglois, elle fut bruslée à Rouen. . . . .

Voilà ce que nous avons dit en la faveur de ceste Pucelle d'Orléans, merveilleuse guerrière, laquelle je plains pour sa fin misérable.

Si les Anglois ont bien fait, je m'en rapporte tant y at que le bruit commun fut qu'ils ne la firent brusler sinon pour ce qu'elle avoit porté, contre droit divin et humain, habit d'homme, allégant de surplus qu'elle estoit sorcière.

Mais les gens de bien de ce temps (ne prenant ni les François, ni les Anglois) l'ont jugée pour une fille guidée du St. Esprit.

Du reste, de faire si grande instance pour avoir porté habit d'homme, je ne void point qu'il y eut si grand inconvénient. Je sçay bien que, de la part des SS. Canons, il y a excommunication contre les femmes qui portent habit d'homme et le contraire. Mais ladite excommunication n'a pas lieu où l'honneur de Dieu est abouté, et où le salut du prochain et le bien d'un royaulme est procuré; mesme pour sauver sa vie, ou escapper de prison, l'on peut user de divers habits. . . .

Retournant à la ville d'Orléans, elle porte le nom de duché.

Le dernier duc fut Louys, qui parvint à la couronne de France, en tiltre de Louys xij, lequel fut homme prudent et pacifique.

Le duché d'Orléans se donne ordinairement au second filz du Roy de France.

Voyage en carosse. Octroi de 1571 d'un service de coches entre Orléans et Paris. Partant d'Orléans, je me mis en carosse jusque à Paris. Lequel est une belle et bonne commodité et encore bien trouvée, ce qui fut l'an 1571. Le Roy, — désireux de l'allégement et ayse de ses subjects, vind à ouyr la requeste de vénérable homme, Anthoine Panaut, natif de Viseneufe-sur-Billon, lequel ayant suivi les armées, et s'advisant du profit que pouldroit porter aux subjects de Sa Majesté par et avec l'usaige des carosses, en feit l'ouverture selon que la coustume en est en Italie et en Flandre. A quoy le Roy condescendant, luy octroya permission de tenir seul coches, pour le voyage de Paris à Orléans, à certains prix limités, par lettres royales à luy octroiées, pour le port et pour les gardes à la livrée qu'il portera en sesdites coches. Je fus pour ma personne à un escus d'or de France.

Or traversant la belle chaussée du faubourg d'Orléans, l'on void le lieu où le duc de Guyse fut tué d'un coup de pistole, proditoirement par un gentilhomme appelé Poltrot, d'où est venu le nom de poltron, que l'on attribue communément à un homme couvert et malitieux.

Argenville. Étampe. Nous fusmes ce jour loger à Argenville, distant d'Orléans de 14 lieues. Durant ce chemin, ce fut tousjour passant le temps avec un certain hérétique, qui se vouloit monstrer suffisant pour manier la sainte Escripture, comme un maistre joueur d'orgues, se persuadant estre remply du St. Esprit pour interpréter ladite Escripture. Ainsi ce bon compaignon de la carosse se persuadoit estre envoyé de Dieu, ainsi qu'il demesnoit à sa fantaisie la Ste Escripture; cependant il n'avoit aultre chose en bouche que paroles pleines d'amourettes, tirées des Cantiques des cantiques, les adaptant à un sens vilain et infasme, forgé au boutique de Vénus.

Estant parvenu à Argenville, j'esprouvay icy principalement combien les hostelleries de France sont sales jusque à la table et au lict mesme.

Le lendemain, passant par belle estendue de campaignes, nous traversasmes la ville d'Estamples, laquelle est située en un lieu fort plaisant sur une rivière, appellée Estamples, portant petits basteaux et se rendant en la rivière de Seine.

Chartres. Culte d'une vierge payenne. Allant plus oultre, l'on at du costé gauche la ville de Chartres, jadis domicile des anciens druides, qui ont creu pour avoir leu les prophètes et les sibilles, que naistroit en terre une vierge qui produiroit le salut des hommes. A raison de quoy, Priscus, comte de Chartres, feit faire une imaige représentant une vierge tenant un enfant entre ses bras, et la meit au rang des statues des dieux payens, et luy offroyt souvent sacrifice. Aussi le comte Genfrede, seigneur de Mont le Herry, imita le susdit Priscus, et davantaige bastyt à cet vierge incognue un temple. Donc SSts. Savian et Potentian n'eurent pas beaucoup de difficulté de convertir le peuple de ce quartier, à cause que la pluspart célébroit jà la mémoire de la vierge Marie, combien qu'elle leur fust incogneue.

Mont le Héry. Durant encore ce chemin, l'on descouvre la ville et montaigne de Montl'herry, aux environs duquel il y at un très plaisant regard pour la campaigne située au pied d'iceluy et d'aultres variétés.

Ce lieu est grandement renommé pour une bataille qui fust donnée entre Louis xj, Roy de France et Charles, duc de Bourgoigne, en l'an 1465. Dénotée par ce chronicon numéral : « à CheVaL, à CheVaL, genDarMes, à CheVaL ».

En ceste ville, l'an 1578, nasquit une truye n'ayant qu'un

œil au milieu du front, et au plus hault de la teste une trompe d'éléphant, soubs laquelle se monstroit une petite corne, ayant au surplus les dents desjà sorties et les machoires vermeilles retirans aux joues d'un homme ; le reste du corps bien accomply, excepté qu'il n'avoit aucun poil.

Joueurs passionnés. De Argenville, nous vinsmes loger à Castre, distant de xj lieues dudict Argenville. Là je veid ces François consommer la nuict à jouer sur la table, à chascun coup pour un teston au jeu de plomé, aussy bien gens d'église que séculiers. En quoy j'admira les dissolutions et prodigalitez, tellement que l'on peut dire :

> « Le premier coing, duquel l'or fut battu,
> « En battant l'or, abattit la vertu. »

Il se trouva un gentilhomme, appelé le sieur Ticon, lequel exposa son cheval en jeu contre un gentilhomme de nostre carosse, et joua si malheureusement qu'il laissat aller son gaigneur avec son cheval à Paris, sans se eshonter d'aller à pied.

Longjumeau. L'hérétique Beze. De Castre nous meismes une journée pour aller à Paris. Nous passasmes Longjumeau pour y parvenir.

C'est en ce lieu que l'hérétique Beze fut prieur et qu'il avoit eu affaire, ainsi qu'on l'a rapporté en court, à quelque jeusne escolier, nommé Audebert, à Orléans. Il vendit son prieuré, et ayant débauché la femme d'un sien cousturier, appellé Candide, il print la fuite à Genève avec icelle. Et comme elle fut morte, il respousa eagé de 70 ans, une ve... italienne de l'eage de 22 ans.

Chapitre XXIX. — *Paris.*

Origine de Paris. J'arriva donc à Paris, laquelle est capitale du royaulme de France, où se tient le plus de temps le Roy de France.

Elle est de grande estendue, moindre touteffois que la ville de Louvain de dix verges mensurables.

Elle contient 500 rues en nombre, toutes habitées. Et en plusieurs d'icelles se trouvent plus de 500 maisons et demeures.

Le commencement de ceste ville est de l'an 14 cent dis-sept avant la nativité de Nostre Seigneur. L'autheur d'icelle se dict un Gaulois appellé Paris. Elle fut depuis appellée « *Lutetia* », *à luto*, qui signifie de la boue; et bien à propos, car elle est bien fangeuse aussitost qu'il a pleut, à cause du peuple infini qui passe et repasse continuellement sur les rues. Aussy ceulx de Paris ont le tiltre de Crottes.

En icelle se trouvent plus de 140 églises, chapelles et hospitaulx, plus de 50 colleiges et plus de douze mille maisons. La science n'y manque, ni les richesses en choses rares.

Au milieu d'icelle passe la rivière de Seine, dicte en latin « *Sequana* » laquelle est d'une course furieuse principalement en temps d'hyver, comme j'ay peu veoir.

Les Ponts : le Pont-Neuf et l'horloge de la Samaritaine. Au dessus de ceste rivière sont neuf ou dix beaux ponds, mais les principauls sont : le Pond Nostre Dame, le Petit Pond, le Pond au Change, le Pond marchand, le Pond St. Michel, et le Pond Neuf, qui se faisoit de mon temps, sur lequel est une horloige de la Samaritaine, conduicte par eau, qui fait sonner les heures, avec un estonnement d'un chascun.

Le royaume de France. Diocèses. Villes. Localités. Population. Parlons maintenant de la personne du Roy, du parlement, de l'université et aultres incidens.

Le Roy de France commande de présent à neuf ou dix principales provinces ; si comme : France, Languedoc, Guyenne, Normandie, Bourgoigne, Dauphiné, Provence, Bretaigne, Pays Messin, Béarn.

Dedans lesquelles provinces sont 14 archeveschez et cent 4 éveschez, 400 grosses villes, vingt sept mille bourgs fermez et gros villaiges, soixante dix mille fiefs et arrières fiefs, environ trois millions cincq cens mille familles; entre lesquelles François de Rues dit qu'il s'en trouvera plus de deux mille neuf cent cincquante d'ancienne noblesse, et plus de cent trente deux mille tant paroisses que clochers, habitées de ung million d'hommes, non compris les femmes et enfans, si le dénombrement qu'on dict en avoir esté faict dès le temps du Roy Charles ix, est véritable.

Sur toutes lesdictes provinces et peuples commande le Roy de France, tirant grand revenu, que l'on dict avoir monté du temps de Henry 3, à plus de dix millions d'écuts d'or ; lequel est maintenant augmenté tellement que, du seul harenc, il s'en vend bien au profit du Roy pour un million d'escuts par chacun an.

Le Louvre. Les repas du Roy. Il fait sa résidence ordinaire en Paris, au Louvre, qui est son palais, joignant la rivière de Seine. Lequel fut encommencé par Philippe 2, augmenté par Jean de Valois, rédifié par Henry 4, lequel feit faire la grande gallerie qui continue depuis le Louvre jusque aux Thuilleries, au long de la rivière de Seine.

Comme j'estoy au Louvre, j'admira ladite gallerie pour sa longue estendue ; et rentrant dedans une grande salle, toute pinturée, l'on void en divers endroitz des parois, les vraies effigies de divers Roys et Roynes. — Sur le dessus, estoit l'effigie du Roy Henry 4, jettant, comme un Jupiter ou Mars, de la foudre. Je fus veoir manger le Roy avec la Royne Catherine de Médicis. Sur quoy je me suis estonné comme l'on peut avoir si libre accez de veoir le Roy manger, et comme le Roy se rend si familier et acostable de sa personne. Mais la coustume en at esté tousjour telle au Roy franchois, s'accommodant à l'humeur de ses subjects, qui désirent de veoir leur Roy manger ; mais le pire est que telle liberté et familiarité at engendré près de ces Roys des flatteurs qui se mettent en crédit souventeffois au préjudice du crédit que les seigneurs du royaulme doibvent avoir . . . .

Les Parlements de France. Les avocats. Après le Roy, en Paris, marche le Parlement où sont plusieurs sçavans conseillers. Ce mot Parlement prend son origine première de ce qu'en certaines assemblées des Gaulois, l'on y traictoit et parloit de toutes sortes d'affaires, mais aujourd'huy il est restrainct à une assemblée d'hommes d'estat pour décider les matières tant civiles que criminelles. L'érection de ce Parlement est attribué au Roy Philippe le Bel, ou aux Roys Louys Hutin, ou Philippe le Long, ses enfans. Aultres l'attribuent à St. Louys, lequel rendit le siége de judicature, qui estoit ambulatoire, selon les lieux que le Roy se trouvoit, stable et permanent en Paris, pour le bien du royaulme et principalement pour le soulagement des plaideurs.

Ce Parlement a plus d'estendue que sont les aultres parmi la France, comme Tholose, Bourdeaux, Grenoble, Dijon, Rouen, Aix, Rennes, Metz et Béarn. Car il comprend cincq archeveschez et 25 éveschez, qui s'estendent sur plusieurs grandes provinces. Quand ce Parlement fut aresté à Paris, il y a quelque conjecture que les présidens et conseillers estoient de robe courte et chevaliers. Tant y a que le Roy confère l'estat de conseiller souventeffois en ayant les doigts empeschés qui cause que les indignes sont souventeffois promus aux dignitez. Cependant ce Parlement est bien rigoureux et n'espargne les causes des princes ; aussi bien que celles des routuriers.

A ce Parlement servent plusieurs advocats et procureurs,

escumeurs de bourses (je parle des meschans) et qui faisent souvent gens pauvres . . . .

[Vinchant raconte ici diverses anecdotes contre les avocats.]

Pour faire fin de parler des avocats, je ne sçay si j'ay fait bien de parler ou d'escrire d'eux en la façon que dessus, car un certain, qui disoit avoir veu par vision l'enfer et le lieu des damnés, certifioit qu'il n'avoit veu nulz advocats audit enfer. Touteffois je ne les veux faire si bons, attendu qu'un aultre, qui restoit raconter à ce compagnon sa vision, disoit avoir eu pareille vision et qu'il n'en avoit veu aussi en enfer, à cause qu'ils estoient profonds et nus au plus bas des enfers.

Tant y a. Je prie ces messieurs d'imiter St. Ivon, entreprenant justes causes, ne les prolongeant tout à fait, ne se laissant corrompre de l'adverse partie, entreprenant par charité les causes des pauvres; et ce pour parvenir un jour au royaulme des cieux, non pas pour y plaider, mais pour recevoir et entendre sentence du juge supresme sur leur bonne vie et leur gloire. Amen.

Parlons d'aultre chose.

L'Université de Paris. Le Recteur. En Paris, il y a une université, laquelle fut establye en ladicte ville par Charlemaigne empereur, environ l'an 800, à la sollicitation des 4 sçavans personnaiges, qui avoient esté disciples du vénérable Bède, sçavoir : Alcyin, Raban, Claude et Jean surnommé l'Escot ou l'Escossois, lesquels fondèrent particulièrement ladite Université sur la saincte faculté de Théologie, sur le droict canon ou décret, sur la faculté de médecine et sur la faculté des arts.

Sur cestes facultés préside un chef appelé Recteur, lequel a grande authorité durant trois mois qu'il est seulement. Car ès actes publics, de quelque faculté que ce soit, il précède tous princes, évesques et cardinaulx. Il n'est pas tenu d'assister ès entrées des Roys, à cause que son authorité ne s'étend seulement que dedans Paris. Aux obsèques des Roys, il va près du corps avec l'évesque de Paris. Touteffois l'évesque de Beauvais, qui est le conservateur de l'Université, marche à main droicte.

L'Université des Escolliers a eu autreffois telle puissance en la ville de Paris, qu'elle a fait teste aux princes du sang qui abusoient des bénéfices, comme il advint au règne de Charles vj contre le duc d'Anjou, et aussi contre l'antipape, séant pour lors en Avignon, qui pilloit presque tous les bénéfices de France.

La faculté de Théologie. La Sorbonne. La faculté des théologiens a produit des esprits rares en la science de théologie, qui a esmeu maistre Robert de Sorbonne de fonder, du temps de Saint Louys à Paris, le collège appellé Sorbonne, avec grands revenus pour entretenir des bacheliers et pour la nouriture des docteurs de la susdicte faculté. De laquelle tous les théologiens de Paris sont appellés « Sorbonistes », d'autant qu'en Sorbonne se font les actes principaulx pour la preuve du sçavoir de ceux qui aspirent à la dignité doctorale.

En ceste Sorbonne se trouve que monsieur St. Thomas d'Aquin at prins son degrez de docteur à l'cage de xiij à xiiij ans, et commença à expliquer le Maistre des Sentences, qui est Lombardus.

Les écoliers. Il se trouve encore en Paris aultres colleiges que Sorbonne, si comme St. Bernard, prémonstré de Cambray, royal de Rheims ; mais passons oultre et disons que le nombre des estudians est si grand que seulement pour l'estude de théologie, j'ay remarqué en l'église des Cordeliers jusque à 400 à 500 Cordeliers estudians. Je laisse à penser du nombre de ceulx quy résident aux aultres monastères, colliége, maisons privées, tant pour aultre estude que celle de théologie, venans de toute partie de l'Europe, mesme de l'Orient, car il se trouve des Gréciens. C'est ce quy at esmeu les Roys, princes et évesques, d'employer et assigner grandes revenues pour le maintènement de ceste Université. Et à la vérité, la science mérite ce debvoir et d'estre respectée. . . . .

Pour retourner d'où nous sommes sortis, je dis que à la vérité ceste Université est bien peuplée tant de François qu'estrangiers. Mais je remarque, parlant seulement des François que, bien que les uns soient théologiens, aultres jurisconsultes, aultres médecins, encore aultres philosophes, si est que le naturel de tous est porté à la poésie. Aussy voyons nous que les poëtes suivans estoient d'autre étude principale :

[Vinchant mentionne les noms de cinquante et un poètes qui se livrèrent à une autre carrière que celle des lettres. Parmi ceux-ci nous citerons : Pierre Abbelard, Thibault, comte de Champaigne, Jehan Froissard, presbtre, chanoine de Chimay, natif de Valenciennes en Haynaut, George Chastellain, Franchois de Villon, Du Bellay, angevin, Estienne Jodelle, Louys des Massures qui traduisit tout le Virgile, Guillaume Salust, seigneur du Bartas et le seigneur du Perron.]

Tous ces gentilz espritz ont fait reluire parmi la France leur gaillardise, encore bien que leur principale estude ne fut pas la poésie. Mais comme j'ay dit cy-dessus, le François at une humeur poétique et rime les vers. De mesme en est-il des Italiens, lesquels faisent apparoistre leurs esprits, soit en verses latins, soit en langue vulgaire, et souvent avec autant de facilité qu'on les a veus parler et respondre subitement en vers.

Cependant encore bien que les poëtes latins ont fait des merveilles par leurs vers, si est que les François ont fait aussi beaux traictés de poésie, qu'iceulx en les imitant, les ont souvent égalez et quelquefois surmontez. Car les François sont extresmement jaloux de leur langue et l'amplifient de jour en jour, par de nombreux motz qu'ils mettent en avant, tirez cependant du latin. . . . .

L'hospice des Quinze-vingts. Laissons ces poëtes qui se disent les plus clers-voyans et considérons les plus mal-voyans. L'on void en Paris la maison des 15 vingts, ou 300 aveugles. Ceste maison at esté bastie par St. Louys, Roy de France, pour entretenir 300 chevaliers auxquels les Sarrazins avoient crévé les ieux, et lesquels il avoit laissé en ostaige au Soudan du grand Caire.

L'église de Notre-Dame de Paris. La Sainte-Chapelle. Mais je ne me veux icy arester. Passons oultre et disons qu'entre touts les bastimens sacrez de Paris est l'église de Nostre-Dame qui est admirable avec celle de la Ste. Chapelle.

Ladite église, celle du présent, fut fondée par Philippe 2, Roy de France, et bastie avec Maurice de Soillac, lxx° évesque de Paris, laquelle a xj portes, dont les trois de la principale entrée sont embellies par le hault de xxviij statues de Roys de France. Elle est bastie sur pilotis en l'eau. Elle a dans soy 45 chapelles, toutes treillissées de fer, avec vingt six piliers ou colonnes dans l'œuvre qui soustiennent l'édifice. Lequel est un des plus beaux de toute la chrestienneté. Il est long de 174 pas ou jambées, et large de 60, fort eslevez. Au dehors duquel se voyent deux haultes tours. Pour embrasser la principale cloche, il faut 18 à 20 hommes. Laquelle se fait ouyr de 7 lieues de longueur. A l'entrée de ceste église par dedans, se void une admirable statue qui représente St. Christophe, portant Notre Seigneur, si admirable qu'il a bien 60 pieds de hauteur. C'est pourquoy on luy at apposé les vers suivans :

« *Christophore sancte, virtutes sunt tibi tantæ*
» *Qui te mane vident, nocturno tempore rident* ».

Estant plus avant en ladite église dedans la nef, vous voiés devant l'imaige de Nostre-Dame, l'effigie armée à cheval du Roy de France, Philippe de Valois, lequel entra ainsi tout armé à cheval jusque devant le crucifix, pour rendre grace à Dieu de la victoire qu'il obtint contre les Flamens l'an 1328.

La Sainte Chapelle est admirable à cause des sacrés joiaulx qui y sont et y furent apportez par St. Louys, comme nous voyerons, et à cause de son bastiment, car selon le jugement des architectes, c'est un ouvrage le plus hardy deçà les monts. Elle contient deux parfaits bastimens d'église : une chapelle dessoub et une dessus, en laquelle n'y a une seule colonne sinon celles qui environnent et font l'édifice, et qui sont si haultes et si droictes qu'il semble, avec ce qu'elles sont menues et déliées, que l'édifice ne pourroit endurer la moindre injure du ciel. L'on y void les verrières les plus anciennes, toutes bigarées d'histoires sainctes avec les armoiries de France.

[Vinchant fait ici l'énumération des reliques conservées dans la Sainte-Chapelle. Il donne ensuite des copies de certaines épitaphes placées dans diverses églises de cette capitale.]

Je laisse toutes aultres particularitez de la ville de Paris, lesquelles peuvent apporter de l'estonnement . . . . . .

Saint-Denis et les tombeaux des rois de France. Partant de Paris, je me mis sur un chariot qui alloit à Cambray, bien mary de n'avoir la commodité d'aller à St. Denis qui est une ville distante de Paris deux lieues, pour veoir le monastère où sont inhumés la pluspart des Roys, avec des anciens sépulchres, tombes et épitaphes. Ce monastère fut basty par le Roy Dagobert. A la dédicace d'iceluy, un lépreux fut garry. Sa peau estant tombée de sa chair, se garde encore pour le présent dedans un vase de fin or. Là on void encore une corne grande d'un animal appelé Lucorne.

J'avois oublié de dire qu'avant sortir de Paris, que je fus au Louvre veoir manger à table, au disner, le Roy Henri 4 et

Catherine de Médicis, la Royne, sa femme, lesquels je vis manger en publique, n'estant au devant de moy qu'une pointe de seigneurs franchois, qui n'avoient encore veu le Roy en si grande liberté.

Le Roy estoit entretenu durant la table en devise par Père Gontier, religieux Jésuite. La Royne estoit distante dudit Roy en mesme table d'une distance de bras. L'un et l'aultre mangeoient avec une modestie. Il n'y avoit viande exquise, ny grande cérémonie. Pour les servir, seulement trois gentilhommes ou seigneurs estoient empeschés à porter les viandes et le vin. Avant iceulx marchoit un archebousier seulement avec casque en teste, qui crioit : « Faite voye pour la viande ou le vin du Roy et de la Royne ». Deux hommes de coste d'armes estoient derrière le Roy. L'un desquels ressembloit, comme goutte d'eau, à nostre archiduc Albert, duc de Brabant. Durant le disner, les joueurs d'instrumens ne manquoient à faire leur devoir à qui mieux mieux.

Tout estant achevé, je fus aussi veoir manger de Dauphin Louys, avec son frère le Duc d'Oréans, en cambre distincte de la précédente.

Et le tout avec contentement, m'esbahyssant tousjour comme j'ay dit ci-dessus, comme l'on peut avoir si libre accé pour lequel je n'eus aucun empeschement. Mesme l'on at accoustumé de faire place aux estrangiers, tant sont curieux les François de faire aux estrangiers admirer leur Roy.

Départ pour Cambray. La forêt de Senlis. De Paris, ayant passé les villaiges de Bourget, Wandelay et Louvre, qui est un beau bourgaige au milieu duquel passe la rivière du Crou, nous vinsmes à Vescapelle.

De là, le lendemain, nous passasmes le bois de Senslis, qui est de merveilleuse estendue, à raison de quoy fort périlleux pour les brigants. On lit que Charles vj, Roy de France, allant à la chasse en ceste forest de Senslis, l'an 1380, trouva un vieux cherf qui avoit au col un collier d'or sur lequel estoit cest escriteau : « *Hoc Cesar me donavit* ». Certain tesmoignaige que les cherfs vivent longtemps. Le Roy prit de là occasion de faire porter ses armoiries à deux cherfs volans.

Approchant la ville de Senslis, l'on void une église ancienne que Philippe surnommé Auguste, Roy de France, ayant emporté victoire grande sur les Anglois l'an 1214, feit bastir, à son retour, en l'honneur de la vierge Marie, et la feit nommer Nostre-Dame de la Victoire.

Nous vinsmes à Senslis, appellée en langue latine *Silvanetum*, à « *Silvis* » ou forests qui l'environnent. Où il y a siége épiscopal subject au métropolitain de Reims, ayant soub soy 210 ou 212 paroisses ou clochers. St. Régule fut évesque de ce lieu.

Séjour à Senlis d'Isabelle de Hainaut, épouse du roi Philippe-Auguste. Ce fut en ceste ville que Isabelle de Haynau, Royne de France, se retira de la cour, n'estant bien volue de son mary, Philippe-Auguste, Roi de France, pour les gueres que luy faisoit son oncle maternel Thierry, comte de Flandre, avec Bauduin, comte de Haynau, père de ladite Isabelle. Laquelle durant le séjour qu'elle fit en ladite ville, près de l'évesque du lieu, elle feit œuvres admirables de charité envers le prochain et de dévotion envers Dieu.

Pont-Saint-Maxence. L'Oise. Nous séjournasmes au Pont-Saint-Maxence, qui est une petite ville de l'Isle de France, au travers de laquelle passe la rivière d'Oise, venant de la ville de Compiègne, appellée « *Compendium* » en langue latine. D'aultres l'appellent Carlopolis, du nom de Charles le Chauve, lequel agrandyt et fortifia ceste place, à la semblance de Constantinople en l'an 896. Il y fonda l'abbaye de St. Corneille.

Fin de l'histoire de Jeanne d'Arc. Ce fust près de ceste ville de Compiègne que, en l'an 1429, la Pucelle Jeanne fut prise par les Anglois, faisant sortie sur eux ; et estante repoussée jusque aux portes, elle les trouva closes, se veid trahie et vendue par les siens mesmes, en récompense des grands biens que la France avoit receues par son moien.

J'ai parlé cy dessus de ladicte Pucelle, discourant sur la ville d'Orléans. Touteffois pour plus grand esclercissement, je diray qu'icelle Pucelle estant prinse, fut bruslée à Rouen, au lieu où est de présent l'église St. Michel, sur la fin du mois de may l'an 1431, ayant esté prisonnière l'espace d'un an en grande misère. Elle fut injustement condamnée d'hérésie et sortilège par messire Pierre Cauchon, évesque de Beauvais, Anglois de nation, lequel la meit entre les mains du bras séculier pour estre punie. Pour ceste cause, iceluy Cauchon fut excommunié par le pape Calixte, après la mort de ladicte pucelle. Laquelle avoit esté trahye par Guillaume de Flavy, capitaine de Compiègne, pour lequel fourfaict Dieu permit qu'il fust estranglé par sa femme, nommée Blanche Danmebruch, par l'aide de son barbier, dont elle eut rémission du Roy.

J'avoy oblié de dire que au Pont-St.-Maxence se trouve sur la rivière d'Oyse un beau et long pond de 30 à 35 pas. La dicte rivière porte basteaux et s'eslargit ou se renforce d'eaux par diverses rivières, comme par celle qui passe par la ville de Beauvais.

Beauvais. Héroïsme des femmes de cette ville. J'avoy grand désir de veoir la ville de Beauvais, à raison de l'église qui y est si renommée et des beaux exploits que les femmes de ceste ville firent autrefois.

Quant à l'église, c'est le plus beau vaisseau qui soit parmi la France, ainsi que l'on dit. Elle est cathédrale. L'évesque à soub soy plus de 600 paroisses ou clochers.

Quant aux femmes citoyennes, elles ont beaux privilèges, donnés par Louys xj, Roi de France, lequel comme il eut entendu que, à l'assiégement de Beauvais, les femmes avoient merveilleusement travaillé pour repousser Charles, duc de Bourgoigne, qui l'assiégoit, tellement que ledit Charles fut contrainct lever le siége.

Ledit Roy Louys permit aux femmes de la ville que, le jour Ste Agadresme, patronne de la ville en une procession générale qui se faicte et messe solennelle qui se dicte, elles marchent avec les filles devant les hommes, tant en ladicte procession qu'à l'offrande de ladicte messe ; et que le jour de leurs nopces ou aultres jours que bon leur semblera, elles se puissent habiller comme princesses, et aussi richement qu'elles pourront, sans en pouvoir estre blasmées.

Les hommes eurent aussi priviliége et immunitez de tenir fief sans payer au Roy aucunes finances.

Le château de Coucy. Ayant passé le Pond-St.-Maxence, l'on vient à Esournay, qui est un bon bourg, et de là à Coucy, où se void un vieux chasteau, qui estoit la demeure des anciens seigneurs de Coucy.

CHAPITRE XXX. — *La Picardie, le Cambrésis et Valenciennes.*

Roye. Péronne. Le veilleur de nuit. De là nous vinsmes séjourner à Roye, qui est une petite ville de la Picardie.

De là nous vinsmes séjourner à Péronne, aussi ville de Picardie, — limitrophe du Païs bas. Ceste ville est située sur la rivière de Somme et est place forte. C'est pourquoy ès l'an 1536, au mois d'aoust, le comte de Nassau, ayant faict toutes ses efforces avec les Bourguignons, Allemans, Flamens et Hainuiers qui le suivoient, pour l'emporter, ne la peut emporter estant icelle ville défendue par le mareschal de la Marche et le comte de Dampmartin. Ce fut encore pour la fortresse de ladicte ville que Hebert, comte de Vermandois, feit mettre en icelle prisonnier le Roy Charles le Simple, là où il morut, laissant son royaulme plain de troubles.

En la ville de Péronne est un colliége de chanoines qui ont leur résidence en la principalle église de Nostre-Dame.

Il se trouve une belle coustume en ceste ville, par laquelle un certain semonceur allant toute la nuict parmy les rues de la ville, excite à son de cloche ceulx qui sont encore debout, ou veillans, de prier pour les morts, criant : « Vous qui icy dormez, priez pour les trespassez ! »

De Péronne, à la sortie, je veis que l'on vouloit avisiter quelque jeune homme de ma cognoissance, appellé Jean Resteau, natif de Cambray, pour sçavoir quel argent qu'il portait hors du royaulme. Mais ayant contenté les commis de paroles, nous passasmes oultre, et vinsmes à l'abbaye de Mont St. Quintin, l'une des plus riches de la France. De là vinsmes loger et séjourner au villaige de Messencoutur, qui sépare le Cambrésis de la France.

Arrivée à Cambray. L'archevêché. Les chanoines de Saint-Géry. Le lendemain 8 de febvrier, j'arriva en la ville de Cambray, ville impérialle, mais maintenant appertenant au Roi d'Espaigne. Toutelfois l'archevesque du lieu est duc de Cambray et comte de Cambrésis ; et en qualité d'archevesque, il at soub soy les évesques d'Arras, Tournay, St. Omer et Namur.

Le nom de Cambray se prend d'un certain capitaine, appellé Camber, selon ces vers :

« *Urbs Cameracensis quæ totum nota per orbem,*
» *Dicitur à Cambro, nomine Cambripolis.* »

En ceste ville y sont plusieurs colliéges de chanoines. Le plus ancien est celuy de St. Géry, lequel saint, au lieu des religieux qui résidoient où est de présent la citadelle, a introduict des chanoines séculiers. Ils se nommèrent depuis chanoines St. Géry, évesque de Cambray, et bastirent audit lieu en son honneur une église. Lesdits chanoines furent depuis, au siècle 1500, transportés en la ville pour bastir, au lieu de leur demeure, la citadelle.

L'église cathédrale. L'horloge. Les tombes. Les chanoines de l'église Nostre-Dame sont postérieurs à ceux icy, mais aujour-

d'huy estimés les principals pour estre officians en l'église de
l'archevesque. Ces chanoines furent fondez par Dagobert, Roy
de France, et il bastyt leur première église. La moderne est
un beau, ample et matériel vaisseau.

Dedans lequel se void horoloige sonnant, à poids, avec
indice des heures, le plus artificiellement faict que l'on
scauroit imaginer. L'on dict qu'il fut faict ou inventé par un
berger et gardeur de moutons.

L'on void de parte et d'aultre les tombes relevées d'aulcuns
évesques, lesquelles, selon le temps, sont magnifiques; encore
beaux tableaux de blanc marbre ou albastre sur chaque pilier
de la nefve, qu'ont donné aulcuns chanoines pour leur mémoire
sépulchrale, avec les épitaphes qui sont au dessoub d'iceulx.

Je ne diray rien davantaige de toutes telles choses, d'autant
que la labeur et le passe temps m'incitent à en faire veoir
quelque jour davantaige.

*Les trois citadelles. Prise de la ville par les Espagnols
en 1595. Dévotion envers Notre-Dame.* Quant à la ville, vous
la voiez fortifiée de 3 citadelles à cause qu'elle est ville abornant
à la France : la première est tenue des Espaignols et c'est la
plus forte; la 2º des Allemans et la troisiesme des Wallons.
L'une ni l'autre n'est environnée d'eau, à cause quelles ont
leur fondement sur marlue avec des fossés profonds. Elle est
rendue bien forte et presque imprenable. Si touteffois qu'il
fallut au gouverneur Balligny, qui la tenoit avec la ville pour
le Roy de France, la rendre au Roy d'Espaigne en l'an 1595,
non obstant ladicte fortresse. Laquelle at esté depuis augmentée.

La rendition de la ville et de ceste citadelle aux Espaignols
at esté imputée aux mérites de la Vierge Marie (l'imaige de
laquelle est bien vénérée en l'église cathédrale de ladite ville
et dit-on que c'est l'une de celles que monsieur St. Luc a
peintes). Comme monseigneur l'archevesque de Berlaymont
estoit refugé en la ville de Mons avec bon nombre de ses

chanoines, il ne laissait à faire toute sorte de dévotion envers la Vierge (en mémoire de son imaige susdicte), affin de rentrer en sa liberté et les siens dedans Cambray.

Entrée en Hainaut. Valenciennes. Origine. De Cambray, je m'en alla à Valencènes, qui est une ville tirant son nom de la Valle des Sens ou Senoniens, qu'on disoit Bourguignons, mais aultres disent et plus probablement que son nom est tiré de la Vallée des cyngnes. Aussi void on que les armoiries propres et particulières de Valencènes sont un cyngne d'argent sur un fond de gueule ou rouge. Lesquelles armoiries la ville at eues avant l'empereur Valentinian, duquel Guichardin veut qu'elle a tiré son nom. Bien est vray que ledict empereur a donné à ladicte ville un asile franchise, que l'on appelle vulgairement Banlieue.

L'on trouve que depuis ceste ville a esté illustrée de la présence de grands monarches et princes. És l'an 771, l'empereur Charlemaigne y tint une assemblée des estats généraux de la Gaule, et le mesme empereur fonda des chanoines à St.-Saulve, lieu situé près ladicte ville, auquel furent depuis placés religieux de l'ordre de Cisteaux.

Château. Le chasteau de ladicte ville estoit jadis où sont de présent les religieux de St.-Jean, chasteau que autrefois Bauduin l'Édifieur, comte de Haynaut, procura de l'appliquer à son domaine pour y bastir son palais. Mais il y désista pour la contradiction qu'il y trouva de la part des religieux, notamment de leur abbé Gislebert. Ladicte église de St.-Jean recognoit pour son fondateur Pépin, père de Charlemaigne, qui séjourna aussi autrefois ès la dicte ville.

Église de Notre-Dame la Grande. L'église Nostre-Dame, dite la Grande, qui est une pièce antiq et matérielle, fut bastye par Richilde, comtesse de Haynaut et parachevée par le comte Bauduin son fils. En icelle est contenu le fillet, qui se trouva un jour estendu miraculeusement par la Vierge au dehors de la ville et alentour d'icelle, pour signifier que ladicte vierge voloit estre honorée en procession annuelle selon l'estendue de ce fillet, qui roya et désigna une voye à raison de quoy s'est eslevée dès lors une confrairie des plus notables bourgeois de Valencènes, qui se nomment Roiés.

Les Frères Mineurs. Les tombeaux des comtes de Hainaut. Quant aux aultres églises, notamment celles des Frères Mineurs et des Dominicains, elles sont ornées de magnifiques et anciens tombeaux des comtes et comtesses, seigneurs et dames du pays de Hainaut.

La salle du comte. L'horloge. Quant aux aultres édifices, il faut considérer la salle du comte, laquelle est située sur le marché ou place publique, en laquelle est un colliége de chanoines, dict de la Salle, — establ!y par Bauduin dict le Courageux, comte de Haynaut.

L'horloge qui est eslevée au dessus la susdicte salle est bien considérée pour le son des heures et l'enseignement des cours de la lune et de toutes les aultres planestes, des mois et saisons de l'année.

Au dessoub est le spatieux marché aux grains.

Législation locale. La police de la ville est conduicte par belles coustumes et loix, telles que ceulx de Nurenberg en Allemaigne envoyèrent autrefois hommes exprès (ainsi que jadis firent les Romains à Athènes) à ladicte ville pour veoir ceste police, laquelle ils ont eue pour si agréable qu'ils ont choisy ces coustumes et loix d'icelle, desquelles ils usent à présent en leur bien réglée et ordonnée république.

En ceste ville furent nés l'empereur Henry VII, duc de Luxembourg; Marie, fille unique et héritière de ce grand duc de Bourgoigne Charles, et depuis mariée à Maximilien d'Autriche, Roy des Romains, fils de l'empereur Frédéric : Encore d'icelle ville Jehan Froissart, historien fameux et poëte, Jehan Molinet, chanoine, aussi historien et poëte; Simon Marinion, peinctre excellent.

Je ne diray pour le présent aultre chose de ladicte ville,

méritant le double, mais attendant de parler autre fois plus à son adventaige.

Le village de Bruvage. Le château de Henry Dessuslemostier, oncle de Vinchant. Le bois de charmille fréquenté par les bourgeois de Valenciennes. Je finiray icy ce qui est d'elle pour aller au villaige de Bruvaige, où je fus veoir et séjourner chez mon oncle, Henry Dessuslemostier, seigneur de Noirchin, Fonteny, etc.

Là je vid ce beau chasteau dudit Bruvaige, lequel est environné une fœillie de bois de charmes si agréable, spatieux et ombrageux que l'on y prend plaisir d'y promener, d'y mettre la table, de deviser, principalement au temps d'esté où l'on est à l'ombrage pour le soullagement et réfrigération du corps; aussi on y est pour la récréation de l'esprit pour ouyr chanter si mélodieusement entre les branchai des toutes sortes d'oyseaux.

Donc à cause de ce lieu si plaisant, l'on void toutes les festes et dimanches y arriver grand nombre de bourgeois de Valencènes, ce que j'ay veu et expérimenté autrefois, me trouvant chez mondit oncle qui se tenoit audit villaige de Bruvaige, en un lieu aussi plaisant appellé le Pond Raoul.

Rentrée à Mons, le 18 février 1610. Or de ce lieu, je parta, et j'arriva le 18 de febvrier en l'an 1610, à la ville de Mons.

LAUS DEO.

TABLE DES MATIÈRES

Introduction.

I. François V' ant, historien montois. II. Le manuscrit du voyage
de Vinchant. III. L'œuvre de Vinchant.   1-12

Chapitre premier. — Le Hainaut.

La ville de *Mons*, son origine. Institutions religieuses. Fondations cha-
ritables. Cours de justice. Collège d'humanités. Confréries militaires.
— *Maubeuge*. Chapitre de Sainte-Aldegonde. — *Avesnes*. Chapitre
collégial. Fortifications. — La Thiérasse. *La Chapelle*. — *Vervins*.
Forêt de châtaigners. — *Neufchâtel*.   13-20

Chapitre II. — La Champagne.

Les vignobles de la Champagne. Pèlerinages à Notre-Dame de Liesse.
— La ville de *Reims*. Son antiquité. Saint-Remi. La sainte Ampoule.
L'église cathédrale. L'université. — *Châlons-sur-Marne*. Culture des
melons. — Cérémonies des mariages. — *Brienne*. — *Bar-sur-Aube*.
L'agriculture. La forêt de Bilie. Monastère de Saint-Bernard à Clervaux.
Hôtellerie. Le gros tonneau de l'abbaye.   21-31

Chapitre III. — La Bourgogne et la Franche-Comté.

Entrée en Bourgogne. *Callent.* — *Dijon*. Origine de la ville. Églises. La
Sainte Chapelle. Les hôtels des seigneurs. Les États de Bourgogne et
le corps du magistrat de Dijon. La chartreuse. Tombeaux de Philippe
le Hardi, de Jean-sans-Peur et de Philippe-le-Bon. — *Auxonne*. La
Saône. Frontière de la Franche-Comté. Prohibition d'exporter l'argent
monnayé. — La Franche-Comté de Bourgogne. — *Dôle*. Le parlement.
L'université. Églises. Confrérie de la miséricorde. — Le Doubs. La
ville de *Salins*. Sauneries. Visite des usines et des caves. — Un ermite
sur la montagne. — Vinchant est l'objet d'une méprise à l'hôtellerie
de la croix rouge. — *Pontarlier*. *La Sarre*   31-41

Chapitre IV. — La Suisse.

Lausanne. Le lac Leman. Genève et le calvinisme. Le château de Chilon.
— Le Valais. *Ivorne, Saint-Maurice*. Le Rhône. Les eaux de neige et

les Valaisiens goitreux. — Les Alpes. Le Mont Saint-Bernard. Monastère de Saint-Bernard. Légende du fondateur. Asile pour les voyageurs. Refuge contre les ours de la montagne. Le Petit Saint-Bernard. — *Saint-Renier. Chastillon.* Pénurie de nourriture pour les hommes et les animaux domestiques. 41-46

Chapitre V. — **Le Milanais.**

Ivrée. La rivière de Doria. Funérailles. — *Verceille.* Ses foires. Monastère de Saint-André. Souveraineté du duc de Savoie. — Épouse injustement accusée d'adultère. — Le duché de Milan. — *Novare.* Le fleuve du Tésin. Le canal de Nenilla. Voyage par eau. Palais du comte de Husterin. — *Milan.* Édifices élevés sous les empereurs romains. L'archevêque saint Ambroise. Le dôme de Milan. Marbres et bronzes. Tombeau de saint Charles Borromée. La famille de ce saint archevêque. Cathédrale de Milan. Statue de Léon Arétin. Reliques des Trois-Rois. Église des Frères Prêcheurs. Tombeau de Louis Sforsa. Épitaphe de saint Pierre, martyr, composée par saint Thomas d'Aquin. Célébration de la messe ambroisienne. — Autres églises. — La Bourse des marchands. Personnages célèbres. — Corps de garde espagnol. Visite des effets des voyageurs. — *Marignan.* Bataille de 1515. 46-57

Chapitre VI. — **Plaisance, Parme et Reggio.**

Lodi. Champs et prairies, irrigations. Le fleuve du Pô. — *Plaisance*, fortifications. Gentilshommes, comtes. — *Bourg de Saint-Domino.* Rivière du Car. — *Parme*, colonie romaine. Fromage parmesan. Laines. Palais. Nobles joueurs de balle. Salubrité du climat. Billet d'identité pour le logement dans les hôtelleries. — Église des capucins. Tombeau d'Alexandre Farnèse. Palais du duc de Parme. — *Reggio* Représentations théâtrales. Sépulture de l'historien Prosper d'Aquitaine. Statues de Brennus et de Charlemagne. Le duc César d'Est. La citadelle. Le château de Fiualle. 58-64

Chapitre VII. — **Le duché de Modène et Bologne.**

La ville de *Modène.* Mutina, colonie romaine. Marécages. — Églises. —Vignobles.—Fécondité d'une Italienne.—*Castelfranco.*—*Sammogia.* Triumvirat de César, d'Antoine et de Lépide.—*Bologne.* Couronnement de Charles-Quint. Légat ecclésiastique. Université. Rues côtoyées de galeries. La Tour Asinelli. Le siége de justice. Statue du pape Grégoire XIII. Fontaine monumentale. Bâtiments de l'université. Auditoires de droit, de théologie et de médecine. Collèges d'étudiants. — Hôpital. Service des malades par des gentilshommes. L'auberge de la Posta. Le musicien ambulant. Chemin carossable de Bologne à Milan. Culture de la vigne et du blé. Les Monts Apennins. 64-71

Chapitre VIII. — La Toscane.

Pianora; ruines de sa forteresse. Passages périlleux. Défiance de Vinchant dans l'hôtellerie; son départ furtif. — *Pietra mala.* Exhalaisons malsaines. Les Monts Apennins. *Fiorensola. Scarperia.* Coutellerie. Assassinat d'un gentilhomme napolitain; arrestation de tous les voyageurs logés dans l'hôtellerie. — *Pont à Vaglia.* Poste aux chevaux. Vinchant voyage à cheval. Descente des Apennins. — *Florence.* Description de la ville. Palais du duc. Théâtre. Palais d'hiver. Fontaine monumentale. Écuries et ménagerie. Pavage des rues. Caractère des habitants. Toilettes des bourgeoises. Banquets. Guerre privée de deux familles de Pistoie; neutralité des Florentins. 71-78

Chapitre IX. — De Florence à Rome par Sienne.

Manœuvres des hôteliers pour amener chez eux les étrangers. Précautions à prendre par les voyageurs. Vinchant rencontre trois Montois. Lettres de change fournies à Vinchant par des banquiers d'Anvers sur des correspondants à Milan, à Florence et à Rome. — *Sienne.* Église. Portraits des papes. Asile pour les prêtres voyageurs. Palais du pape Pie II. Hôpital, marché, fontaine. Université. — Défiance des habitants contre les étrangers. Le bâton à verdron. — *Lusignan.* Route vers Centano. États pontificaux. — *Bolsena.* Fertilité du sol; fumure. -- Culte de sainte Christine, martyre. Hostie miraculeuse. — Ile de *Capo di Monte.* — *Montefiascone.* Vin de Muscadelles. Mort d'un seigneur allemand. — Postillon au service du roi Philippe II; ses voyages de Rome à Bruxelles. — *Viterbe.* Bains de Bolicano. Le Mont Gimini. Le château de Soriano. Passage du Tibre. Voie Flaminia. . . . 78-90

Chapitre X. — Rome.

Entrée à Rome. Interdiction de porter "épée. Précautions pour le choix d'un logement. Séjour de Vinchant chez son cousin Bertrand. — Pont et château de saint Ange. Églises diverses. Basilique de saint Pierre. Palais et bibliothèques du Vatican. Hôpital du Saint-Esprit pour les malades et les filles indigentes. Mariage de ces filles. — Églises diverses. Portes et ponts. Chaîne de saint Paul. Crucifix de sainte Brigitte, montré à Vinchant par le prêtre Bosquier, Montois. — Le cimetière de Sainte-Lucine. Ossements des confesseurs et des martyrs. Abus commis par un prêtre d'Anvers. — Souvenir du martyre de l'apôtre saint Paul. — Église de Saint-Jean de Latran. Indication de la hauteur du corps de Notre Seigneur. 90-98

Chapitre XI. — Monuments et statues.

Le colisée et les arcs de triomphe. — L'église de Sainte-Marie libératrice. Grotte du dragon. — La place du Capitole. — Église de Sainte-Marie

Majeure. Légende de Notre Dame aux neiges. — Église de Saint-Laurent. Charbons et fragment du gril du martyre de ce saint. Le prédicateur italien et les reliques. — Monuments antiques. — Église de Saint-Silvestre. Tête de saint Jean-Baptiste. La tête de saint Denis et le parlement de Paris. — Collège d'écoliers annexé à l'église de Saint-Apollinaire. Ordonnances des papes sur l'instruction de la jeunesse. Enseignement donné par les gens d'église. Écolâtres. Séminaires institués par le concile de Trente. 98-104

Chapitre XII. — **La Place Navone.**

Jongleurs, histrions et charlatans. Ours et éléphants. Marchands de médailles antiques. — Décadence morale de Rome. 104-107

Chapitre XIII. — **Sujets divers.**

Piété des Romains durant la semaine sainte. — Affluence d'étrangers à Rome. — Ressemblance d'individus d'une même nation. — Divers motifs des voyages en Italie : le carnaval romain, les jubilés, l'exhibition des reliques, le pape, la cour pontificale. Dissertation sur la papauté. Chronologie des papes. Les cardinaux. — Maladie de Vinchant à Rome. Défiance contre les médecins italiens. — Les Agnus Dei en cire, bénits par le pape. — Les Suisses de la garde pontificale. — Ivrognerie de la populace romaine. — Exécution capitale de trois Italiens. 107-112

Chapitre XIV. — **Départ de Rome.**
Rencontre d'une troupe de Bohémiens.

La voie flaminia. Mont Saint-Silvestre. Châteaux fortifiés. Pont sur le Tibre. Tombeaux antiques. Ruines romaines : temples, termes, aqueducs, théâtres, arcs de triomphe. — Les rives de la Negra : fertilité du sol. Terrain humide en temps sec, et sec en temps humide. Territoire de *Terni*. — Rencontre d'une troupe d'Égyptiens, Bohémiens ou Zingaris. Leurs ancêtres. Pratiques magiques. Chiromancie. Précautions à prendre contre ces vagabonds. 113-118

Chapitre XV. — **Spolette et Assise.**

Passage des Apennins. Lac *di pi di luco*. Ermitages des environs de *Spolette*. Retraites solitaires. Faux ermites. — Le duché de Spolette. Patrie des charlatans italiens. — *Foligno*. — Pèlerinage de Vinchant à l'église de Saint-François d'Assise. Renseignements sur ce saint patron. Le nom de François. L'église de Notre-Dame des Anges. — Rivière de Giento. *Tolentino. Macerata*. Un vendeur d'eau bénite. — La Marche d'Ancône. 118-124

CHAPITRE XVI. — **Lorette.**

Arrivée à *Lorette*. Souper de Vinchant à l'hôtellerie. Un prêtre boit à la santé du pape et du roi d'Espagne. Abus de ces usages. L'église de Lorette. La légende de la chambre de la vierge Marie à Nazareth. Description de la *sancta casa*. La grande rue de Lorette. Les marchands de chapelets. Culte de Notre-Dame. Longues litanies de la Vierge. Récit emprunté à Zualart, d'une faveur obtenue de Notre-Dame de Lorette pendant un naufrage. — Visite au crucifix de *Girolle*. 124-129

CHAPITRE XVII. — **Le rivage de la mer Adriatique et les pirates turcs.**

Départ d'Ancône pour Venise. Dangers d'un voyage par mer. Les saints patrons des nautoniers. Patronages spéciaux pour la guérison de certaines maladies. — Route côtoyant la mer et les Apennins. Le fleuve de Fiumuceno. Tour de défense contre les pirates turcs. Signaux pour annoncer les incursions des corsaires. Détails sur les esclaves chrétiens; efforts des Turcs pour les convertir au Mahométisme. Légende de Gillion de Trazegnies. Captivité à Alger de Jean-Baptiste Gramaye, doyen du chapitre de Leuze. — La ville et le château de *Fabriano*. Fabrication et commerce du papier. — La ville de *Senegallia*. . . 129-135

CHAPITRE XVIII. — **Le Duché d'Urbin.**

Rencontre d'un maniaque Vénitien. Exemples d'excentricité. — La ville de *Fano*. Légende d'un magistrat cruel, menacé d'être tourmenté dans l'enfer. — Hôtelier poissonnier. Exposition de poissons secs. Productions maritimes diverses. — La ville de *Pesaro*. Insalubrité du pays en été. Palais du duc d'Urbin. Arsenal. Mobilier. Bibliothèque. — Frontière de la Marche d'Ancône et de la Romagne. Forteresse de *La Catholica*. — Vinchant se sépare de ses deux compagnons de route. Observations sur les saluts et les marques de politesse des Italiens et des autres nations. 135-141

CHAPITRE XIX. — **Rimini, Imola et Bologne.**

La ville de *Rimini*. — La voie Émilienne. — La Rotonde de *Ravenne*. — Le château de *Savignano*. La rivière de Picatello, ancien Rubicon. — La ville de *Cesena*. Commerce de sel. — Les villes de Forli, de Faensa et de Castel Bolognèse. — *Imola*, seigneurie des Alodisiens. Apparition du père de Louis Alodisien, qui vint prédire la perte de cette ville. — Vinchant revient à *Bologne*. Musicienne aveugle. Facultés spéciales de divers aveugles nés. Couronnement de l'empereur Charles-Quint à Bologne en 1530. — Jurisconsultes de l'université. Étudiants étrangers. Factions des familles nobles entre elles. 142-147

Chapitre XX. — **Le duché de Ferrare.**

La rivière de Rin. Canal latéral et souterrain de dérivation. Confluent du Rin et du Pô. Inondation de la contrée. Oiseaux aquatiques. — La ville de *Ferrare*. Académie. Palais du duc de Ferrare et du cardinal d'Est. — Tremblement de terre de 1570. — Atelier typographique. Traditions sur les inventeurs de l'imprimerie. — *Francolino*. Certificat sanitaire. Voyage en barque sur le Pô. Perceptions de multiples redevances. Les uns vivent aux dépens des autres. — Scène dialoguée de deux étudiants de Bologne. États vénitiens. *Chioggia*. Ouvrières brodeuses travaillant sur la voie publique. 147-154

Chapitre XXI. — **Venise.**

Entrée à *Venise*. Vinchant est conduit en gondole par un hôtelier. Étrangers installés dans cette hôtellerie. Vinchant va se loger ailleurs. — Canal de Venise. Pont du Realto. La Bourse et les négociants. — Institutions religieuses. — Marchés. Place de Saint-Marc. — Procession du *Corpus Domini*. Suite de ce cortège. — Le palais du doge. Bibliothèque. Musée d'armures. Trésor de l'église de Saint-Marc. Bois de licornes. Verreries. — Couvent des Pénitentes. Offices chantés en musique. — Culte grec. — Costumes des Vénitiens. Robes et coiffures des hommes. Toilette des dames. 154-163

Chapitre XXII. — **Padoue, Mantoue, Vicence et Vérone.**

Départ de Venise le 10 décembre 1609. Territoire de Padoue. La rivière de Brenta. *Padoue* : ses monuments. Tombeau de Tite-Live. — Université. École de médecine. Jardin des plantes. — Église de Saint-Antoine de Padoue. Monastère de Sainte-Justine. Reliques de Saint-Luc. — *Mantoue*. Son insalubrité. Le village d'Argua, séjour de Pétrarque. Les bains d'Albano. — *Vicence*. Couvent des Dominicains. Muriers blancs. Vers à soie. — *La Garde*. Ancienne carrière. Putréfaction. Lac transparent. — *Montebello*. Rencontre de quatre bandits. — *Vérone*. L'Adige. L'amphithéâtre et l'arc de triomphe. Mont de Baldo. Plantes médicinales. — Mort pénible du cardinal Crescense. — Phénomène de deux filles jointes par les reins, nées en 1475. . . 164-172

Chapitre XXIII. — **Brescia et Milan.**

La vallée de Policella. Source remarquable. Culture de l'olivier. Le château-fort de *Pesquiera*. Le lac de Garda. — *Defenzana*. *Lonato*. *Brescia*. Origine payenne. Bouffons, charlatans et marchands de drogues. Route vers Milan par *Chiari*, *Pontogio* et *Jusago*. — Vinchant revient à *Milan*. Maison des pestiférés. Prospérité et opulence des Milanais. Château de Milan. Les Annonciades, leurs offices, musique religieuse. Dôme de Milan. Célébration de la fête de Noël. — La tour du château foudroyée en 1521. 173-179

CHAPITRE XXIV. — **Pavie et Turin.**

La chartreuse de *Pavie*. — Bataille de Pavie de 1525. Le roi François Ier fait prisonnier par Charles de Lannoy. Personnages distingués morts à Pavie. — *Novare. Verceille*. — *Turin*. Université. Érasme de Rotterdam, docteur en théologie. — Citadelle de Turin. Puit pour abreuver les chevaux. — Église de Saint-Jean-Baptiste. Le Saint Suaire du Christ. 179-183

CHAPITRE XXV. — **Les Alpes.**

Entrée des Alpes. *Suze. Carignan.* Le Mont Cénis. La neige durcie par le froid. Idées de Vinchant sur les vents. Sommet du Mont Cénis. La Tavernette. La chapelle des Transis. — Frontière d'Italie. Descente des Alpes en *ramasse*, traîneau glissant sur la neige. — La Savoie. *Luncbourg*. Forêt de Saint-Donant. Les ours. Lutte d'un chasseur contre une ourse. — Savoisiens goîtreux. Fontaines remarquables. Torrents d'eau de neige. — La Maurienne. Forteresse de la Carbonière. Vignobles. Pauvreté des Savoisiens ; leur caractère. — Sorciers. La Pomme magique d'Annecy en 1585. — La forteresse de *Montmélian*. — *Chambéry*, sol de la Savoie. — Création de l'ordre militaire de l'Annonciade par le duc Amné. — Les étrangers suspects à Genève . 183-192

CHAPITRE XXVI. — **Le Lyonnais.**

Entrée en France. La montagne d'Aguibelette. Dangers du passage. — Écho à triple répétition. — *La Tour du Pin.* — Sessieu Bourgogne. La forêt de Lyon. Le fantôme Foitteur. Le Grand Veneur de Fontainebleau. — La ville de *Lyon*. Confluent de la Saône et du Rhône. Pèlerinage d'un gouteux à l'île Barbe. Chute dans la Saône. — Le Rhône. — L'archevêché de Lyon. Chapitre de douze chanoines nobles. — Réception à Lyon de la reine Catherine de Médicis, épouse de Henri IV. La savante Espagnole, Julienne Morelle. — Ronde de nuit par les bourgeois. 193-199

CHAPITRE XXVII. — **Le Dauphiné. — La Loire.**

La ville de *Vienne en Dauphiné*. Fontaines merveilleuses. La Tour de Pilate. Hôtellerie où mourut le nécromancien Henri-Corneille Agrippa. — De Lyon à *Roanne*. — Embarquement sur la Loire. Bateau chargé de bœufs. — Sources d'eaux minérales. — Rives de la Loire. Taille de la vigne. Signal de la cessation du travail. Tintamare. *Nevers. La Charité.* — Le Berry. *Sancerre, Cesne, Briare.* Route vers Orléans : châteaux et monastères. Le collège de Saint-Benoit, sa bibliothèque. — *Châteauneuf*. 199-204

CHAPITRE XXVIII. — **L'Orléanais**.

La ville d'*Orléans*. L'université. — Groupe de Charles VII et de la Pucelle devant la Vierge Marie. Histoire de la mission de Jeanne d'Arc. Levée du siège d'Orléans. — Voyage en carosse. — Octroi de 1571 d'un service de coches entre Orléans et Paris. — *Argenville. Étampe. Chartres*. Culte d'une vierge païenne. — *Mont le Héri. Castre.* Joueurs passionnés. — *Longjumeau*. L'hérétique Beze. 205-211

CHAPITRE XXIX. — **Paris**.

Origine de *Paris*. Les ponts : le pont neuf et l'horloge de la Samaritaine. — Le royaume de France. Provinces, diocèses, villes, localités, population. — Le Louvre. Les repas du roi. — Les parlements de France. Les avocats. — L'université de Paris. Le recteur. La faculté de théologie. La Sorbonne. Les écoliers. L'hospice des Quinze vingts. — L'église de Notre Dame de Paris. La Sainte Chapelle. — *Saint-Denis* et les tombeaux des rois de France. — Départ pour Cambrai. — La forêt de Senlis. — Séjour à Senlis, d'Isabelle de Hainaut, épouse du roi Philippe-Auguste. — *Pont-Saint-Maxence*. L'Oise. — *Compiègne*. Fin de l'histoire de Jeanne d'Arc. — *Beauvais*. Héroïsme des femmes de cette ville. — Le château de Coucy. 212-223

CHAPITRE XXX. — **La Picardie, le Cambrésis et Valenciennes**.

Roye. — *Péronne*. Le veilleur de nuit. Arrivée à *Cambrai*. L'archevêché. Les chanoines de Saint-Géry. — L'église cathédrale. L'horloge. Les tombes. — Les trois citadelles. Prise de la ville par les Espagnols en 1595. Dévotion envers Notre Dame. — Entrée en Hainaut. *Valenciennes*. Origine. Château. Église de Notre Dame la Grande. Les Frères Mineurs. Les tombeaux des comtes de Hainaut. La salle du comte. L'horloge. — Législation locale. — Le village de *Bruvage*. Le château de Henri Dessuslemoustier, oncle de Vinchant. Le bois de charmille fréquenté par les bourgeois de Valenciennes. — Rentrée à Mons, le 18 février 1610. 223-228

www.ingramcontent.com/pod-product-compliance
Lightning Source LLC
Chambersburg PA
CBHW071932160426
43198CB00011B/1370